D1700355

Renate Böning: „Ich wundere mich nur, dass wir alle mitgemacht haben"

Studien zur rekonstruktiven Sozialforschung

Band 2

Herausgeben von
Dr. Ursula Blömer, Carl von Ossietzky Universität Oldenburg
Dr. Carsten Detka, Otto-von-Guericke-Universität Magdeburg
Dr. Manuel Franzmann, Christian-Albrechts-Universität Kiel
Prof. Dr. Detlef Garz, Hanse-Wissenschaftskolleg, Institute for Advanced Study, Delmenhorst
PD Dr. Matthias Jung, Goethe Universität Frankfurt a.M.
Prof. Dr. Klaus Kraimer, Hochschule für Wirtschaft und Technik des Saarlandes Saarbrücken
Prof. Dr. Ulrike Nagel, Otto-von-Guericke-Universität Magdeburg
Prof. Dr. Ulrich Oevermann, Goethe Universität Frankfurt a.M.
Prof. Dr. Gerhard Riemann, Technische Hochschule Nürnberg Georg Simon Ohm
Prof. Dr. Fritz Schütze, Otto-von-Guericke-Universität Magdeburg
Dr. Anja Wildhagen, Otto-von-Guericke-Universität Magdeburg
PD Dr. Boris Zizek, Johannes Gutenberg-Universität Mainz

Renate Böning

„Ich wundere mich nur, dass wir alle mitgemacht haben"

Erinnerungen an mein Leben in der DDR

Herausgegeben von Ursula Blömer

Verlag Barbara Budrich
Opladen • Berlin • Toronto 2016

Bibliografische Information der Deutschen Nationalbibliothek
Die Deutsche Nationalbibliothek verzeichnet diese Publikation in der Deutschen
Nationalbibliografie; detaillierte bibliografische Daten sind im Internet über
http://dnb.d-nb.de abrufbar.

Gedruckt auf säurefreiem und alterungsbeständigem Papier

ISBN   978-3-8474-0645-7 (Paperback)
eISBN   978-3-8474-0252-7 (eBook)

Umschlaggestaltung: Bettina Lehfeldt, Kleinmachnow – www.lehfeldtgraphic.de
Typographisches Lektorat: Anja Borkam, Jena
Druck: paper & tinta, Warschau
Printed in Europe

Inhaltsverzeichnis

1 Vorrede von Renate Böning

Hinterlassen wir eine Spur?
Bleibt von mir eine Spur?
Das habe ich mich oft gefragt. Darum war ich sofort bereit, als ich 1992 gefragt wurde, ob ich zu einem Interview über meine Befindlichkeit in der DDR und über mein Erleben der Wende bereit wäre.

Ich stellte mir vor, dass dieses Interview dann wohl archiviert würde und irgendwann in naher oder ferner Zukunft zum Beispiel zur Aufarbeitung der Situation alleinstehender Frauen im Osten Deutschlands in der 2. Hälfte des 20. Jahrhunderts dienen würde.

Es folgte dann noch zwei Jahre später ein zweites Interview. Fast hatte ich das schon vergessen, als zu meinem freudigen Erstaunen zwanzig Jahre später aufgrund der beiden „alten" Interviews noch einmal Kontakt zu mir aufgenommen wurde. Diesmal kam die Anfrage von anderer Stelle. Ich sagte sofort zu und an einem Oktobertag 2012 saß mir dann Ursula Blömer gegenüber. Und diesmal sollte ich mein ganzes Leben erzählen. So würde ich nun also eine „Spur" in irgendeinem Archiv hinterlassen. Damit war ich sehr zufrieden. Als Ursula Blömer mir Monate später telefonisch mitteilte, dass ein Buch daraus werden würde, war ich erstaunt und erfreut.

Nun liegt also dieses Buch vor, ergänzt um die beiden „alten" Interviews und um einige „Erinnerungen", die ich vor Jahren für Freunde aufschrieb, sowie um einige Seiten aus meiner Stasi-Akte.

Ich hoffe, dass meine Lebensgeschichte auf Interesse stößt.

Mein Dank gilt Ursula Blömer für all ihre Mühe.

Leipzig, im November 2015   Renate Böning

2 Vorwort

Zwei Deutsche Staaten – die Bundesrepublik Deutschland (BRD) und die Deutsche Demokratische Republik (DDR) – repräsentierten unterschiedliche politische Systeme und gesellschaftliche Systeme. In diesen Systemen haben Menschen gelebt, die ihre verschiedenen und je eigenen Erfahrungen gemacht haben und ihren je individuellen Lebensweg gegangen sind. Ihre Sozialisation haben sie in den jeweiligen Systemen erfahren und sind daher in ‚unterschiedlichen Welten' aufgewachsen.

Seit 1949, nach der Gründung der BRD durch die Verkündung des Grundgesetzes am 23.05.1949 und der Gründung der DDR mit der Umbildung des Deutschen Volksrats in die Provisorische Volkskammer und der Inkraftsetzung der Verfassung am 7.10.1949, entwickelten sich die beiden Staaten und ihre Systeme ungleich und mithin auch die Lebensbedingungen und Lebenswege der Menschen.

Die durch die friedliche Revolution in der DDR im Jahr 1989 angestoßene Wiedervereinigung der beiden deutschen Staaten im Jahr 1990 war ‚DAS' historische Ereignis in der Geschichte der BRD und der DDR. Doch nicht nur aus einer makrostrukturellen politischen und gesellschaftlichen Sicht hat dieses Ereignis seine Relevanz. Auch für die Menschen in den beiden deutschen Staaten war und ist dies ein Ereignis von herausragender Bedeutung, wirkt es doch auf sie in einer lebensgeschichtlichen Dimension ein, die die gesamte Persönlichkeitsbildung betrifft.

Doch diese Betroffenheit schlägt sich unterschiedlich nieder. Im westlichen Teil Deutschlands war die Wiedervereinigung für die individuellen Biografien häufig sehr viel weniger bedeutsam als für die Menschen in der ehemaligen DDR. Denn in den alten Bundesländern sind insgesamt weniger Menschen von der Wiedervereinigung biografisch tangiert worden, und einige haben vor allem einen ökonomischen Gewinn daraus gezogen. Im Vergleich zählen mehr Menschen in den neuen Bundesländern zu den ‚Verlierern' der Wende. Allerdings darf eine Abwägung zwischen Gewinn und Verlust nicht nur unter materiellen Gesichtspunkten gesehen werden. Auch wenn zum Beispiel berufliche Karrieren unterbrochen oder sogar beendet wurden, können die betroffenen Menschen in den neuen Bundesländern in anderen Lebensbereichen zum Teil auch einen Gewinn für sich sehen. Je eigene subjektive Perspektiven und eigene Relevanzsetzungen lenken dabei den Blick auf das, was als Gewinn oder Verlust für die eigene Lebensgeschichte festgehalten wird. Individuelle Begrenzungen und Entfaltungsmöglichkeiten sowie neue gesellschaftliche und politische Entwicklungsmöglichkeiten und -hindernisse spielen dabei eine Rolle.

Die differenten Welten, in denen die Menschen in der BRD und der DDR aufgewachsen sind, sind auch nach fast 25 Jahren nach der Wiedervereinigung für viele mehr als rätselhaft und fremd geblieben. Die Details der jeweiligen spezifischen gesellschaftlichen Bedingungen des Alltagslebens sind nach wie vor oft unbekannt und somit subjektiv nicht nachvollziehbar. Häufig wird auch heute noch von Westdeutschen die Frage gestellt, wie das Leben in der DDR war oder wie es mit den Geschehnissen der Wende war – dies drückt sich z. B. in der Belletristik und in Filmen aus, deren Zahl eher zu- als abnimmt.

Wie könnten diese Ereignisse plastischer und spannender vermittelt werden als anhand einer Biografie, als über die konkrete Erzählung einer Lebensgeschichte? Lebensgeschichten und Biografien stellen eine anregende Quelle des Lernens über das Leben und den Alltag von Menschen dar. „Unserer Nation muss auch eine Erinnerungsgemeinschaft sein", betonte Wolfgang Thierse in einem Interview 25 Jahre nach der Wende und plädierte dafür, Geschichten zu erzählen und dadurch Elemente des gemeinsamen Erinnerns zu schaffen[1]. Für die jüngere Generation liegen die Teilung Deutschlands und auch die Geschichte der DDR als eigenem Staat historisch schon weit zurück, und sie hat dies nicht mehr aus eigener Anschauung erlebt. Über Erzählungen kann Wissen über diese Zeit vermittelt werden und dazu können die Alltagserzählungen auch von weniger prominenten Menschen Wesentliches beitragen.

Ein Beispiel dafür ist die hier vorgelegte Transkription der biographischen mündlichen Erzählungen von Renate Böning. Ihre Lebensgeschichte, ihre Sicht auf das politische System, auf die gesellschaftlichen Bedingungen und auf das Leben in der DDR werden in diesem Buch dargestellt. In Form einer „dichten Erzählung" wird in ihrer Lebenserzählung in differenzierter Weise deutlich, wie die DDR als politisches System und als System von Institutionen für die Gestaltung des Alltags- und Arbeitsleben von einer einzelnen Bewohnerin gesehen und empfunden wurde. Diese mündliche Erzählung ist zum Teil intensiver, lebendiger und ausdrucksstärker, als es literarisch aufbereitete Darstellungen leisten können.

Renate Böning gehört jener Generation an, die drei verschiedene politische Systeme und die wechselvolle Geschichte Deutschlands der letzten 80 Jahre miterlebt hat: Sie wurde zur Zeit des Nationalsozialismus geboren,

---

1 Wolfgang Thierse erinnert sich an die Wende-Zeit vor 25 Jahren: Domradio.de (2014): Wolfgang Thierse erinnert sich an die Wende-Zeit vor 25 Jahren. „Unsere Nation muss auch eine Erinnerungsgemeinschaft sein" (http://www.domradio.de/themen/kirche-und-politik/2014-10-27/wolfgang-thierse-erinnert-sich-die-wende-zeit-vor-25-jahren). [Zugriff: 24.2.2015].

erlebte als Kind den Krieg und als Jugendliche die Gründung der DDR. Mehr als 40 Jahre ihres Lebens hat die nunmehr 79jährige Renate Böning unter dem SED-Regime verbracht. Es finden sich, wie zu erwarten, gute wie schlechte Zeiten. Aber immer sehen wir eine außergewöhnlich engagierte Person, die ihr junges und mittleres Erwachsenalter unter den politischen und gesellschaftlichen Bedingungen der ehemaligen DDR lebte. Sie war 55 Jahre alt, als die DDR zusammenbrach und die beiden deutschen Staaten wiedervereinigt wurden.

Renate Böning zählte nicht zu den Unterstützern des Systems, sie hat aber auch keinen massiven äußeren Widerstand geleistet. Auch wenn sie sich oftmals couragiert und nicht angepasst verhielt, musste sie glücklicher Weise nicht unter starken Sanktionen leiden. Sie wurde zu einer nachdenklichen Befürworterin der Wiedervereinigung, auch wenn diese nicht in jeder Hinsicht ein Gewinn für sie war. Nach der Wende verlor sie ihren Arbeitsplatz; obwohl sie qualifiziert und hoch motiviert war. Sie wurde entlassen und musste sich (,wegen des Zeitdrucks') für den Vorruhestand entscheiden. Finanziell nicht unbedingt komfortabel ausgestattet, sieht sie die Wende für sich aber als einen Gewinn an. Die damit in vielen Bereichen erreichte Freiheit schätzt sie höher als die in der DDR gewährleistete berufliche Absicherung.

Die Erzählungen von Renate Böning liefern einen Erkenntnisgewinn für West- aber auch für Ostdeutsche und haben auch 25 Jahre nach der Wiedervereinigung nicht an Aktualität verloren. Die hier veröffentlichte Lebensgeschichte basiert auf vier Interviews, die mit Renate Böning zwischen 1992 und 2013 geführt wurden sowie auf schriftlichen Erinnerungen, die von ihr verfasst wurden[2]. Das Interesse an dem weiteren Verlauf ihres Lebens auch über das zweite-Interview von 1994 hinaus, war Anlass dazu, Renate Böning nach 20 Jahren erneut zu interviewen. Dieses weitere Interview vom Oktober

---

2 Die ersten beiden Interviews wurden im Rahmen des Forschungsprojektes „Biographische Entwicklungen und Veränderungen von Moralvorstellungen bei Personen in Ost- und Westdeutschland unter den Bedingungen des Umbruchs in der DDR und den neuen Bundesländern" erhoben. Dieses Projekt wurde unter der Leitung von Prof. Dr. Detlef Garz durchgeführt. Diese Interviews führte Frau Dr. Eveline Luutz 1992 und 1994, bei der wir uns hier herzlich bedanken. Zwei weitere Interviews wurden von der Herausgeberin im Oktober 2012 und im August 2013 im Rahmen der Arbeiten der Study Group „Rekonstruktive Sozialforschung" am Hanse Wissenschaftskolleg erhoben. Die Mitglieder der Study Group, die sich intensiv mit autobiographisch-narrativen Interviews mit ehemaligen Bürgerinnen und Bürgern der DDR auseinandersetzt, waren so beeindruckt vom Gehalt der Erzählungen Renate Bönings und ihrer Präsentation, dass spontan die Idee entstand, die Erzählerin zu fragen, ob sie mit der Veröffentlichung dieser Datenmaterialien einverstanden sei. Die schriftlichen Erinnerungen hat Renate Böning zwischen 1995 und 2005 verfasst. Sie sind bislang nicht veröffentlicht.

2012 enthält eine umfangreiche lebensgeschichtliche Erzählung, beginnend mit der Geburt bis zur Gegenwart. Das Interview wurde an den Anfang des Buchs gesetzt, um dem Leser einen Gesamtüberblick über das Leben Renate Bönings zu ermöglichen; auch sind Erzählinhalte der anderen Interviews im lebensgeschichtlichen Kontext besser einzuordnen. In diesem gesamtbiografischen Teil des Buches wurden als Exkurse Abschnitte aus schriftlich verfassten Erinnerungen Renate Bönings eingeflochten. Sie sind kursiv gedruckt. Zudem fließen Zusatzinformationen aus dem Interview von 2013 ein. Noch einmal einen Schritt zurück: Das erste Interview aus dem Jahr 1992 fasziniert besonders durch die präzise und dichte Erzählung der Montagsdemonstration in Leipzig vom 9. Oktober 1989. Es folgt im vorliegenden Buch dem Interview von 2012. Dem Interview von 1992 schließt sich sodann als letztes ein Interview aus dem Jahr 1994 an. In diesen beiden Interviews geht Renate Böning aber auch auf das Leben in der DDR und auf Veränderungen nach der Wende ein.

In den zu verschiedenen Zeitpunkten geführten Interviews zeigen sich durch den zeitlichen Abstand von 20 Jahren zum Teil unterschiedliche Sichtweisen und Bewertungen, die aus den veränderten lebensgeschichtlichen Erfahrungen resultieren. Auch entsteht partiell ein Spannungsverhältnis zwischen den mündlichen Erzählungen und den schriftlichen Aufzeichnungen. Diese von der Erzählerin selbst als „Widersprüche" ausgemachten Darstellungen dokumentieren die biographischen Veränderungen und deren reflexive Bearbeitung im Erzähl- und Verschriftlichungsvorgang sowie unterschiedliche Aspekte der Erfahrungs- und Darstellungsrealitäten.

Die Interviews und die Teile aus den schriftlichen Aufzeichnungen wurden in Absprache mit Renate Böning redaktionell bearbeitet. Die Fußnoten wurden von der Herausgeberin angefügt. Wir danken Renate Böning, dass wir ihre Lebensgeschichte veröffentlichen dürfen sowie dafür, dass sie uns großartig bei der Durchführung dieses Projekts unterstützt hat.

Oldenburg im November 2015

Ursula Blömer

3 Kurzbiografie Renate Böning

Renate Böning wurde im September 1935 in Dessau geboren. Ihr Vater Heinz Böning entstammte einer Fischer- und Schifferfamilie und kam am 3. September 1904 in Elsfleth-Lienen zur Welt. Er legte 1923 in Bremen das Abitur ab und war danach für zwei Jahre im Tabak-Großimport Kuhlenkampff in Bremen tätig. Nachdem Heinz Böning zunächst in Leipzig Mathematik und Physik studiert hatte, wechselte er nach Danzig und arbeitete in der Werft Schichau. Als Werksstudent studierte er an der TH Danzig Maschinen- und Flugzeugbau und schloss dort das Studium 1934 als Dipl.-Ing. ab. Danach ging Heinz Böning zu den Junkers-Werken nach Dessau, wo er als Ingenieur arbeitete. Dort lernte er die Mutter von Renate Böning kennen, die als Chefsekretärin in der Firma angestellt war.

Die Mutter, 1902 geboren, stammte aus dem kleinen Ort Amesdorf-Güsten, in dem der Vater als Pfarrer tätig war, auch dessen Vater war Pfarrer gewesen. Die Urgroßmutter von Renate Böning entstammte einer wohlhabenden Familie. Deren Vorfahren besaßen eine Färberei in Coswig bei Wittenberg. Die Mutter hatte nach dem Erlangen des Einjährigen[3] durch Vermittlung einer Großtante eine Ausbildung als Hauswirtschafterin bei den Diakonissinnen angefangen, diese wohl aber abgebrochen und war dann zu den Junkers-Werken gegangen. Die Familie lebte zunächst in einer Mietwohnung. 1939 erwarben sie ein Haus in der Nähe der Junkers-Werke, das die Großmutter mütterlicherseits finanzierte und das somit Eigentum der Mutter war. 1941 wurde eine weitere Tochter geboren.

Der Vater musste auf Grund seiner Tätigkeit bei Junkers nicht an dem Krieg teilnehmen. Er war während des Krieges zeitweise im Auftrag von Junkers in Frankreich. Während des Krieges wurde die Mutter mit den beiden Töchtern evakuiert, von Januar 1944 an zunächst nach Friedrichsbrunn in der Nähe von Thale im Harz und von September 1944 bis Herbst 1945 nach Drosa in der Nähe von Köthen.

Nach der Rückkehr nach Dessau war das Elternhaus von einem Kaufmann aus Dessau besetzt, dessen Haus zerbombt war. Die Familie konnte einen Teil des Hauses im Obergeschoss beziehen; dies ließ jedoch nur ein beengtes Wohnen zu. Die Nachkriegszeit war von Entbehrungen und der ständigen Beschaffung von Lebensmitteln geprägt, zu der auch Renate Böning ihren Anteil beitragen musste.

---

3 Das Einjährige war eine Bezeichnung für den Mittleren Bildungsabschluss. Der Begriff ist darauf zurückzuführen, dass Soldaten in Preußen, die den Realschulabschluss hatten, der zu Mittleren Laufbahnen berechtigte, nur ein Jahr dienen mussten.

Aufgrund seiner Mitgliedschaft in der NSDAP konnte der Vater nicht mehr bei Junkers arbeiten. Heinz Böning arbeitete nach dem Krieg zunächst als Hilfslokomotivschlosser bei der Reichsbahn im Bereich Ausbesserung. Ab 1947/48 war er als Betriebsingenieur bei der Farbenfabrik in Wolfen tätig. Die Ehe der Eltern war nicht glücklich, und der Vater verließ 1950 die Familie und zog in ein Zimmer zur Untermiete. Da Renate Böning sich auf die Seite des Vaters stellte, musste sie die Mutter und ihre Schwester verlassen und somit auch das Elternhaus und zog zu dem Vater. Der Vater lernte eine neue Lebensgefährtin kennen, die Mutter einer Schulkameradin, eine Witwe, die er nach Ablauf der Trennungszeit 1953 heiratete[4]. Die Familie bekam dann in Dessau ein „Intelligenzhaus" zugewiesen.

Da Renate Böning ein „Kind der Intelligenz"[5] war, sollte sie nicht auf die Oberschule gehen. Alternativ entwickelte sie für sich den Plan, Buchhändlerin zu werden. Durch den Einsatz des Schuldirektors durfte sie dann doch die Oberschule besuchen und wurde in die Rosa-Luxemburg-Schule in Dessau eingeschult, wo sie den naturwissenschaftlichen Zweig besuchte.

Als im Juni 1953 die Schüler Stellung gegen die evangelische Jugendorganisation beziehen sollten, hatte Renate Böning ein großes Problem, da sie nicht gegen ihre Überzeugung handeln wollte[6]. Sie vertraute sich einer Mitschülerin an, die sie als „Freundin" kennzeichnet. Als diese dann die gewünschte Stellungnahme abgab, sagte Renate Böning – entgegen ihrer Überzeugung – dass sie sich ihrer Vorrednerin anschließe. Die Mitschülerin denunzierte Renate Böning bei der Schulleitung und sie wurde am gleichen Tag mit sofortiger Wirkung der Schule verwiesen.

Der Vater hatte 1953 eine Professur für Maschinenelemente an der Universität Rostock bekommen und war zunächst alleine nach Rostock gezo-

---

4   Später trennte der Vater sich von seiner zweiten Frau und heiratete 1977 eine junge Frau, die im Alter von Renate Böning war und die zwei Kinder mit in die Ehe brachte.

5   Die SED hatte einen Führungsanspruch der Arbeiter- und Bauernkinder proklamiert und entsprechend erfolgte eine Förderung und Bevorzugung dieser Schichten durch das Bildungssystem (vgl. Mählert/Stephan 1996).

6   Anfang 1953 wurde von der SED gemeinsam mit der FDJ eine Kampagne initiiert, die die Mitglieder der Jungen Gemeinde versuchte zu kriminalisieren, um diese Gruppierung zu vernichten. Auf Intervention der sowjetischen Führungsmacht am 2. Juni 1953 wurde diese Kampagne abrupt beendet und kurz darauf eine Vereinbarung zwischen der Kirche und der FDJ geschlossen (vgl. Mählert/Stephan 1996).

gen[7]. Er wurde per Telefon über die Situation informiert und konnte über Beziehungen arrangieren, dass Renate Böning die Möglichkeit eröffnet wurde, zu den Großeltern nach Bremen zu ziehen, um dort das Abitur zu machen. Dazu kam es jedoch nicht, da sie zwei Tage später wieder in ihre alte Schule aufgenommen wurde.

Nach Schuljahresende zog die gesamte Familie nach Rostock, wo Renate Böning dann die Schule beendete und das Abitur ablegte.

Der Vater wünschte, dass seine Tochter Chemie studieren sollte. Renate Böning lehnte dies jedoch ab, da sie gerne Slawistik studieren wollte. Als sie jedoch erfuhr, dass sie damit nur in den Lehrerberuf gehen konnte, entschied sie sich aus politischen Gründen dagegen. Aus ähnlichen Gründen verwarf sie auf Anraten eines Bekannten ein Journalistik-Studium, da sie nur eine Berufschance gehabt hätte, wenn sie im Sinne des Staates agiert hätte. Sie entschied sich dann für ein „Orchideenfach": orientalische Archäologie, als Zweitfach wählte sie indische Sprachen und als weiteres Fach Kunstgeschichte. Sie begann 1954 das Studium in Halle und musste auf Grund Einkünfte des Vaters ohne Stipendium studieren. Dadurch war sie finanziell schlechter gestellt als die anderen Studierenden, da der Vater nur den nötigsten Lebensunterhalt bezahlte. Als sie während des Studiums realisierte, dass sie mit der Studienfachwahl keine großen Berufschancen hatte und nicht die Möglichkeit haben würde, im Orient forscherisch tätig sein zu können, erwog sie einen Fachwechsel. Der Vater setzte sich daraufhin mit ihrem Professor in Verbindung und gemeinsam konnten sie Renate davon überzeugen, ihr Studium fortzusetzen.

Nach dem Studienabschluss 1959 erhielt sie eine Stelle als Aspirantin an der Uni Halle, auf der sie promovieren konnte. Nach der Promotion im Jahr 1966 war eine weitere Tätigkeit an einer Universität für sie nicht möglich und sie nahm 1967 eine Stelle bei der Filmfabrik ORWO (Original Wolfen) in dem Literarischen Büro an, wo sie für Werbematerial u. ä. zuständig war. Durch Vermittlung eines Kollegen konnte sie zwei Jahre später im Jahr 1969 in den Seemann-Verlag nach Leipzig wechseln und begann dort ihre Mitarbeit an dem Thieme-Becker-Künstlerlexikon bzw. an den Nachfolgebänden. Sie wohnte noch bis 1976 in Halle, bevor sie dann in Leipzig eine Wohnung bekam. 1990 wurde sie wegen Umstrukturierungen im Verlag mit 55 Jahren

---

7   Von 1953-1955 war Heinz Böning mit der Wahrnehmung der Professor für Maschinenelemente beauftragt, von 1955-1970 hatte er diese Professur inne. Von 1951-1963 war er in der Schiffbautechnischen Fakultät, von 1963-1968 in der Technischen Fakultät und von 1968-1970 in der Sektion Schifftechnik. Ab 1955 war er Direktor des Instituts für Maschinenelemente (vgl. Universität Rostock 2014: Eintrag von "Heinz Böning" im Catalogus Professorum Rostochiensium. http://cpr.uni-rostock.de/metadata/cpr_person_00003168). [Zugriff: 28.4.2014].

in den Vorruhestand entlassen. Sie engagierte sich danach in mehreren Vereinen und in der ehrenamtlichen Betreuung von älteren Damen, zudem unternahm sie zahlreiche Reisen.

Beide Eltern starben 1982 innerhalb von vier Tagen. Das elterliche Haus in Dessau erbte die Schwester. Zu ihrer Stiefmutter, der zweiten Frau des Vaters, hatte Renate Böning bis zu deren Tod 1994 einen guten Kontakt. Hervorzuheben ist noch die starke Affinität Renate Bönings zu Polen. Sie unternahm regelmäßig Reisen in das benachbarte Land und hatte dort zahlreiche Kontakte. Da sie die polnische Sprache beherrscht, liegen von ihr viele Übersetzungen – vor allem kunstgeschichtlicher Werke – vom Polnischen ins Deutsche vor.

4 Lebensgeschichte – Renate Böning

4.1 Kindheit

Ich bin im September 1935 geboren in Dessau, wo mein Vater Ingenieur an den Junkers-Werken war. Er hat, so viel ich informiert bin, bei der JU 52[8] mitgearbeitet und hat aus diesem Grund auch nicht in den Krieg gemusst, was damals für mich etwas schwierig war, weil ich mich immer geschämt habe. Die anderen Kinder in der Klasse haben immer Angst um ihre Väter gehabt, und es sind ja auch so viele gefallen, ich musste das nicht haben. Das war damals schon für mich vom sozialen Verständnis her irgendwie nicht so gut, obwohl ich mich hätte freuen sollen.

Wir haben ein Häuschen gehabt in unmittelbarer Nähe der Junkers-Werke. Mein Vater war Diplomingenieur, meine Mutter war Pfarrerstochter und hat ungeheuren Wert darauf gelegt, dass ich immer wusste: „Wir sind etwas Besseres". Ich durfte zum Beispiel mit einem Mädchen aus der Klasse keinen Kontakt mehr haben, als ich erzählte, dass ich bei ihr zu Hause war und dass die ein Waschbecken in der Küche hatten, wo sie sich wusch, was ich damals ganz lustig fand, weil da die Zahnputzbecher in Reih und Glied darüber standen, und darum habe ich das Zuhause erzählt. Da war meine Mutter ziemlich entsetzt, und ich durfte nicht mehr zu ihr. Und das hat sich eigentlich fortgesetzt, dass meine Mutter sich immer für etwas „Gehobeneres" gehalten hat. Sie hatte auch das sogenannte Einjährige und sie war Sekretärin bei Junkers gewesen.

Wenn meine Eltern nicht wollten, dass ich etwas verstand, haben sie zunächst Englisch miteinander gesprochen, bis sie mitkriegten, dass ich das verstand, weil Vati Wert drauf gelegt hatte, dass meine Schwester und ich Plattdütsch verstanden – er las uns jeden Sonnabendnachmittag aus Fritz Reuter vor. Und dann wechselten sie ins Französische, und das war dann für mich hoffnungslos, aber ich habe es immer empfunden, dass wir privilegiert waren. Nicht mit Stolz, sondern mit Verwunderung und oft auch mit ein bisschen Ärger, denn wir waren evakuiert, und ich habe auf dem Dorf dort natürlich den meisten Kontakt gehabt mit Kindern, die nicht gerade Kinder

---

8 Die Ju 52 (Ju 52/1 m und Ju 52/3 m) war eines der bekanntesten Flugzeuge der Junkers-Werke und auch unter dem Spitznamen „Tante Ju" bekannt. Die Flugzeuge wurden zwischen 1930 und 1954 gebaut, zunächst an mehreren Standorten in Deutschland, ab 1941/42 auch in Frankreich und Spanien. (vgl. Junkers 2015: Flugzeuge. http://www. ju52archiv.de/geschichte.htm). [Zugriff: 5.3.2015]).

von Großbauern waren, sondern Arbeiterkinder und Landarbeiterkinder. Ich habe es natürlich bemerkt, dass ich in der Schule sehr viel besser war als sie, und mein Vater war sehr stolz drauf. Ich gar nicht so, und für mich war es dann nachher ziemlich schrecklich, als wir nach Dessau zurückgekehrt waren, es war 46, dass die Kinder in der Schule mich „die Frau Professor" genannt haben. Das habe ich geradezu gehasst. Und dann habe ich mit Absicht Dreien geschrieben in der Schule, da war zu Hause unheimlich was los, und mein Vater hat tagelang nicht mit mir gesprochen. Für ihn war es klar, dass ich die Beste sein musste in der Schule. Für meine Mutter war es klar, dass ich eine gute Haustochter sein sollte. Da war ich aber ganz, ganz schlecht, ich habe niemals richtig stricken und häkeln gelernt und hatte immer eine Fünf in Handarbeit, das war für mich ein Graus, Handarbeit. Für meine Mutter war das was ganz, ganz Schlimmes, sie hat auch immer gesagt: „Wer hat mich mit diesem Kind geschlagen?".

4.1.1 Exkurs – Evakuierung

Der 8. Januar 1944 war ein grauer, kalter Wintertag[9]. Als wir im Bus von Bad Suderode hinauf nach Friedrichsbrunn fuhren, staunte ich über den vielen Schnee und war gespannt auf das Neue. Ich war acht Jahre alt, trug ein mohrrübenrot-beige kariertes Winterkleid – ich musste immer an Kohlrübensuppe denken, wenn ich es trug – und um den Kopf gelegte Zöpfe. Und ich fühlte mich neben meiner noch nicht ganz drei Jahre alten Schwester Gesche sehr erwachsen.

Es war die Zeit der großen Bombenangriffe auf deutsche Städte. Wie oft heulten bei uns in Dessau nachts die Sirenen, und wir zogen uns in Windeseile an – Mutti achtete deshalb besonders darauf, dass ich meine Sachen abends beim Ausziehen ganz sorgfältig über einen Schemel legte – und eilten hinab in den Heizungskeller, wo auf jeden von uns ein Liegestuhl mit Decken wartete. Mutti trug das Radio, in dem Nachrichten über den Standort der feindlichen Fliegerverbände gesendet wurden. „Dümmer See" und „Steinhuder Meer" wurden regelmäßig genannt. Und wir verfolgten bebend diese Standortmeldungen und atmeten erleichtert auf – ich muss es zu meiner Schande gestehen –, wenn sich abzeichnete, dass die Flugzeugverbände mit

9   Die Exkurse sind den schriftlichen Aufzeichnungen entnommen, die Renate Böning zwischen 1995 und 2005 in Form episodischer Erinnerungen verfasst hat. Renate Böning wurde von ihrer Freundin Inge Grieshammer dazu animiert. Inge Grieshammer fasste diese Erinnerungen zusammen und stellte sie für diese Veröffentlichung zur Verfügung. Wir danken Frau Grieshammer für diese Zusammenstellung. Die Exkurse wurden von der Herausgeberin eingefügt und ergänzen und vertiefen die lebensgeschichtliche Erzählung.

ihrer todbringenden Fracht eine andere Stadt ansteuerten. Noch war Dessau nicht Ziel einer Bombardierung geworden. Doch wir lebten in unmittelbarer Nähe der Junkers-Werke – Vati arbeitete im Junkers-Konstruktionsbüro in Paris – und es würde nur noch eine Frage der Zeit sein.

Mutti war sehr clever. So gelang es ihr aufgrund einer bei mir festgestellten Hylusdrüsen-Tuberkulose, dass wir als Evakuierungsort – für Frauen und Kinder aus bombengefährdeten Gebieten – Friedrichsbrunn wählen durften. Und so standen wir dann an jenem 8. Januar 1944 mit Sack und Pack vor dem „Haus Dankeswarte" – Besitzerin war nämlich die alte Frau D. – gleich oben links am Ortseingang vom Ramberg her gesehen.

Das war ein Erdgeschossbau mit vorkragendem, von Säulen getragenen Dach, unter dem sich rechts und links der in der Mitte gelegenen doppelflügeligen Haustür je eine Art Laubengang-Terrasse erstreckte. Links am Haus befand sich ein langer Anbau mit mehreren Gästezimmern und einem Badezimmer. Abgeschlossen wurde dieser Anbau durch ein quer gelagertes, sehr großes Zimmer, in dem die alte, strenge, sehr auf Formen bedachte Frau D. residierte. Noch erinnere ich mich an die großen Fußbodenfliesen dort, abwechselnd weiß und dunkelgrau und diagonal verlegt. In der Ecke tickte eine Standuhr. Dahinter führte eine Treppe hinauf ins Mansardengeschoss. Mutti und ich hatten das Zimmer gleich rechts vom Eingang. Zwei Fenster blickten hinaus auf den Laubengang. Trotzdem war es ziemlich düster mit seinen dunklen Möbeln. Zwischen den Fenstern stand ein Waschtisch mit Kanne und Schüssel. Wie beneidete ich Oma und Gesche, die im Anbau ein ganz helles Zimmer mit fließendem Wasser und gleich gegenüber am Gang das Badezimmer hatten! Dieses Zimmer war durch eine Schiebetür mit Milchglasfenstern zu betreten. So was Schickes hatte ich noch nie gesehen! Das düstere Zimmer von Mutti und mir war jedoch im Gegensatz zu dem hellen Zimmer im Anbau ziemlich groß mit einem geschnitzten Esstisch und einem Sofa, so dass sich unser Familienleben vorrangig dort abspielte. Durch eine verschlossene Tür war das Zimmer mit einem dahinter liegenden Raum, dessen Fenster auf den Hof blickte, verbunden. Dort lebte Tante K. mit ihrer Tochter E. Onkel M. war Pfarrer an der Kirche in D. Ich erinnere mich, dass ihm immer hoch angerechnet wurde, dass er seine Verlobte, Tante K., nicht verlassen habe, als sie nach einer Kinderlähmungserkrankung lahmte. Schon damals fragte ich mich, ob denn wahre Liebe durch ein Hinkebein beeinträchtigt werden könne. Im Obergeschoss lebte Frau R. mit ihrer Tochter in einem Zimmer. Sie waren ebenfalls aus Dessau evakuiert worden.

Es war ein sehr schneereicher Winter und die Sonne schien – so dünkt es mich in meiner Erinnerung – sehr oft. Aufgrund meiner Erkrankung musste ich erst im Februar wieder zur Schule gehen. Und so war ich tagelang draußen im Schnee, vorrangig im parkartigen Garten zwischen den hohen Fich-

ten. Dort haben wir Kinder uns eine Schneehöhle gebaut, die mit der Zeit zu einer Eishöhle wurde und in die man richtig hineingehen konnte. Zu uns drei Mädchen hatte sich bald noch ein zarter Junge gesellt. Seine alleinstehende Mutter, eine Pianistin, hatte ihn verzärtelt. Was hat dieser blasse, feingliedrige Knabe in seiner mehr an ein Kleinkind erinnernden Kleidung unter uns gelitten! „Wo mag denn nur mein Christian sein, in Hamburg oder Bremen? ... Seh' ich mir diesen Holzklotz an, so denk ich an mein' Christian". Oft lief er weinend zu seiner Mami.

Jeden Tag musste ich zum Bauer S., um in einer Kanne die mir aufgrund meiner Krankheit zustehende zusätzliche Milch zu holen. Frau S. hatte eine gerötete Nasenspitze, an der ständig ein Tropfen hing, und ich ekelte mich sehr und war ganz zufrieden, dass meine stets blasse Schwester den Großteil der Milch erhielt. Einmal schwamm auch ein bissel Heu auf der Milch.

Unweit von Ss. war in einem flachen Holzbau hinter großen Scheiben und einer hinaufführenden Treppe die Leihbibliothek untergebracht. Dort holte ich regelmäßig für Oma Lesestoff, den ich gierig mitverschlang. Damals las ich „Die weißen Rosen von Ravensberg", wohl von Natalie Eschtruth, die mir heute noch lebhaft in Erinnerung sind. Und dort auch las ich ein Nazi-Kinderbuch über Horst Schlageter und zerfloss fast in Tränen. Überhaupt war ich eine kleine „Nazisse". Ich erinnere mich an den 20. Juli 1944, als ich im Garten zwischen den hohen Fichten lag und sooo dankbar war, dass unserem „lieben Führer" nichts passiert war.

Im Februar 1944 also musste ich wieder zur Schule. Friedrichsbrunn bestand damals fast nur aus einer vom Ramberg hinabführenden Straße, die auf der Mitte ihres Weges links die Dorfkneipe, die Kirche und die Schule besaß und rechts die zwei besseren Gasthäuser, den „Schwarzen Adler" und „Jungs Hotel", dort gab es sogar ein Aquarium! Dort kreuzte auch eine kleine Straße, die links zwischen Kirche und Schule verlief und als Feldweg dann weiter zum „Gondelteich" führte und rechts etwas breiter den Zugang zu ein paar Bauernhöfen und einer Schmiede bildete. Wie oft habe ich dort zugesehen, wenn ein Pferd beschlagen wurde. Es tat mir ja so leid, wenn der eklige Geruch verbrannten Horns in meine Nase kroch. In den ersten Monaten fuhr ich mit meinem Schlitten hinunter zur Schule. Dort unterrichtete der Herr F., ein fülliger Glatzkopf, die vier unteren Klassen in einem einzigen Raum. Er gab jeweils Aufgaben und wandte sich dann der nächsten Bankreihe zu, in der ältere oder jüngere Jahrgänge als wir saßen. Da ich die Schule insgesamt als etwas weit unter meinem Bildungsniveau Liegendes betrachtete, fand ich das recht lustig.

Die Pausen waren sehr lang, und wir rodelten mit unseren Schlitten vom Kirchenhügel hinab. Dabei steckte ich mir regelmäßig ein Zweiglein Junipe-

*rus ins Haar, zu dem ich eine merkwürdige Zuneigung hatte. Erst Jahre spä-
ter las ich dann die Erzählung „Juniperus" von Gottfried Keller.*

*Manchmal sprach mich einer der vielen Verwundeten an, die in Fried-
richsbrunn in einem der Sanatorien sich für den nächsten Fronteinsatz ku-
rierten. Ach, diese vielen jungen Männer voller Lebenslust, die im Garten des
Sanatoriums sich eine kleine Sprungschanze gebaut hatten. Wie viele von
ihnen werden den Krieg überlebt haben? Immer fragten sie mich das Gleiche: „Hast du eine Schwester und wie alt ist sie?" Wenn sie hörten, dass
Gesche erst drei Jahre alt sei, winkten sie enttäuscht ab.*

*Manchmal „lieh" ich mir von meiner Schwester das kleine Fellhäschen
mit dem langen Gummischlauch und dem kleinen Gummiball daran. Drückte
man auf diesen, sprang das Häschen ein Stück weiter. Und ich freute mich,
das Tierchen im Schnee springen zu lassen und die Leute zu verblüffen. Leider war meine Schwester schon damals technisch interessiert! Ich habe sehr
um das Häschen geweint. Genauso wie um das Gesichtchen von Yvonne, der
roséfarbenen Tänzerin und Puppe meiner Schwester. Mireille, meine proven-
zalische Gliederpuppe, schien mir nicht halb so hübsch. Mutti gab mir zum
Trost die Papphülle eines französischen Parfüms. Da verschlangen sich wie
auf einem persischen Teppich goldfarbene erhabene Ranken mit goldfarbe-
nen Vögeln. Diesen meinen „Schatz" verwahrte ich in meinem Wäschefach.
Und dann gab mir meine Mutter eine leere Cremedose, und ich füllte sie als
„Vase" jeden Tag mit Anemonen und später mit Himmelsschlüsselchen und
Lungenkraut. Es war vielleicht der zauberhafteste Frühling meines Lebens.
Ich ging weit bis zu den „Totenköpfen", um den Kuckuck rufen zu hören.
Und dann, am 6. September 1944, verließen wir dieses Paradies.*

*Am 6. September 1944 fuhr ich – genau an meinem neunten Geburtstag –
zum letzten Mal mit dem Bus von Friedrichsbrunn hinab nach Bad Suderode,
vorbei an jener weiten Senke mit gespenstisch wirkenden Bäumen, an die ich
später immer denken musste, wenn ich den „Erlkönig" hörte oder las.*

*An diesem 6.9.1944 endete meine Kindheit. Ich kann mich an einzelne
Begebenheiten dieses Tages genau erinnern. Wir zogen um aus unserem
bisherigen Evakuierungsort, dem Höhenluftkurort Friedrichsbrunn im Harz,
nach Drosa, neun Kilometer nördlich von Köthen, ein kleines Dorf inmitten
von Feldern. Ob meine Eltern die zwei Zimmer in der „Pension Dankeswarte" nicht mehr bezahlen konnten oder ob wir meinem Vater näher sein wollten, der aus Frankreich in die Junkerswerke zurückgekehrt war und deren
Konstruktionsbüro sich damals im Schloss Oranienbaum befand, weiß ich
nicht. Mit diesem Tag endeten jedenfalls die acht glücklichsten Monate meiner Kindheit und Jugend – Monate zunächst voller Schnee, Kälte und Son-
nenschein und später voller Waldesduft, Buschwindröschen, Kuckucksrufen,
dem Sammeln von Steinen und dem Beobachten von Feuersalamandern. Es*

war eine Zeit absoluter Freiheit, die ich hauptsächlich im Wald und auf Wiesen verbrachte. Meine Mutter kümmerte sich kaum um mich und ich hatte nur wenige Pflichten.

An jenem 6. September fuhren wir also mit dem holzgasbetriebenen Bus hinunter nach Bad Suderode, wo wir im Bahnhof auf den Zug von Quedlinburg in Richtung Aschersleben warteten, der uns nach Köthen bringen sollte, und Mutti spendierte zur Feier des Tages einen „Harzer Punsch", der mit Sicherheit alkoholfrei war und aus lauter Ersatzmitteln bestand. Doch er schmeckte einfach köstlich! Niemals wieder habe ich diesen Geschmack gefunden. Irgendwie wusste ich damals schon, dass das himmlische freie Leben in der schönen Natur zu Ende sein sollte.

Ach, wie war Drosa, neun Kilometer nördlich von Köthen, prosaisch! Ein slawisches Runddorf, das seinen Namen nichtsdestoweniger von Drusus, dem römischen Feldherrn, ableitete, eingebettet in die kahle Landschaft von endlosen Äckern nördlich von Köthen. („Im Kreise Köthen wächst kein Baum...")[10].

Wir wohnten in zwei Räumen im Obergeschoss des Wohnhauses vom Großbauern P. Er hatte einige Jahre vorher den kleineren Teil eines ehemaligen großen Gutes gekauft. Den größeren Teil des Bodens und auch des großen Hofes hatte der Bauer B. gekauft, der „aus Bayern" stammte. Die dunklen Haare und bräunliche Haut der ganzen Familie B. ließ mich ans nazistische Märchen vom „bajuwarischen Typ" glauben. Erst nach der Wende erfuhr ich, dass sie schlicht und einfach aus Schweinfurt stammten.

Ps. waren dagegen sehr betont „nordisch" und nazitreu. Die füllige Frau des Großbauern bezeichnete uns als „Bombenängstliche". Sie ging niemals mit uns aufs Feld. Ihr wortkarger Mann, vor dem ich mich sehr fürchtete, und der schon 14-jährige Sohn G., den ich sehr bewunderte, schufteten früh bis spät auf den Feldern, in den Ställen – sie hatten Kühe, Ochsen und ein von der Requirierung verschontes Pferd – in der Scheune und in der Futterkammer.

Unsere beiden Räume hatten Fenster nach vorne zur Straße hinaus. Der größere Raum hatte zwei Fenster und einen Kanonenofen. Und er war tapeziert. Dorthin hatten wir eigene Wohnzimmermöbel aus Dessau geholt – Tisch, Stühle, Sofa, Wanduhr und einen Teppich! Der Raum links daneben soll die ehemalige Vorratskammer der Familie P. gewesen sein. Er war hellblau getüncht, und immer wieder ließen sich Spinnen von der Decke hinab. Dort standen unser großer Kleiderschrank, die Ehebetten und das Kinderbettchen von Gesche. Unter dem einzigen, jedoch breiten Fenster stand eine Art Bank mit den Schüsseln für die Körperwäsche und die Geschirrwäsche.

---

10 Nach Renate Böning war dieser Ausspruch in ihrer Kinder- und Jugendzeit in Dessau gängig und bedeutete so viel wie, dass es im Kreise Köthen hässlich sei.

Das Wasser holten wir wohl von der Pumpe im Hof. Und im Hof stand auch das „Herzhäuschen" für uns, direkt neben dem Herzhäuschen der FamilieP.. Ps. hatten eine Fremdarbeiterin, die hieß Tanja und kam aus der Ukraine. Ich fühlte mich sofort zu der stillen Frau hingezogen, die – so schien es mir – schon alt war. Sicher aber war sie nicht älter als 40. In ihrem dunklen Haar sah man schon silberne Fäden. Sie lebte in einem kleinen Raum im Stallgebäude über der Futterkammer. Dort hatte sie ein Bett, einen Stuhl und eine Truhe. Manchmal saß ich sonntagnachmittags bei ihr. Durch das blinde Fenster schien die Nachmittagssonne und durch die Ritzen der Fußbodendielen drang der Geruch nach Futter. Dann trug Tanja ihren geblümten Wollrock und ließ mich das geblümte Wollkopftuch streicheln. Viele Jahre später sollte ich solch ein Kopftuch aus Leningrad geschenkt bekommen.

Tanja erschien mir irgendwie geheimnisvoll, und ich versuchte vergebens, etwas Näheres über ihre Herkunft und ihre Familie zu erfahren. Nach der Befreiung soll sie, auf dem Weg nach Haus, mit einer überfüllten Elbfähre untergegangen sein. Vielleicht hat ihr dies ein schlimmes Schicksal als „Verräterin" erspart.

Jedenfalls vermerkte Frau P. meine Besuche bei Tanja als staatsgefährdend und drohte meiner Mutter mit Anzeige. Was sie jedoch nicht verhindern konnte, war mein „Fraternisieren" mit polnischen Fremdarbeitern auf dem Hof von Bs.

Oft hatte ich schon über die Mauer geblickt, die den ehemals so großen Hof durchschnitt und nun den Pschen Teil vom B.-Hof trennte. Drüben herrschte ein viel lebhafteres Treiben, denn Bs brauchten für ihre ausgedehnten Ländereien Hilfe. Die Polen wohnten in einem großen Raum mit Doppelstockbetten, der vom Hof her durch einen laubenartigen verglasten Vorbau zu betreten war. Sonnabendabends versammelten sich dort die im Dorf lebenden Polen. Einer spielte Ziehharmonika und die anderen tanzten. Ich erinnere mich an die dicken Nackenzöpfe der Mädchen, die beim Tanzen flogen. Ich saß in der Ecke und schaute wie gebannt zu. Einmal kam einer der Polen zu mir, hob mich hoch und schwenkte mich in der Luft herum. Ach, hätte ich doch damals schon Polnisch reden können!

Ansonsten war das Leben in Drosa alles andere als lustig. In der Schule waren wir vier Klassenstufen in einem Raum, mit denen sich der Lehrer abwechselnd beschäftigte. Das kannte ich schon aus Friedrichsbrunn. Schockierend war der raue Ton. Umgehend wurde ich aufgeklärt – und mit dreckigem Lachen wurde mir erzählt, welche Kinder es schon im Hünengrab auf einem Hügel überm Dorf miteinander getrieben hätten. Ein rothaariges, graublasses Mädchen in altmodisch langem Röckchen, das keinen Schulranzen besaß, sondern ihre Hefte in einem Pompadour mit sich schleppte und das im Sommer barfuß ging, diente jeden Tag zur Belustigung. Es wurde

23

gehänselt, geknufft und auch geschlagen und weinte viel. Ich wagte nur heimlich es anzusprechen, um nicht auch verspottet und geschlagen zu werden. Das Mädchen lebte in einem Bahnwärterhaus, einige Kilometer vom Ort entfernt, bei den Großeltern. Dort führt die Strecke nach Magdeburg vorbei. Und dort gab es auch einen kleinen Teich, an dem meine Eltern im Sommer '45 mindestens einmal mit mir zum Schwimmen waren.

Um mir die Angelegenheit mit der Fortpflanzung näher zu erläutern, ließen mich meine Klassenkameradinnen auf eine Mauer beim Bauern E. klettern. Und dort sah ich voll Entsetzen den großen Zuchtbullen, der eine riesige blutrote Rübe vor sich hertrug, auf eine wehrlose Kuh steigen, in die er die rote Rübe bohrte. Mir wurde schlecht.

Es gab eine räudige Katze auf dem Hof, die ich sehr liebte. Eines Tages sah ich sie leblos jenseits der Mauer in Bs. Hof liegen. Mutti erzählte mir dann, dass sie von unseren Vorräten gefressen habe und Mutti sie deshalb die Treppe hinabgeworfen und dann den toten Körper über die Mauer geschmissen habe.

Unsere Vorräte waren das Allerwichtigste. Wir hatten schließlich ständig Hunger und alles drehte sich darum, Essbares zu beschaffen. Samstags nachmittags lief mir regelmäßig das Wasser im Mund zusammen. Dann trugen die Bauersfrauen oder Mägde große Kuchenbleche zum Hintereingang der Bäckerei, die von unseren Fenstern aus gut sichtbar war. Einmal hat mir G. ein Stück Zuckerkuchen geschenkt. Ich war hingerissen! Das durfte natürlich seine Mutter nicht wissen.

Mutti ging damals schon jeden Tag zu Bs. zum Arbeiten und mir oblag es, jeden Tag die beiden Zimmer mit der Teppichkehrmaschine und dem Besen zu säubern und gegen Abend den Kanonenofen zu heizen, um dann Pellkartoffeln darauf zu kochen. Anschließend musste ich sie schälen und schneiden und Bratkartoffeln für uns alle daraus verfertigen. Ich war ein wahrer Meister darin, mit Hilfe von Zwiebeln, Salz und kaltem Kaffee (Muckefuck) und ohne Fett etwas Schmackhaftes daraus zuzubereiten.

Mutti bekam Deputat, also hatten wir genug Kartoffeln. Und ab dem Frühjahr '45 brauchte sie sich auch keine Gedanken mehr um mein Frühstück zu machen. Es gab nämlich keinen Schulunterricht mehr in jenem Frühling des Weltenendes und totalen Neubeginns. Stattdessen wurden wir auf die Felder geschickt. Noch heute erinnere ich mich, wie sehr ich mich schämte, dass die Dorfkinder beim Rübenverziehen viel mehr Reihen als ich bewältigten und trotzdem noch schneller waren. Für einen Vor-mittag bekam ich eine Reichsmark. Mein erstes selbst verdientes Geld! Doch viel, viel schöner war die ganz dicke Doppelstulle zur Frühstückspause, dick mit Leberwurst beschmiert!

Und ich erinnere mich an eine Adelshochzeit in der kleinen Dorfkirche. Ich gehörte zum Spalier der neugierig glotzenden Dorfkinder, die vor der Kirche die vorfahrenden Kutschen – im Krieg gab's kein Benzin! – und die langen Kleider der feinen Damen bewunderten.

Und ich erinnere mich an die Mühle etwas außerhalb des Dorfes auf einem Hügel, wohin mich eines Tages der wortkarge Bauer P. mitnahm. Er muss doch ein Herz für Kinder gehabt haben! Der Müller erklärte mir den Mahlvorgang und ich fand's hochinteressant.

Und ich erinnere mich an die Nacht des 7. März 1945. Da riss mich Mutti aus dem Schlaf: „Dessau wird bombardiert!" Und wir rannten hinaus in die schneidende Kälte auf dem Hof und sahen am Nachthimmel im Osten sieben, durch schwebende Lichter – die so genannten „Weihnachtsbäume" – markierte Kreise. Ganz hell war das, und wir sahen, wie sich aus den kleinen Flugzeugen schwarze Striche in ganzen Ballen lösten und herabfielen. Manchmal erschütterte die Erde leicht. Wir haben in jener Nacht viel gebetet.

Am nächsten Morgen, schon gegen Mittag, dann die freudige Erlösung. Da kam Vati, übermüdet und rußschwarz, aber lebend auf den Hof geradelt. Auch unser Haus hatte den Bombensturm überstanden. Ich weiß noch, dass die Sonne schien und es bitterkalt war. Und wir hörten erschüttert, was Vati aus Dessau zu berichten wusste.

In jener Zeit kamen Trecks aus Ostpreußen und dem Baltikum ins Dorf. Ich erinnere mich an zwei junge Gräfinnen von der S., die mit vielen Pferden und Gummiwagen voller Pferdefutter auf Bs Hof kampierten. Sie zogen dann weiter nach Westen und sollen sich später erschossen haben. Sie, wie auch andere Durchreisende, wussten schreckliche Dinge zu berichten. So hörte ich z.B. von einer ganzen Familie, die mit den Zungen auf dem Esstisch festgenagelt worden war.

Wir wünschten uns also, von den Amerikanern eingenommen zu werden und unser Wunsch ging in Erfüllung.

Es muss Ende April gewesen sein. Frauen und Kinder lebten und schliefen schon seit Tagen in einem Notquartier, einem großen Keller unter Bs. Küche. Dorthin drang dann auch die Kunde von den auf der Straße nach Wulfen her anrollenden amerikanischen Panzern. Plötzlich zerriss ein ohrenbetäubender Knall die Stille. Wie wir später erfuhren, hatte ein versprengter Feldwebel mit ein paar Hitlerjungen, die er sich gegriffen hatte, eine Panzerfaust auf den vordersten Panzer geschleudert, der dann auch in die Luft ging. Daraufhin umschlossen die Panzer das Dorf und richteten ihre Geschützrohre auf die Häuser. Es soll der stets verlachte Friseur P. gewesen sein, der das Dorf rettete. Mit seinen Holzpantinen und wehendem roten Schopf und ein großes weißes Betttuch schwenkend überkletterte er eine der

Panzersperren an den vier Ausfallstraßen aus dem Ort und eilte den Panzern entgegen. Die kamen dann langsam ins Dorf gerollt. Die Panzersperren umfuhren sie einfach, indem sie die Mauern der angrenzenden Gehöfte umstießen.

Wir kamen zögernd aus unseren Kellern hinaus und sahen in dunkle Gesichter mit blitzenden weißen Zähnen, die uns Kindern etwas kaum Gekanntes schenkten: Schokolade! Wann immer ein Militär-LKW durchs Dorf fuhr, zog er einen Pulk Kinder hinter sich her und es hagelte Schokoladentafeln. Ich habe keine davon angerührt. Erst im Juni, als die Amis schon abrückten, hatte ich endlich begriffen, dass Hitler ein Verbrecher gewesen war und dass Menschen in Konzentrationslagern systematisch ermordet worden waren. Der letzte davonfahrende LKW schmiss noch einmal Schoko-Tafeln hinaus und ich erwischte eine Tafel weißer Schokolade. Diesen Genuss habe ich nie vergessen. Die nächste weiße Tafel sollte ich am 19. November 1989 in Westberlin essen.

Ich hatte eigentlich keine Kindheit, wo man spielte, wenn ich das heute so sehe, wie Kinder noch mit zehn, elf, zwölf sind, das hat es für mich überhaupt nicht gegeben. Ich musste auf der einen Seite dazu beitragen, dass wir genug zu essen hatten, das war sehr, sehr schlimm nach dem Krieg, ich bin mit auf den Acker gefahren zum Stoppeln[11]. Das Schlimmste, an das ich mich erinnern kann, war, dass wir mit einem Zug nach Elsnig gefahren sind. Das ist vor Köthen von Dessau aus und dort gab es eine Zuckerfabrik und diese Zuckerfabrik hat die Rübenschnitzel gewaschen, also die Schnitzel, die abgeschnitten worden waren von den Zuckerrüben, bevor die Zuckerrüben dann zu Zucker verarbeitet wurden. Ich musste mit meiner Mutter dann in dieses eiskalte Wasser fassen und das war im November und wir haben sechs Säcke voll Rübenschnitzel aussortiert und haben diese Schnitzel dann auf Fahrrädern und – weil ich die Kräftigste war, ich war damals elf oder zwölf oder zehn, ich weiß es nicht mehr genau – habe ich als Kräftigste die meisten Säcke gehabt auf einem Handwagen hinter mir her und wir mussten achtzehn Kilometer bis nach Dessau laufen. Meine beiden Eltern haben absolut schlapp gemacht – es war jedenfalls schrecklich. Wir haben eigentlich unser ganzes Leben damals in den Dienst der Essensbeschaffung gestellt, und ich weiß, dass wir immerzu Hunger hatten.

Ich kann mich noch sehr gut daran erinnern, als ich dann 1980 oder '81 in Polen war und es gab plötzlich fast nichts zu essen für mich dort. Ich hatte dort einen Ferienplatz bekommen im ausgehenden November und beginnenden Dezember, in Karpacz, das hieß früher Krummhübel, unterhalb der

---

11   Stoppeln bedeutet, auf abgeernteten Feldern übrig gebliebene Früchte aufsammeln, wie
      Kartoffeln, Zuckerrüben oder Ähren.

Schneekoppe und ich war dort die einzige aus der DDR, weit und breit, es war kaum ein Mensch da. Ich lief alleine durch die Wälder, habe immer Hunde heulen hören und habe immer gedacht: „Mein Gott, vielleicht sind das Wölfe", heute weiß ich, dass es damals dort noch keine Wölfe gab, heute natürlich schon. Ich habe damals Westzeitschriften zum Angucken bekommen von den Leuten dort im Haus. Ich habe mich sehr gut mit denen verstanden, weil ich schon recht gut polnisch sprach und habe diese ganzen wunderschönen, für mich damals wunderschönen Zeitschriften von der Yellow Press gelesen und diese sehr schönen Schmuckstücke und so weiter angesehen und habe immer gedacht: „Das ist alles nicht wichtig, wichtig ist nur, dass man keinen Hunger hat". Dass war auf einmal alles wieder da, weil überall die Buden, wo es vorher Brötchen gab mit Würstchen oder so, das war alles zu, es gab gar nichts. Vor dem Geschäft, also vor der Fleischerei, wo es Fleisch und Wurst gegeben hatte vorher, da waren nur noch Fliesen zu sehen, das Geschäft war zu und davor lagerten ganz viele Hunde, ganz viele traurige, dünne Hunde, in der Hoffnung, dass doch mal was raus kommt. Und da erinnerte ich mich schlagartig wieder an die Gefühle von '46, '47, '48, und das war eigentlich meine Kindheit, das war richtig schrecklich.

Damals war schon immer die Rede vom Westen, dass es dort besser war. Wir waren ja in der russischen Zone, meine Großeltern von Vaterseite lebten in Bremen und ich glaube das war englische Zone[12], aber ich bin mir da nicht mehr so ganz sicher und da gab es immerhin genug Fisch zu essen. Und als die Großeltern uns besuchten, haben sie einen großen Eimer mit Heringen mitgebracht und die konnten wir dann tauschen gegen andere Sachen zum Essen. Ich kann mich erinnern, dass Weihnachten '46 oder '47, ich weiß nicht genau, welches Weihnachten es war, dass da das schönste war, dass meine Mutter wieder jemanden aufgetan hatte auf dem Dorf, der mit meinem Großvater, den ich gar nicht mehr kennengelernt hatte, der Dorfpfarrer gewesen war, befreundet gewesen war und dass wir vor Weihnachten, mein Vater und ich dort hinlaufen konnten und weißes Mehl kriegten und eine riesengroße Leberwurst. Dann konnten wir zu Weihnachten weiße Brötchen essen, soviel wir wollten, und Leberwurst darauf. Das war das aller-, allerschönste Weihnachten, was ich je gehabt habe, ich konnte mich richtig satt essen. Meine Schwester hat im Februar Geburtstag, und die hat sich damals gewünscht, soviel Haferflocken mit Zucker zu essen, bis es ihr aus den Ohren rauskommt. Das hat sie auch gekriegt. Und ich saß daneben und habe sie glühend beneidet, sie hat alle Haferflocken alleine aufgegessen.

12 Am Ende des Zweiten Weltkrieges wurde Bremen durch alliierte Truppen besetzt. Die Freie Hansestadt Bremen und Bremerhaven waren als Exklave innerhalb der britischen Besatzungszone wegen ihrer Versorgungshäfen unter US-amerikanischer Verwaltung (vgl. Zolling 2005).

Das sind meine frühen Kindheitserinnerungen, und es gibt noch etwas. Als wir zurückkamen aus der Evakuierung, war unser Haus besetzt. Und zwar hatte sich ein ausgebombter kleiner Kaufmann reingesetzt, der rausgekriegt hatte oder es war auch bekannt, dass mein Vater Parteigenosse seit 1931 war. Weswegen ich mich dann die ganzen nächsten Jahre zu schämen hatte, in jeden Fragebogen das reinzuschreiben hatte, obwohl ich ja gar nichts dafür konnte. Mein Vater hat nämlich in Danzig studiert, als Werkstudent, er hat auf der Werft gearbeitet, bei Schichau in Danzig[13] und hat nebenher studiert, Flugzeugbau und Schiffbau. Er hat mir später, sehr, sehr viel später, von Danzig erzählt. Für ihn war das die goldene Stadt, die goldene Zeit seiner Jugend. Ich bin also sozusagen auch großgeworden unter dem Bild des Krantors[14] in Danzig. Es war das erste Kunstwerk, was ich gesehen habe. Es war eine Grafik. Das zweite war dann das Häschen von Dürer, das kriegte ich dann von meinem Vater geschenkt.

Dann gab es noch etwas, was in meiner Kindheit furchtbar war, meine Eltern haben sich immerzu gezankt, am meisten Weihnachten. Ich habe mich vor Weihnachten immer gefürchtet, und ich habe mir immer gewünscht, dass meine Eltern sich scheiden ließen, und sie haben sich dann auch getrennt. Mein Vater ist weggegangen. Meine Mutter hat es nicht ertragen, ich glaube nicht, weil sie sich in einer großen Liebe so getäuscht sah, sondern ich glaube eher wegen der Leute. Das passte nicht in ihr Weltbild und sie hat mich dann auch rausgeschmissen, weil ich zu Vati gehalten habe. Das war ganz, ganz schlimm, und sie hat mir fast nichts mitgegeben. Ich bin dann sehr krank geworden, weil ich in dem möblierten Zimmer von Vati unter einer riesigen Fensterscheibe geschlafen habe auf dem Sofa und hatte kein Federbett. Ich hatte nur so eine Decke, wie sie damals üblich war, das waren sogenannte Wolldecken, aber die hatten vielleicht mal was von Wolle gehört. Die waren sehr schwer, aber sie waren nicht warm. Seit der Zeit habe ich also Probleme mit den Nieren und mit dem Unterleib gehabt, bis mich Vati dann in sein Bett gelassen hat und selbst aufs Sofa zog.

---

13 Die Schichau-Werke waren ein Maschinenbauunternehmen in Westpreußen, das von Ferdinand Schichau 1837 in Elbing gegründet worden war. In verschiedenen Werken wurden Maschinen, Lokomotiven und Schiffe gebaut. 1891 entstand die Werft in Danzig. Mit dem Kriegsende im Januar 1945 wurden die Werke aufgelöst (vgl. Ostpreussen.net 2014: Der Industriegigant Schichau und weitere Unternehmen in Elbing. http://www.ostpreu ssen.net/ostpreussen/orte.php?bericht=920&gl920=8#gl920). [Zugriff: 4.3.2014]).

14 Das Krantor ist das bekannteste Wahrzeichen in Danzig. Es ist ein Stadttor aus Backstein und Holz mit einer doppelten Kranfunktion. Das erste Tor wurde ca. 1367 errichtet und durch einen Brand im Jahr 1442 zerstört. Das heutige Tor wurde im 15.Jahrhunderts errichtet, im zweiten Weltkrieg schwer beschädigt und zwischen 1956 und 1962 wieder restauriert (vgl. National Maritime Museum in Gdansk 2015: Das Krantor. http://www.de.nmm.pl/das-krantor/das-krantor-einst-und-heute). [Zugriff: 5.3.2015].

Mein Vater fuhr jeden Tag nach Wolfen zur Arbeit, er hatte natürlich als Nazi keine Möglichkeit gehabt, dann nach ´45 wieder bei Junkers anzufangen. Er hat dann erst als Hilfsschlosser gearbeitet[15], hat in der Zeit nicht mit uns gesprochen, es war also eine ganz furchtbare Situation zu Hause. Ich wurde dazu immer noch als Tochter eines Nazis in der Schule ausgesprochen gemobbt, und zwar gemobbt von Lehrern, nicht so sehr von den Kindern, aber von den Lehrern, vor allem von den Neulehrern. Ich musste es ja in jeden Fragebogen reinschreiben, und da musste ich immer reinschreiben „seit ´31". Vati hat versucht, mir das zu erklären, hat gesagt, weil das von Danzig her ganz anders aussah, weil ich natürlich auch immer mit ihm geschimpft habe, mit ihm gerechtet habe, weil ich gesehen habe, mit zwölf und dreizehn war ich alt genug zu sehen, was die Nazizeit bedeutet hatte, was für Unrecht passiert war. Die Geschichte mit den KZs. Die haben uns damals als Kinder schon nach Buchenwald mitgenommen, also nicht die Eltern, aber von der Klasse aus sind wir dort gewesen, und da bin ich das erste Mal in Ohnmacht gefallen vor einem solchen Verbrennungsofen. Ich werde den Tag nie vergessen. Es war so schrecklich. Es war fast schrecklicher als viele, viele, viele Jahre später, als ich in Auschwitz war, und als ich schon meine große Liebe zu Polen entdeckt hatte.

4.2 Schulzeit

Dann passierte das, dass ich natürlich in der Schule wieder so gut war, schrecklicherweise. Dann verliert man auch Freunde, das mögen die anderen nicht, obwohl ich habe abschreiben lassen. Es war schlimm und dann sollte ich nicht auf die Oberschule. Intellektuellenkind oder damals hieß das Schicht der Intelligenz[16], denn Vati arbeitete inzwischen nun in Wolfen und war dort Betriebsingenieur, also Intelligenz. Ich sollte nach der achten Klasse dann irgendeinen Beruf erlernen. Das einzige, was ich gerne gemacht hätte, das habe ich damals schon gewusst, das war Buchhändlerin. Das wäre viel-

---

15 Der Vater war zu dieser Zeit bei der Reichsbahn in Dessau tätig (Information Renate Böning vom 8. 8.2013).

16 Zur sozialen Schicht der Intelligenz gehörten Menschen, die vorwiegend geistige Arbeit verrichteten und meistens eine höhere, akademische Bildung hatten. Nach den ideologischen Prinzipien der sozialistischen Gesellschaft gehörte diese Schicht nicht zu den die Gesellschaft tragenden Klassen, als die die Arbeiter und Bauern angesehen wurden. Die SED wollte aus den Reihen der Arbeiterklasse eine neue sozialistische Intelligenz begründen, daher wurden Arbeiterkinder bei der Vergabe von Studienplätzen vorrangig berücksichtigt, für die Kinder aus der Schicht der Intelligenz bestanden nur beschränkte Studienmöglichkeiten (vgl. Prokop/Zänker 2010 und 2011).

leicht meine Rettung gewesen, wenn es da eine Möglichkeit gegeben hätte. Aber es hat sich dann Gott sei Dank mein Direktor von der Schule für mich eingesetzt, und ich bin also auf die Oberschule gekommen. Dann war ich Gott sei Dank auch nicht mehr so schrecklich überragend, also ich war nicht die absolute Spitze dann in der Oberschule, das wollte ich auch nicht mehr. Mein Vater hatte dann auch nicht mehr diesen Einfluss auf mich.

Ich war dann in Dessau an der Rosa-Luxemburg-Oberschule, und dann habe ich das erste Mal Marxismus-Leninismus richtig gut dargeboten gekriegt und war zunächst begeistert von der Idee Freiheit, Gleichheit, Brüderlichkeit. Ich habe es geglaubt am Anfang, aber nur am Anfang. Ich bin dann dadurch auch in die Zentrale Schulgruppenleitung gekommen in meiner Oberschule. Es hat aber nicht lange gedauert, bis ich die Kehrseite der Medaille erkannte. Nun war ich aber in der Zentralen Schulgruppenleitung, dann bin ich da drin geblieben, aber ich hatte den harmlosesten Posten, ich musste die Literatur verkaufen. Ich musste also einmal in der Woche mit einem Handwagen zur FDJ-Leitung fahren und dort diese kleinen Heftchen in Rot, meistens in leuchtend Rot oder auch manchmal in Blau abholen, wo dann den Schülern der Marxismus-Leninismus erklärt wurde. Die kosteten zehn und zwanzig Pfenning, und das war für uns Kinder damals oder für uns Jugendliche schon sehr viel Geld. Ich hatte immerhin fünf Mark Taschengeld im Monat, aber wir mussten dafür ja auch unsere Hefte kaufen. Ab und an haben wir uns ja dann auch eine Limonade geleistet, aber das war ganz, ganz selten. Und wenn man von diesem Taschengeld dann noch zehn oder zwanzig Pfenning abzweigen musste, dann war das viel Geld. Ich weiß, da schäme ich mich heute noch, dass ich das erste Mal frei gesprochen habe vor einer ganz großen Gruppe all unserer Schüler, weil ich mich mächtig aufgeregt habe, dass ich immer auf dem Zeug sitzen blieb und keiner wollte das kaufen. Das war daran schuld, dass ich dann gegen meine Überzeugung gesagt habe, „die zehn Pfenning könnt ihr ja wohl abzweigen". Das werde ich auch nicht vergessen, dass ich das gesagt habe, obwohl es nicht meine Überzeugung war.

Dann kam das Jahr 1953, und wir waren immer noch in Dessau. Meine Familie hatte eine sehr positive Haltung zur evangelischen Kirche, schon dadurch bedingt, dass mein Großvater und mein Urgroßvater Pfarrer gewesen waren und wir Kinder in den Kirchenchor gingen und ein Großonkel von mir diesen Kirchenchor leitete. Es war wunderschön in dem Kirchenchor, wir haben im Sommer und im Winter immer ein Konzert gemacht, es war ganz fantastisch. Dieser Großonkel, der hat dann auch die Kindersinfonie von Hayden aufgeführt und ich durfte immerhin die Zimbel schlagen. Dass war eigentlich das Schöne in der Kindheit und das heimliche Lesen. Meine Mutti hat mir das nicht gestattet.

Ich musste ja immer irgendwas tun in der Wirtschaft, ich habe ganze Nachmittage diese blöden Bohnen schnipsen müssen. Die kamen dann in so einen großen braunen Topf mit Salzwasser und dann hatten wir im Winter eben, das ganze Winterhalbjahr über was zu essen. Die anderen Kinder spielten auf der Straße und riefen mich immer und ich konnte nicht, ich habe dann immer gerufen: „Wenn ich fertig bin mit dem Sack". Wenn ich fertig war mit dem Sack, war es dunkel und die Kinder alle weg. Meine Mutter erlaubte mir auch nicht das Lesen. Ich war eine schreckliche Leseratte und ich musste, weil meine Mutter – das sehe ich auch ein – im Grunde als ihre Hauptaufgabe sah, dass sie für uns was zu essen heranholte, den Haushalt machen. Ich habe also mit elf und mit zwölf schon alles sauber machen müssen. Wir hatten so eine blöde Teppichkehrmaschine und dann hatten wir die alten Möbel von meiner Oma, die waren so geschwungen, Neo-Rokoko, und da musste ich ja immerzu Staub wischen. Vor allen Dingen musste ich diese blöde Abwasche machen. Wir hatten dadurch, dass sich jemand reingesetzt hatte in unser Haus und wir nur noch oben ein paar Zimmer hatten im Haus, keine Küche, und da musste ich mir dann das Wasser heiß machen und in zwei Schüsseln abwaschen. Statt abzuwaschen habe ich dann des Öfteren Karl May gelesen, ich habe damals über 34 Bände gelesen, ich war ganz stolz, dass ich 34 Bände gelesen hatte. Karl May hat 68 geschrieben und ich hatte 34 gelesen, aber die wurden mir dann weggenommen. Wir hatten so eine große Standuhr mit einer Glastür davor, die war zuzuschließen und da lagen sie dann drin, und ich durfte dann immer, wenn ich genug abgewaschen hatte und genug gearbeitet hatte, zwei Seiten lesen. Andern Kindern ging es viel besser, hatte ich den Eindruck, vielleicht war es auch nicht so.

Als ich fünfzehn war, bin ich Gott sei Dank zu meinem Vater gekommen, habe also bei ihm im Zimmer, in seinem möbliertem Zimmer mit gewohnt. Er hatte dann eine neue Lebensgefährtin, es war komischerweise die Mutter einer Klassenkameradin von mir. Als ich das erste Mal Weihnachten bei ihr war, habe ich das erste Mal erlebt, dass Weihnachten kein Krach und Bum war, sondern dass Weihnachten friedlich sein konnte – sie war auch sehr christlich – und dass wir sehr schöne Weihnachtslieder gesungen haben. Es war richtig schön. Ich habe ihr einen selbstgemachten Kalender geschenkt mit selbstverfassten Gedichten und eigenen Zeichnungen. Da hat sie mich in den Arm genommen und hat gesagt: „Wenn du das kannst, Renate, dann brauchst du nicht häkeln und stricken können". Das habe ich das Leben lang nicht vergessen, und sie war sehr lange mit meinem Vater verheiratet. Er hat sich dann wieder scheiden lassen und hat eine Frau genommen, die so alt war wie ich, aber das war viel, viel später.

Mein Vater hatte dann so einen Aufschwung dadurch, dass er von meiner Mutter weg war und dass er nun diese neue Frau hatte, die ihm auch erst mal die Augen geöffnet hatte. Von ihrem christlichen Standpunkt her – es war die Bekennende Kirche und sie war Bonhoeffer-Anhängerin – hat sie ihn dazu gebracht, seine ganze Haltung während der frühen Nazizeit zu überdenken. Wie es später war, weiß ich nicht, weil er in Frankreich war. Er hat in Frankreich damals ein Junkers-Büro mit französischen Konstrukteuren aufgezogen gehabt und bezeichnenderweise waren die alle im Maquis[17]. Das hat ihm später das Leben gerettet, denn er sollte verhaftet werden. Das hat allerdings meine Mutter noch gemacht, die hat dann einen Brief geschrieben an seine frühere Sekretärin nach Paris, und die hat ihm dann bescheinigt, dass er nichts dagegen gehabt hätte, dass ein Treffpunkt des Maquis in seinem Büro stattgefunden hat. Aber das hat er gar nicht gewusst. Er war eigentlich ein naiver Wissenschaftler und auch das fand ich immer – also ich habe jetzt auch ein gebrochenes Verhältnis zu meinem Vater – auch das fand ich immer so etwas anrüchig, dass er das hingenommen hat, dass er dadurch aus dem Gefängnis wieder rauskam.

Dann kriegte mein Vater ein sogenanntes Intelligenzhaus[18] in Dessau. Da haben wir aber nur eine kurze Zeit gewohnt. Dort haben meine Stiefmutter und er dann auch geheiratet, weil sich meine Mutter dann scheiden ließ, das heißt, sie ließ sich nicht scheiden, sondern es war so, dass nach einer gewissen Zeit, wenn man getrennt von Tisch und Bett war, dann die Scheidung sowieso ausgesprochen wurde. Auf diese Art und Weise wurde mein Vater frei und heiratete diese, meine, wie ich sie immer nannte, die Micha-Mutter, und wir gingen alle zusammen nach Rostock und er hat dort eine Professur bekommen. Zunächst für Flugzeugbau und dann, als das wieder rauskam mit seiner Nazi-Vergangenheit und der Flugzeugbau nach Dresden ging, ist er nicht mitgegangen, sondern da hat ihn der Dekan der Schiffbautechnischen Fakultät übernommen, zu dem er inzwischen ein sehr gutes Verhältnis hatte. Mein Vater hat dann Schiffsmaschinenbau gelehrt an der Rostocker Universität.

---

17   Französische Partisanengruppe der Résistance, die im zweiten Weltkrieg die deutschen Besatzungstruppen in Frankreich bekämpfte.
18   Für die sogenannte „Technische Intelligenz" wurden Häuser gebaut bzw. bereitgestellt, die im Volksmund „Intelligenzhäuser" hießen.

4.2.1 Exkurs – Der „Goldene Westen"

1952 während der Winterferien – also wohl im Februar – war ich das erste Mal im Westen, bei meinen Großeltern in Bremen. Damals konnte man ziemlich leicht einen „Interzonenpass" bekommen, und so fuhren Vati und ich an einem hellen Wintermorgen der Grenzstation Marienborn entgegen.

Vati und ich lebten damals in einem möblierten schönen Zimmer in einer Dreiraumwohnung in Dessau. Die Wohnungsbesitzerin, eine feine alte Dame, hatte das schönste Zimmer mit großem Erker in der Hochparterre-Wohnung einer Zweifamilienvilla. Neben ihr lebte, eine des Russischen mächtige „Edelkurtisane", die ich sehr bewunderte, und Vati und ich hatten das Zimmer nach Norden, zum Garten hinaus, wo Vati im Bett und ich auf einer Couch unter dem breiten Fenster schlief.

Das Bad war lang und schmal, mit Terrazzo-Fußboden. Es gab natürlich nur kaltes Wasser, die Badewanne wurde niemals benutzt und im Winter froren wir erbärmlich in dem unheizbaren Raum. Da benutzten wir dann manchmal den Waschtisch mit Marmorplatte und Steingutkanne und -schüssel, der im Zimmer stand. Damals wusste ich noch nicht, dass Hunderttausende, ja Millionen in der DDR kein Badezimmer hatten und dass dies auch mein Schicksal sein sollte, die sogenannte „beste Lebenszeit" hindurch, bis zu meinem 51. Lebensjahr.

Micha hatte mich fein ausgestattet für die Westreise. Aus dem dicken, schweren Pseudo-Wollstoff, den wir für mein während der Sommerferien erarbeitetes Geld gekauft hatten, hatte ich eine Art Winterdirndl bekommen, das mich aber wegen der Störrigkeit des Stoffes über den Hüften unheimlich breit machte. Jedenfalls fühlte ich mich nicht glücklich, war aber trotzdem froh, nicht mit meinem einzigen Winterrock fahren zu müssen, der aus ganz schlechtem Stoff war und ständig zerknittert aussah. Dazu hatte ich einen Wintermantel, der aus Muttis „gewendetem" alten Kamelhaarmantel geschneidert worden war.

Den ersten Schock erlebte ich in Marienborn. Da stand während des langen Aufenthaltes ein West-Mädchen von ca. 18 Jahren auf dem Bahnsteig. Sie trug Nylonstrümpfe (!) und zauberhafte Ballerinas – die ich damals zum ersten Mal – sah und einen Kamelhaarmantel, der ganz neu, hell und traumhaft leicht und weich aussah. Wie sie dort so selbstbewusst strahlend mit lockigem blondem Haar im leichten Spätwinterwind stand, konnte ich meinen Blick nicht von ihr wenden. So ein zauberhaftes Wesen hatte ich in der DDR noch nie gesehen!

In Bremen kamen wir an, als es schon dunkel war. Im Bahnhof war es unwahrscheinlich hell und sauber. Ich erinnere mich, dass ich total überwältigt an einer großen Treppe stand, die in die Bahnhofshalle hinabführte und fassungslos das Gewimmel gut gekleideter Menschen, das helle elektrische Licht und einen Blumenladen anguckte, wo es Blumen mitten im Winter (!) gab.

Meine Onkel, der uns abgeholt hatte, war so elegant und roch so gut. Und draußen vor dem Bahnhof das nächste Wunder: Da war gegenüber ein gedrungener viereckiger Turm, an dem pausenlos eine Leuchtreklame an- und ausging: 47 - 11, 47 - 11, 47 - 11.

Ringsum weitere Leuchtreklamen, doch die bewegten sich nicht. In Dessau gab es zu jener Zeit eine einzige Leuchtreklame in der Innenstadt, ein Schriftzug an einem Laden. Wir waren abends dorthin gepilgert, um dieses Zeichen, dass es nun aufwärts gehe, zu bestaunen.

Auf dem Wege zu meinen Großeltern, die an der Contrescarpe wohnten, kamen wir an weiteren Wundern vorbei: Bananen und Apfelsinen – beides hatte ich bis dahin noch nie gegessen und kannte es nur von Abbildungen – an Freiluft-Ständen in Bahnhofsnähe. Und die Schaufenster groß und hell! Bei uns in Dessau gab es ganz wenige große Schaufenster. Die meisten waren zugemauert (unverputzt!) bis auf ein kleines Fensterchen, hinter dem dann das mickrige Angebot lag.

Dann kamen wir zur Wohnung von Oma und Tante I., meiner „Stiefgroßmutter" in einem Neubau. Sie waren im Krieg an der Schwachhauser Heerstraße ausgebombt worden, lebten dann eine Zeit lang zur Untermiete und erst seit kurzem wieder in einer eigenen Wohnung. Sicher war das Haus einer der gesichtslosen Nachkriegsbauten, wie sie mich heute in westdeutschen Städten erschrecken (man hat zu früh zu viel Geld gehabt...), doch ich war einfach hingerissen! Hell, sauber und warm bis ins Treppenhaus! Und die Großeltern hatten eine Dreizimmerwohnung (ein Zimmer war an einen Untermieter vermietet). In der Mitte befand sich ein dielenartiger Raum.

Doch das größte Wunder war die Zentralheizung! Seit Kriegsende hatte ich eine funktionierende Zentralheizung nur in der Schule, im Theater und in der Schwimmhalle erlebt. Die meisten Menschen, die ich kannte, wohnten zwar in Wohnungen, wo es früher mal eine Zentralheizung gegeben hatte, wo jetzt aber Kanonenöfchen standen, die manchmal durch zwei Zimmer hindurch mit abenteuerlichen Rohr-Abgas-Konstruktionen mit dem nächsten Schornstein verbunden waren. Auch meine erste Aufgabe, wenn ich aus der Schule nach Hause kam, bestand im Heizen des Kanonenöfchens. Unsere Vermieterin stellte jeden Tag ein Eimerchen mit Kohlen und Kohlenanzünder hin. Trotzdem wurde es nie richtig warm, vor allem auf meinem Sofa unter dem einfach verglasten breiten Fenster.

Und nun dieser Überfluss an Wärme in der Wohnung meiner Großeltern! Ich verlor sofort meine im Winter ständig zusammengekuschelte Haltung. Mein Bett stand in der „Abseite" unterm Dach, einer Art Vorratsraum, in den man durch eine Luke im Bad kriechen musste. Damit es dort warm war, stand die Luke immer offen. Nur wenn jemand das Bad benutzte und ich in meinem Mini-Raum war, wurde die Luke geschlossen. Da ich dort separierter war als Vati auf dem Wohnzimmersofa, war ich sehr zufrieden. Ich hatte sogar ein kleines Lämpchen vermittels eines aus dem Bad gelegten Kabels. An das erste Frühstück erinnere ich mich genau: Es gab weiße Brötchen mit Butter und Ananasmarmelade und es duftete nach Kaffee! Das war wie im Paradies! Und auf dem Tisch stand ein Korb mit Südfrüchten, die ich nehmen durfte. Bald wollten wir die reiche Schwester von Tante I. in Oberneuland besuchen. Tante I. unterzog mich einer kritischen Musterung und entschied, dass ich in meinem Winterdirndl dort nicht erscheinen könne. Irgendwoher brachte sie ein dunkelblaues Kleid aus feinem Wollstoff, eine Art dezentes enges Hemdblusenkleid; es war getragen, aber sehr gut erhalten. Sie befand es zu dunkel für mich, suchte einen dazu passenden weißen Kragen, an den sie Druckknöpfe nähte – wie auch an das Kleid, so dass der Kragen separat waschbar war – und schon war ich „besuchsfein".

Dieses Kleid war all die Jahre danach meine Rettung. Ich trug es – mit rosa Stofffröschen am Revers – zur Tanzstunde, mit dem Kragen zum Theater, mit breitem rotem Plastegürtel zu den Schülerbällen.

Doch in Bremen gab es dann das nächste Problem: Ich trug platierte Seidenstrümpfe! Das beschämte mich furchtbar! Nylonstrümpfe kosteten damals in der DDR 60 Mark und ich hatte fünf Mark Taschengeld im Monat. Also habe ich meinen Vati den ganzen Bremen-Aufenthalt hindurch genervt. Dauernd wies ich ihn darauf hin, dass keiner außer mir solche Altweiberstrümpfe trug, nicht mal in den Armeleutevierteln am Hafen, wohin wir zu Fuß gelaufen waren. Ich wollte immerzu meine Beine verstecken.

Gelaufen sind wir damals sehr viel, so z.B. auch zum weit entfernten Friedhof zum Grab von Omi. Wir hatten ja kein Westgeld und unser sehr sparsamer Opa hatte uns das abgezählte Fahrgeld für den Bus gegeben. Vati und ich sind lieber die ca. drei Stunden hin und her gelaufen und haben uns fürs ersparte Geld einen Ring Feigen gekauft. Sie schmeckten himmlisch und seitdem esse ich diese bis dahin unbekannten Früchte sehr gern!

Und dann entschied Opa, dass ein Kleidungsstück für mich gekauft werden sollte. Ich überlegte fieberhaft, was am praktischsten und langlebigsten wäre. Und so kam ich auf eine Strickjacke. Die war dann royal-blau (leuchtend!) aus richtiger Wolle, so eine Art Cardigan. Sie machte mich auf einen Schlag in Dessau zu einer für damalige Zeit gut angezogenen Person. Und sie war das ganze Jahr über tragbar! Auf vielen Fotos von mir aus den Jahren danach ist sie zu sehen. Sie war wirklich unheimlich praktisch! Auch zu Sommerrock und Blüschen, meiner Sommerkleidung, passte sie.

Und dann gingen wir ein Nylontuch kaufen, nachdem wir für einen sehr ho-
hen Kurs Ostgeld in Westgeld getauscht hatten. Das war für eine Bekannte,
die uns Geld mitgegeben hatte. Ich weiß noch, dass ich vor der eleganten
Verkäuferin mit ihren lackierten Fingernägeln fast in die Knie ging und dass
wir in dem hell erleuchteten, duftenden Laden vor all der Fülle von Tüchern
uns nicht entscheiden konnten. So hörte ich es später immer wieder von den
Westreise-Omas: Angesichts der überwältigenden Fülle ist es ungemein
schwer, sich zu entscheiden.
Ach ja, und die Fingernägel. Solche langen, lackierten sah ich dann bei
der Freundin meiner Kusine. Dort war ich ganz stumm und versuchte, meine
rissigen, schorfigen Handrücken zu verbergen. Im Winter riss meine Haut an
Händen und Füßen immer auf, ich leide an trockener Haut und es gab keine
Hautcreme in der frühen DDR. Ich war so hässlich und minderwertig neben
diesen gepflegten, duftenden, schön angezogenen jungen Mädchen, die vom
nächsten Ball plauderten und davon erzählten, dass die eine von ihnen beim
letzten Ball fünf Paar Nylonstrümpfe zerrissen habe, als Gag! In der DDR
wäre das mehr gewesen als das Monatseinkommen eines Angestellten. Trotz
meines schlechten Selbstwertgefühls in dieser glänzenden Welt, für die ich
viel zu hässlich und mickrig war, war dieser Aufenthalt wie ein Traum.

4.3 17. Juni 1953

Bevor wir aber nach Rostock gingen, passierte mir das in der Schule. Mein
Vater war schon in Rostock, lehrte dort schon, hatte dort ein möbliertes
Zimmer. Wir saßen noch in dem Intelligenzhaus, es ging ja alles nicht so
schnell in der DDR, mit Wohnung und mit all diesen Dingen. Da kam nun

dieser 17. Juni '53. Es war eine furchtbare Atmosphäre in der Zeit[19], die war gegen die Kirche gerichtet[20]. Ich war zwar nicht Mitglied der Jungen Gemeinde, weil ich nicht so gläubig war im Sinne der Kirche, dass ich da gerne hingegangen wäre. Aber ich bin also bis heute Mitglied der Kirche, aber ich bin keine gute Christin im Sinne der Kirche. Ich glaube, dass irgend-etwas existiert, aber ich komme mit der Kirche nicht so ganz klar und vor allen Dingen auch wegen der Vergangenheit dieser Institution. Ich habe mich ja nun während meines Lebens sehr oft mit Geschichte beschäftigt, ist so ein bisschen ein Hobby von mir, und da kann ich nicht so. Ich kann auch mit Luther nicht so. Und Vati war also weg, ich war mit der Micha-Mutter und

19 Seit 1952 tobte in der DDR der „Klassenkampf von oben" (Mählert 2004, S. 65). Die sozialistische Umgestaltung der DDR war mit einer Kampfansage an große Teile der Gesellschaft verbunden. Die SED-Führung versuchte ihre Politik durch Einschüchterung und Gewalt, auch in den Reihen der eigenen Partei, umzusetzen. Um die Rüstungsausgaben als ostdeutschen Beitrag zum sowjetischen Beitrag finanzieren zu können, installierte die Parteiführung die Steuer- und Abgabenschraube. Zudem wurden die Bauern und Handwerker gedrängt, den Genossenschaften beizutreten. Kleinste Wirtschaftsvergehen wurden mit drakonischen Strafen belegt. Gleichzeitig wurde massiv die Gleichschaltung der liberaldemokratischen und christdemokratischen Parteien vorangetrieben. Die zwar zahlenmäßig kleine, aber bedeutende alte (klein)bürgerliche Elite war massiven Repressionen ausgesetzt (vgl. Mählert 2004).
Anfang 1953 war der Klassenkampf der SED-Führung zu einem „kalten" Krieg gegen die gesamte Bevölkerung eskaliert, auch die Arbeiterschaft war davon betroffen. Erhöhung der Arbeitsproduktivität mit Erhöhung der Akkordsätze, zunehmende Steuer- und Abgabenlasten, Preissteigerungen und Streichung von Subventionen trugen zur Verschlechterung der Lebensbedingungen bei. Die Stimmung in der DDR wurde immer schlechter, immer mehr Menschen übersiedelten bzw. flüchteten in den Westen Deutschlands, es kam zu Auseinandersetzungen zwischen Bürgern und Parteifunktionären. Mit einer Direktive aus Moskau wurde der SED-Führung ein „Neuer Kurs" verordnet, der Klassenkampf gegen die Landbevölkerung, die Handwerker und die Christen sollte eingestellt werden. Dieser Kurswechsel wurde von der Bevölkerung als halbherzig wahrgenommen, da die Arbeitsnormenerhöhung nicht zurückgenommen wurde. Es kam am 16. Juni 1953 zu Arbeitsniederlegungen von Bauarbeitern und Protestmärschen in Ostberlin, den Demonstrationen schlossen sich am 17. Juni andere Betriebsbelegschaften an. In Ostberlin rückten sowjetische Panzer aus und der Ausnahmezustand wurde verhängt. Die Proteste griffen auch auf andere Städte über und die Unruhen dauerten noch bis in den Juli hinein. Neben den ökonomischen Forderungen wurden der Ruf nach Demokratie, Einheit und freie Wahlen laut. Infolge wurden ca. 10000 Menschen verhaftet und mindestens 55 verloren ihr Leben (vgl. Mählert 2004, 2011). Der Aufstand vom 17. Juni 1953 erschütterte das politische System der DDR. Mählert (2011) schreibt dazu: „Kein anderes Ereignis in der Geschichte der DDR hat die von der SED gehegte Mär vom Arbeiter- und Bauernstaat deutlicher entlarvt als die Rebellion der Arbeiter in jenen Junitagen" (S. 33).
20 Ende 1952 leitete die SED eine Offensive gegen die – vor allem protestantische – Kirche ein. Insbesondere die evangelische Junge Gemeinde, die Jugendgruppen innerhalb der evangelischen Kirche in der DDR, in der vor allem Oberschüler als Gegenpart zur FDJ organisiert waren, geriet in die Schusslinie des staatlichen Terrors (vgl. Mählert 2004).

mit meiner ehemaligen Klassenkameradin, die nun meine Stiefschwester war, allein in Dessau.

Meine Stiefschwester war auch auf der Oberschule, aber auf der zweiten Oberschule in Dessau, auf dem Philanthropinum, sie wollte Ärztin werden, und dort war der Zweig mit Altsprachen, und ich war im naturwissenschaftlichen Zweig, also im B-Zweig. Vati hatte gesagt, als die Frage stand, in welchen Zweig gehst du: „Also Sprachen, die lernst du mit links nebenher, du gehst in den naturwissenschaftlichen Zweig". Also war ich im naturwissenschaftlichen Zweig, und mein schrecklichstes Fach war Chemie, und ausgerechnet das sollte ich studieren, hat Vati immer gewollt. Gott sei Dank habe ich es dann nicht studieren müssen.

Es kam also der 17. Juni, das heißt, es kam die Zeit davor, und am 15. Juni hat man uns in der Schule erzählt, das heißt, ich weiß nicht mehr, war es der 15. oder der 14., ich weiß nicht mehr, wie die Wochentage lagen, also es war unmittelbar vor dem 17. Juni, da wurde uns in der Schule gesagt, dass wir, die wir in der ZSGL waren, in der Zentralen Schulgruppenleitung, am 16. Juni in die Schule kommen sollten im Blauhemd[21] – das ich damals schon hasste – und vor der ganzen Schule, im Musikraum – wir hatten noch keine Aula wieder, die lag noch in Trümmern, der Musikraum war der größte Raum, und es gab eine Übertragung mit Mikrophonen und Lautsprechern in die anderen Räume und nach draußen –, dass ich dort also sagen sollte, wie ich zur Jungen Gemeinde stehe. Ich wusste, dass ich sagen sollte: „Ich bin dafür, dass die Junge Gemeinde verboten wird, weil sie eine paramilitärische Organisation ist". Natürlich war mir klar, dass das eine Lüge war, und ich kannte ja eine Menge, die in der Jungen Gemeinde waren, und ich fand es furchtbar, dass diese Stellungnahme von uns erpresst werden sollte. Mir war aber auch völlig klar, wenn ich das nicht tun würde, dass mein Bleiben auf der Oberschule nicht mehr gewesen wäre und dass ich dann eben Buchhändlerin geworden wäre. Es war ja noch die Zeit, wo man noch weggehen konnte über Berlin. Berlin war noch offen. Ich habe die Micha-Mutter gefragt, und die hat natürlich genauso geantwortet, wie ich es erwartet habe: „Du bist groß, du bist siebzehn Jahre alt, du musst das selber wissen". Vater war nicht erreichbar, denn weder mein Vater hatte ein Telefon noch wir hatten ein Telefon. Ich konnte also niemanden fragen, ich hatte niemand, der mir raten konnte, ich habe die ganze Nacht nicht geschlafen. Ich habe am nächsten Morgen dieses blöde Blauhemd angezogen – ich kann bis heute die Modefarbe Royal nicht ausstehen, weil sie mich immer an dieses Blauhemd erinnert – und ich bin in die Schule gegangen. Dann saß ich in der ersten Reihe und neben mir, links neben mir, saß H., meine damals beste Freundin. Die war

21 Das Blauhemd bzw. FDJ-Hemd oder FDJ-Bluse war die offizielle Organisationskleidung der Jugendorganisation „Freie Deutsche Jugend" (FDJ) in der DDR.

nicht so gut in der Schule, war auch in der ZSGL. Ihr Vater war im Krieg gefallen und wir haben also alle unsere kleinen Geheimnisse damals miteinander geteilt. Sie war aber nicht so Anti wie ich, aber sie war auch ein bisschen Anti, und sie saß links neben mir. Sie kam vor mir dran, sie stand auf, und sie erzählte diese ganze Geschichte, die man von uns erwartete, und ich wusste immer noch nicht, was ich tue. Und dann habe ich das Gefühl gehabt, ich stehe neben mir, ich sehe mich aufstehen und sagen: „Ich schließe mich der Meinung meiner Vorrednerin an". Bums, saß ich wieder und schämte mich in Grund und Boden. Dann ging das weiter, und ich habe von der Stunde, was die anderen gesagt haben, eigentlich überhaupt nichts mehr mitgekriegt.

Danach war die große Pause, die große Pause dauerte immer eine ganze Viertelstunde. Wir standen auf dem Schulhof herum, haben uns unterhalten, und ich habe gar nicht gemerkt, dass meine Freundin plötzlich weg war. Nach der großen Pause, als wir wieder in die Klassenräume gingen, kam plötzlich die Erkennungsmelodie aus dem Lautsprecher. Der hing so wie eine Supraporte über der Tür und es hieß: „Alle Schüler auf den Schulhof". Da habe ich schon was geahnt. Die H. war nämlich auch nicht da. Die saß eigentlich neben mir, sie war nicht da. Wir mussten also runter und dann wieder in Blöcken antreten. So wie wir es gewohnt waren, jeden Montagfrüh, wenn die Fahne hochgezogen wurde und jeden Sonnabendmittag, wenn die Fahne wieder runtergeholt wurde. Also wir standen dann wieder, und dann hat unser Rektor, der immer ganz westlich angezogen war – ein ausgesprochen schöner Mann – ich verstehe das bis heute nicht, der hatte zum Beispiel und das in der damaligen Zeit, hatte der ein traumhaftes Oberhemd, sehe ich noch vor mir, in lindgrün und dazu passende Socken und dann solche Specklatschen haben wir das genannt, die hatten solche Sohlen, die waren so durchsichtig und so was gab es in der DDR überhaupt nicht und solche passenden braunen Schuhe dazu, die genauso waren, wie sein Anzug, also es war alles eindeutig aus dem Westen. Wir durften aber, wenn wir was aus dem Westen hatten, es nicht in der Schule anziehen, wir wurden nach Hause geschickt. Meine Schwester ist jünger als ich, die ist später nach Hause geschickt worden, weil sie einen schwarzbunten Rock an hatte, wo Spielkarten drauf waren, weil das eindeutig aus dem Westen war. Und dieser Mensch tritt vor uns alle hin und sagt: „Es hat einen unerhörten Fall von Doppelzüngigkeit gegeben". Da wusste ich, dass ich dran war. Dann wurde zuerst H. vorgerufen, die stand neben ihm, ging in die Mitte dieses Karrees, stand allerdings mit gesenktem Kopf da und dann hieß es: „Solche Menschen brauchen wir in der DDR, die die Treue zum Staat über die Treue zu Freunden stellen": Dann musste ich vor und dann wurde gesagt, dass ich zu meiner Freundin während der Pause gesagt hätte, ich fände es furchtbar, dass man von uns eine Meinung erpresst hätte, hinter der wir nicht stehen. Und das war natürlich doppelzüngig, denn ich hatte ja vorher etwas anderes gesagt. Ich bin dann mit sofortiger Wirkung der Schule verwiesen worden, denn ich bin ja privilegiert gewesen, dass ich auf die Oberschule durfte und dass ich also auch hätte wahrscheinlich zum Studium gehen dürfen. „Solche Nattern nähren wir nicht weiter an unserem Busen".

Also habe ich mich auf mein Fahrrad gesetzt, bin heulend nach Hause gefahren, habe geklingelt, oben hat die Micha-Mutter rausgeguckt, hat gesagt: „Um Gottes Willen, was willst du denn?" Ich dann: „Ich bin von der Schule geschmissen". Und nun, um Gottes Willen, Telegramm an Vati geschickt und den ganzen Abend gesessen und gesprochen. Vati hat dann angerufen bei Bekannten und wir sind da hingegangen, und ich solle zu meinen Großeltern nach Bremen und hätte dort Abitur machen sollen. Dann war ich eigentlich schon wieder guten Mutes und so habe ich also vom 17. Juni, der einen Tag später war, überhaupt nichts mitgekriegt. Ich war nicht draußen, und wir haben ja jeden Abend zuhause RIAS gehört und das war immer sehr schlecht zu verstehen, das waren diese Störungen, die gemacht wurden und dazwischen hingen wir am Apparat und da haben wir also mitgekriegt, was los war in der DDR. Aber in Dessau, wo ich wohnte, war wahrscheinlich auch gar nichts los gewesen, ich habe es nie erfahren.

Zwei Tage später klingelt es plötzlich bei uns und unser Direktor und unser FDJnig, ein hauptamtlicher FDJ-Manager stehen vor der Tür: „Können wir reinkommen?" „Ja". „Wir möchten gerne mit Ihnen sprechen", mit meiner Mutter und so und dann: „Ja, wir möchten Sie bitten, dass Sie ihre Tochter wieder zur Schule schicken". Da war diese Aussprache mit Grotewohl oder mit, ja es muss Grotewohl gewesen sein, das ist alles unmittelbar nach dem 17. Juni passiert und da ist die DDR in Bezug auf Kirchenpolitik wieder zurückgerudert, da ist sie also nicht mehr so hart gewesen.

Denn es ging damals vor allen Dingen auch gegen die Neinstedter Anstalten[22]. Ich kenne heute jemand, der sein Leben dort verbracht hat. Er ist jetzt kurz vor der Rente und ich finde das eine tolle Angelegenheit, diese Neinstedter Anstalten. Die hat es ja schon gegeben beim alten Kaiser Wilhelm, glaube ich, das heißt, das sind Anstalten im Vorharzgebiet, die nehmen vor allen Dingen geistig Behinderte auf und die lernen dort Berufe und wenn es Not tut, bleiben sie ihr Leben lang dort. Ich finde das so eine tolle Sache, und ich fand das damals schon eine tolle Sache und gegen die sollten wir auch sein, da angeblich in den Neinstedter Anstalten die Kinder geschlagen

---

22 Die Neindstedter Anstalten wurden 1861 als eine Einrichtung für Menschen mit geistiger Behinderung gegründet. Heute ist die Einrichtung ein großer Anbieter für verschiedene soziale Dienstleistungen (vgl. Neinstedter Anstalten 2014: Die Neinstedter Anstalten-Ein Rückblick. http://www.neinstedter-anstalten.de/). [Zugriff: 4.3.2014]).

werden. Also es waren ganz, ganz schlimme Sachen, das stand alles in der Zeitung, das hörte man im Radio, wenn man den DDR Sender an hatte, und die meisten Leute haben ja dann auch daran geglaubt. Ich glaube, das sollte ich auch noch sagen, ich sollte, als ich dann aufgestanden bin, sollte ich noch was gegen die Neinstedter Anstalten sagen, ich weiß gar nicht mehr, ob meine Vorrednerin da was gesagt hatte. Das waren die zwei Sachen, gegen die Neinstedter Anstalten und gegen die Junge Gemeinde – paramilitärische Organisation, so ein Wahnsinn.

Dann bin ich also wieder zur Schule gegangen, aber Gott sei Dank war das nicht mehr lange. Dann war Schuljahresende, und im nächsten Schuljahr hatten wir dann eine Wohnung in Rostock, aber nicht gleich, und da hat Vati mich sofort nach Rostock geholt[23]. Da habe ich mit in seinem möblierten Zimmer gewohnt, damit ich nicht nochmal in diese Schule in Dessau musste. Und in Rostock hat keiner davon gewusst. Damals ist die Stasi wahrscheinlich noch nicht so aktiv gewesen, es ist mir dann auch kein Stein in den Weg gelegt worden, als ich studieren wollte, und ich bin dann ohne weiteres zum Studium gekommen.

4.4 Studium

Allerdings habe ich was studiert, was sonst keiner machen wollte, das war Orientarchäologie. Ich war ein bisschen unentschlossen, ich hätte am liebsten Russistik studiert, also Slawistik, Russistik alleine ging nicht in der DDR. Slawistik, aber dann hätte mir ein Leben als Lehrer gedroht. Die wissenschaftliche Laufbahn, das wäre schon ein unheimlicher Glückstreffer gewesen. Also entfiel das, denn Lehrer wollte ich auf gar keinen Fall werden, weil ich dann diesen ganzen politischen Quatsch hätte den Kindern beibringen müssen. Das kam für mich überhaupt nicht in Frage, und da war ich also sehr, sehr, sehr skeptisch. Dann habe ich gedacht, Journalistik, weil ich immer gut schreiben konnte. Ich hatte einen Onkel in Rostock, der war Kulturredakteur bei den Norddeutschen Neuesten Nachrichten und der hat mir das auch bestätigt. Er hat aber gesagt: „Ich würde es dir nicht raten, du gehst politisch kaputt". Also war das auch vorbei und da saß ich da und wusste nicht. Mein Vater wollte unbedingt Chemie: Das war mein schlechtestes Fach und interessierte mich überhaupt nicht. Ja, was mache ich?

---

23 Renate Böning zog zum 1.10.1953 nach Rostock, zunächst in eine Pension. Die Stiefmutter kam ca. ein bis zwei Monate später nach, und dann zog die Familie in eine „schöne Wohnung", eine „Uni-Wohnung". Die Stiefschwester blieb in Dessau, um dort die Schule abzuschließen (Interview mit Renate Böning am 8.8.2013).

Da haben wir den Studienführer hergenommen, und da haben wir gefunden: Orient-archäologie. Da ich als Kind eigentlich, gleich nach '45, mit diesem ganzen Wissenschaftskreis schon zu tun hatte, indem nämlich mein Vater, als er als Hilfsschlosser arbeitete, sich unbedingt bemühte, den Anschluss an das Geistige nicht zu verlieren, und da gab es einen geistigen Kreis von lauter ehemaligen Konstrukteuren, Diplom-Ingenieuren in Dessau. Das muss '46, '47, also sehr bald nach dem Krieg gewesen sein, denn den einen haben sie nachher in Moskau hingerichtet, den armen Muttray[24]. Eben jene Muttrays hatten eine große Wohnung, eine wunderbare Wohnung in einer Villa in Dessau, und da gab es nun also einmal in der Woche einen Lesekreis. Die Damen saßen da und häkelten und strickten. Wir Kinder saßen in der Ecke und hörten zu. Es gab Tee, den man vorher gesammelt hatte auf der Wiese, und zu Essen brachte sich jeder seins selbst mit, wie es damals so war. Und es war also ein wirklich hochgeistiger Kreis und da wurde unter anderem

---

24 Justus Muttray und Dr. Horst Muttray lebten mit ihren Familien in Dessau. Sie wurden zusammen mit Heinrich Singer am 22. Oktober 1946 aus der Sowjetischen Besatzungszone in die Sowjetunion im Rahmen der Aktion Ossawakim verschleppt. Damals wurden mehr als 2.000 deutsche Wissenschaftler, Ingenieure und Techniker aus der damaligen Sowjetischen Besatzungszone verschleppt und zwangsverpflichtet, über mehrere Jahre in der Sowjetunion zu arbeiten. Insgesamt wird von 10000-15000 Personen ausgegangen, die ersten konnten 1949 zurückkehren. Justus und Horst Muttray und Heinrich Singer wurden später Opfer des Stalinismus und 1951 durch den MfS oder den MGB verhaftet. Viele dieser Opfer wurden zwischen April 1950 und Dezember 1953 in Moskau erschossen und auf dem Friedhof Donskoje in Moskau begraben. Justus Muttray, Dipl. Ing., geb. am 30. August 1898, studierte zusammen mit seinem Zwillingsbruder, Horst-Wilhelm Muttray, an der TH Dresden Flugzeugbau. Er war Kriegsfreiwilliger im 1. Weltkrieg, in den 20er Jahren kam er zu den Junkers-Werken. Am 18.09.1951 wurde er in Dessau verhaftet, bis 1956 leistete er in der UdSSR Zwangsarbeit. Horst Muttray, Entwicklungsingenieur, geb. am 30. August 1898 in Gröditz/Sachsen, zuletzt wohnhaft in Dessau-Ziebigk/Sachsen-Anhalt, wurde am 19.9.1951 verhaftet. Das Todesurteil wurde durch SMT Nr. 48240 in Berlin-Lichtenberg am 1.2.1952 ausgesprochen, die Ablehnung des Gnadengesuches erfolgte am 12.4.1952. Er wurde hingerichtet am 18.4.1952 in Moskau, rehabilitiert am 5.5.1997. Heinrich Singer, Maschinenbauingenieur, geb. am 18.2.1894 in Rothenkirchen/Sachsen, zuletzt wohnhaft in Dessau/Sachsen-Anhalt, wurde verhaftet am 18.9.1951. Das Todesurteil erfolgte durch SMT Nr. 48240 in Berlin-Lichtenberg am 6.3.1952, Ablehnung des Gnadengesuches am 7.6.1952. Hingerichtet wurde er am 26.6.1952 in Moskau, rehabilitiert am 9.1.1998 (vgl. Hurwitz 1997; Roginskij u.a. 2005; Rudolph u.a. 2006; Singer 2008; Flugzeug Lorenz: http://www.flugzeuglorenz.de/fileadmin/scripte/ validation/index.php?id=67; [Zugriff: 12.3.2014]; Martin-Luther-Universität Halle-Wittenberg: http://edoc.bibliothek.uni-halle.de/servlets/MCR.FileNodeServlet/HALCoRe_derivate_00001642/Schr59_t.pdf? hosts). [Zugriff: 7.3.2014].

gelesen ein Buch von einem Pfarrer Jürgen Spanuth[25] aus Husum, der suchte Atlantis in der Nordsee. Das war alles so schlüssig und das war so prima, und ich hab mit glühenden Ohren zugehört. Da ist es passiert, dass ich mich für diese Sache anfing zu interessieren. Und dann habe ich von meinem Vati noch gekriegt, die Sagen von Schwab von Griechenland. Dann war das andere aber viel interessanter, Sumer und die Assyrer, „die Mitternacht zog näher schon, in stiller Ruh lag Babylon, nur oben auf des Königs Schloss" und so weiter, also Nebukadnezar und Co. und so weiter und so fort. Da habe ich in der zwölften Klasse dann eben gedacht, da komme ich raus, das wird was, das ist hochinteressant. Anders habe ich es ja nicht gewusst, so als Jugendlicher ist man ja da noch richtig dämlich auf der Strecke. Also habe ich es angefangen zu studieren, und mein Vater hat sich immer sehr dafür interessiert, darum wollte er auch nicht, dass ich das schmiss.

Wir waren in der ganzen DDR nur zwei Studenten. Mein Kommilitone kam aus Wismar, war sehr viel älter als ich. Der war damals schon 26 Jahre, der kam mir vor wie ein alter Mann. Er war Sohn eines Buchhändlers in Wismar und hatte als Flakhelfer noch den Rest vom Krieg miterlebt, und der hat das Studium wirklich aus tiefster Begeisterung gemacht. Dieser arme Mensch war ungeheuer begabt, hat promoviert und habilitiert, hat eine Professur in Leiden angeboten gekriegt, von Frau Professor van Lohuizen-de Leeuw[26]. Es war natürlich völlig sinnlos. Das war, ich nehme an, ich weiß es nicht mehr genau, Ende der sechziger, Anfang der siebziger Jahre. Er ist damit zu seinem Chef gegangen, er hat damals an der Universitätsbibliothek gearbeitet in Halle, und der Chef dort, obwohl Genosse, hat erkannt, was für einen Edelstein er da hatte unter seinen Schäfchen. Er hat ihm erlaubt, jeden Tag genau zwei Stunden der Arbeitszeit, der normalen Arbeitszeit, an seinen Veröffentlichungen zu sitzen, an den eigenen. So hat also mein Kommilitone

---

25 Jürgen Georg Ferdinand Spanuth wurde geboren am 5. September 1907 in Leoben, Österreich und starb am 17. Oktober 1998 in Bordelum. Er war ein deutscher evangelischer Pfarrer, der auch einige Semester Archäologie studierte und durch seine umstrittene Atlantis-Theorie bekannt wurde (vgl. Munziger 2015: Biographien. Munziger Personen: Jürgen Spanuth. http://www.munzinger.de/search/portrait/J%C3%BCrgen+Spanuth/0/6781.html). [Zugriff: 5.3.2015].

26 Johanna Engelberta (Hanne) van Lohuizen-de Leeuw wurde im Oktober 1919 in Amsterdam geboren und starb im Dezember 1983 in Amsterdam. Sie studierte in Leiden und Utrecht. Nach verschiedenen wissenschaftlichen Stationen u.a. an der Cambridge University hatte sie von 1958-1983 eine Professur für Archäologie und Frühe Geschichte Südasiens an der Universität Amsterdam inne (vgl. Dutch Studies on South Asia, Tibet and classical Southeast Asia 2014: Johanna Engelberta (Hanne) van Lohuizen-de Leeuw. http://dutchstudies-satsea.nl/auteur/14/JohannaEngelbertaHannevan-LohuizendeLeeuw.html). [Zugriff: 4.3.2014].

und guter Freund Herbert Plaeschke[27] sehr viel veröffentlicht über Indische Archäologie, obwohl er niemals in Indien war. Nach der Wende war er dann sehr krank und konnte nicht mehr nach Indien, aber seine Tochter ist sofort hingefahren für ihn. Er war also ein anerkannter indischer Archäologe, also Archäologe mit Spezialgebiet Indien in ganz Europa und seine Bücher wurden natürlich von der DDR überall verkauft, aber er durfte nicht nach Indien, nie. Er durfte auch nicht an der Uni bleiben als Lehrkraft, weil er nie in die Partei eingetreten ist. Er hat sich zwar nicht so unvorsichtig und offen geäußert, wie ich, aber er hat sich auch nicht dafür geäußert und das hat gereicht. Er ist leider sehr bald nach der Wende gestorben.

Ich habe dann also orientalische Archäologie studiert, und nach dem zweiten Studienjahr spätestens habe ich gemerkt, dass das in der DDR völlig sinnlos ist. Dass ich nie rauskommen werde und dass ich, wenn es hoch kommt, eine Universitätslaufbahn aber minderer Klasse vor mir habe, und da habe ich eigentlich gemeutert. Nun kriegte ich kein Stipendium, was in der DDR äußerst selten war. Die meisten kriegten ihr Stipendium, das waren hundertvierzig Mark oder hundertachtzig Mark. Ich kriegte keins, weil mein Vater zu viel verdiente, wenn ein Elternteil über tausendsechsundzwanzig im Monat hatte, kriegte der Sohn oder die Tochter kein Stipendium mehr. Aber da das äußerst selten vorkam, war ich also weit und breit die einzige, und ich habe da sehr drunter gelitten. Weil nämlich, wenn wir eine Exkursion machten, kriegten die anderen immer Geld, extra Tagegeld, ich glaube drei Mark pro Tag und außerdem kriegten sie das Quartier bezahlt. Wir hatten zwar immer ganz mickrige Quartiere in irgendwelchen ganz obskuren, hundert Jahre alten, kleinen mickrigen Hotels in Erfurt und in Dresden und wo wir überall hingefahren sind, aber ich musste es selber bezahlen. Mein Vater hat mir nicht einen Pfenning mehr gegeben. Wenn die anderen dann immer Mittagessen gingen, das war dann zwar ein Mittagessen, das kostete dann vielleicht drei, eben diese drei Mark Tagegeld und war, wie das damals eben in der DDR so war, ganz was Mickriges, bin ich immer spazieren gegangen, bis mein Professor das mitkriegte und er dann für mich bezahlt hat.

Da habe ich mich dann wieder geschämt. Denn mein Vater war gekommen, als ich die Fachrichtung schmeißen wollte und wechseln wollte zur Sprachwissenschaft und zwar zur Slawistik, da ist mein Vater voll Entsetzen angefahren gekommen und hat mit dem Professor gesprochen. Die beiden

---

27 Herbert Plaeschke lebte von 1928-2002. Er war von 1959 bis 1962 Aspirant an der Abteilung Frühgeschichte des Orients. Danach arbeitete er als Mitarbeiter der Universitätsbibliothek Halle und war mit Lehraufträgen am Institut für Orientalische Archäologie betraut (vgl. Martin-Luther-Universität Halle-Wittenberg 2012: Seminar für Orientalische Archäologie und Kunstgeschichte. Verstorbene ehemalige Mitarbeiter des Instituts für Orientalische Archäologie und Kunst. Dr. habil. Herbert Plaeschke (1928-2002). http://www.orientarch.uni-halle.de/hist/verst_pl.htm.). [Zugriff: 4.3.2014].

haben sich so wunderbar verstanden, die haben den ganzen Tag zusammengehockt und mein Vater hat über seine ganzen Hobbies erzählt, über Geschichte, ach, du mein Gott, mein Vater war sehr, sehr stark, sehr allseitig interessiert und das Ende vom Lied war: Ich machte es weiter. Vor allen Dingen deshalb auch, weil Vater es ja bezahlte. Ich habe jeden Monat hundertvierzig Mark gehabt, musste mich allerdings davon auch kleiden, was ausgesprochen schwierig war, kriegte allerdings zweimal im Jahr die Nachhausefahrt bezahlt. Zu Weihnachten und im Sommer. Im Sommer musste ich dann aber, weil das ja nun Ostsee war, pro Tag 1 Mark 50 abgeben an meine Eltern. Also von wegen als Professorengöre hat man einen goldenen Löffel im Mund, das war bei mir durchaus nicht so.

Ich war ja nun ein Mädchen, und da möchte man ja gerne schöne Sachen haben. Nun war Westberlin noch offen und da habe ich von diesem mickrigen Geld, was ich hatte, noch Geld gespart und jedes Mal, wenn ich nach Rostock gefahren bin, bin ich über Berlin gefahren. Ich habe also dann eine Schüler-Rückfahrkarte gehabt, die war sehr billig, die hat nur vierundzwanzig Mark gekostet, aber das hat Vater bezahlt. Da habe ich meinen Koffer eingestellt in Ostberlin und zack rüber nach Westberlin. Einmal habe ich mir einen Pullover gekauft und einmal ein Paar Schuhe, und das reichte dann aber alles immer so zehn Jahre lang. Weil ich einfach nicht mehr das am schlechtesten angezogene kleine Hühnchen sein wollte, was mein Vater immer aus mir gemacht hatte, weil mein Vater immer sagte: „Du bist du, das ist völlig egal, was du anhast". Er selber hat es wohl bei seinem Vater auch sehr hart gehabt und er musste nun diese Erziehung mit mir auch machen. Und wenn ich immer sagte: „Alle haben das", wie das Kinder und Jugendliche so an sich haben, hat er immer gesagt: „Und wenn es alle haben, Du brauchst es nicht". Dann habe ich Examen gemacht und zwar habe ich aber, gleich von Anfang an gemerkt, dass meine Interessen viel weiter gespannt sind. Ich musste ja sowieso noch ein zweites Gebiet haben und da habe ich mich wahrscheinlich deshalb, das weiß ich nicht mehr jetzt genau, wahrscheinlich deshalb, weil mein Kommilitone sich eben für Indien interessierte, auch für Indien interessiert und habe dann also bei einem Sprachwissenschaftler Sanskrit gelernt, das ist Griechisch zum Quadrat kann ich sagen. Das war schrecklich, das konnte nicht mal mein Kommilitone. Wir haben sechs Stunden gebraucht, einen Satz zu übersetzen. Das ist nur noch eine Kunstsprache, und wir haben, Gott sei Dank, dann im zweiten oder dritten Jahr Prakrit gehabt, das sind mittelindische Literaturdialekte gewesen. Das war viel einfacher, und dann haben wir das Examen in Prakrit gemacht, und da war es kein Problem, eine Eins zu kriegen. Sanskrit, um Gottes Willen, würde ich jedem abraten, es ist schrecklich, alle Worte beeinflussen sich im Anlaut und Auslaut gegenseitig, wenn ein Wort also mit U endete und das andere fing mit A an, wird es zusammengezogen und wird zum O. Die Worte werden auch nicht einzeln geschrieben, das ist ja eine Schrift unter einem großen Strich oben, und da ist alles drunter. Da erkennen sie nun mal, wo das eine Wort aufhört und das andere anfängt, und das Wörterbuch war nur Sanskrit-Englisch. Ich hatte also daneben – ich habe nie Englisch in der Schule gehabt – ich habe daneben dann immer ein Wörterbuch Englisch-Deutsch liegen gehabt, weil ich ja noch weiter gucken musste.

Wir hatten ja nicht bloß indische Archäologie, wir hatten Gesamtvorlesung bei unserem Hauptprofessor, Professor Heinz Mode[28]. Der hat ganz tolle Vorlesungen gehalten, aber es waren nur wenige.

Da habe ich dann als Drittfach genommen, auf Eigeninitiative hin, die Kunstgeschichte, und die Kunstgeschichte war für Hörer aller Fakultäten von Professor Mrusek[29]. Er ist Architekturfachmann gewesen, er hatte in den Jahren keine Direktstudenten mehr, denn in der DDR war ja alles geregelt. Es gab alle zwei Jahre fünf Kunsthistorikerstudenten und die waren immer umschichtig in Berlin und, ich glaube, in Jena, das zweite weiß ich nicht, kann ich mich nicht dafür verbürgen, aber Berlin weiß ich genau. Und nun musste ja der Professor Mrusek irgendwie seine Daseinsberechtigung beweisen und da hat er jeden Donnerstag um 17 Uhr, da war irgendwie vorlesungsfreie Zeit, wieso weiß ich nicht mehr, hat er Kunstgeschichte für Hörer aller Fakultäten in Hörsaal 15 gelesen. Da bin ich hin und da war ich vom ersten Augenblick an fasziniert. Überhaupt das Schönste in meiner ganzen Ausbildung waren diese Vorlesungen und diese Exkursionen, die wir gemacht haben. Der hat dann im Frühling und im Sommer, also im Frühjahrssemester, hat er immer den Universitäts-LKW organisiert. Das war damals noch so ein richti-

---

28 Heinz Mode wurde am 15.8.1913 in Berlin geboren und starb am 6.6.1992 in Halle. Er studierte an der Universität Berlin die Fächer Indologie, Klassische Archäologie, Kunstgeschichte und Ethnologie. Im Jahre 1933 musste er aufgrund seiner jüdischen Herkunft emigrieren. Er ging zunächst zu Studienzwecken nach Ceylon und studierte dann in Basel, wo er promoviert wurde und sich habilitierte. 1945 kehrte er nach Deutschland zurück und war zunächst in München tätig. 1948 erhielt er einen Ruf an die Universität Halle für die neu eingerichtete Professur für Orientalische Archäologie, die er bis 1978 innehatte (vgl. Martin-Luther-Universität Halle-Wittenberg 2012: Seminar für Indologie. Institutsgeschichte. Heinz Mode. http://www.indologie.uni-halle.de/institutsgeschichte/heinz_mode/). [Zugriff: 4.3.2014].

29 Hans-Joachim Mrusek wurde am 7.Juni 1920 in Meißen geboren und starb am 9. März 1994 in Halle. Nachdem er zunächst eine handwerkliche Ausbildung absolviert hatte und zur See gefahren war, arbeitete er nach dem Krieg in verschiedenen Museen. Nach einer bestandenen Begabtenprüfung studierte er in Halle Kunstgeschichte, Klassische Archäologie, Geschichte und Ägyptologie. Ab 1953 war er an der Universität in Halle tätig, seit 1963 als Professor und Direktor des Kunstgeschichtlichen Institutes. Mrusek befasste sich wissenschaftlich vor allem mit der mittelalterlichen Profanbaukunst, insbesondere der Burgenforschung (vgl. Archinform 2014: Hans-Joachim Mrusek. http://deu.archinform. net/arch/6322.htm). [Zugriff: 9.3.2015].

ger LKW mit einer Plane oben drüber. Dann wurde hinten eine Klappe runtergeklappt, da wurde eine Treppe angelegt, da konnte man hoch, in der Mitte waren zwei Bänke, wo man mit dem Rücken gegeneinander saß und direkt an den Planen, rechts und links, waren noch zwei Bänke, und es konnten also so und so viele mit dem LKW mitfahren. Das waren dann Chemiker, es waren Mathematiker, es waren wirklich Hörer aller Fakultäten und ganz prima Leute, quer durch den Gemüsegarten, von hohen Studienjahren bis zu niedrigen Studienjahren. Wir hatten damals, das habe ich dann schon gehabt, einen Schlafsack und eine Luftmatratze und da haben wir dann in ausgeräumten Kneipen oder Schulräumen oder zum Beispiel auf der Albrechtsburg in Meißen haben wir im Sekretariat geschlafen, mit diesem herrlichen Gewölbe über uns, das war phantastisch. Gewaschen haben wir uns irgendwie, Toilette war auch immer irgendwo.

So haben wir Exkursionen quer durch die ganze DDR gemacht. Wir haben die Romanik und die Gotik, was davon hier in der DDR ist, wunderbar erlebt und es war so schön. Der Mrusek, der hat also am Tag uns gezwiebelt. Jeder von uns, der sich eingetragen hatte, wir mussten uns immer eintragen zu diesen Exkursionen, hat dann eine Kirche oder ein Schloss oder eine Burg gekriegt, wo er dann vortragen musste, wenn wir dort waren. Dann wurde kritisiert, dann wurde man richtig runtergeputzt, und natürlich hatten wir auch immer nichts zu essen. Ich weiß noch, eine ist mal umgefallen, da hat er bloß kurz hingeguckt und hat gesagt: „Das muss man wissen, wenn man bei uns ist, dass wir nicht essen gehen". Natürlich waren die Kirchen immer kalt im Sommer, ich sehe noch wie Damen, die – weil er nun auch noch ein schöner Mann war – die schwärmten dann für ihn, dann hatten die sich wunderbar angezogen und keine Strümpfe angezogen, damals waren ja die Strümpfe auch noch so hässlich, also mit nackten Füßen in Pumps, und dann wurden die Beine langsam blau vor Kälte. Da kannte er kein Pardon. Aber abends, alle die, die mitmachten und schon was verdienten – es waren ja immer noch welche dabei, die schon Assistenten waren oder die schon irgendwo im Beruf waren, die aber, weil die Exkursionen alle Sonnabend, Sonntag waren, mitmachen konnten, Sonnabend haben wir damals noch arbeiten müssen, die haben wahrscheinlich dann frei genommen oder so – die, die schon Geld hatten, die mussten eine Flasche Rotwein spendieren. Dann haben wir die Luftmatratzen zusammengelegt, und er hatte hektographierte Hefte, und dann haben wir Volkslieder gesungen, bis nachts um zwölf. Oder wir haben, wenn wir in einer Burg übernachtet haben, Gespenster gespielt, es war fantastisch. Er hat in uns die Freude geweckt an Landschaft, an Natur und auch am Singen, an Spielen. Er war mit uns wie jung, dann abends. Das ist das allerschönste, was ich während des Studiums erlebt habe, und immer wenn ich jemanden treffe, der damals mit war, sagen die das auch. Wir sagen: „Er hat eins gekonnt: Er hat ganze Generationen von Studenten in Halle begeistert für Kunstgeschichte". Das war unwiederbringlich, das war so was Schönes. Ich habe dann mitgekriegt, was hier in Leipzig lief. Da war ein ganz berühmter Professor, das war Professor Jahn[30], der war, glaube ich noch, Wölfflinschüler, der Wölfflin[31] mit den kunstgeschichtlichen Grundbegriffen. Also das war ein ganz berühmter, aber das war ein ganz ernsthafter, wenn die Exkursionen machten, war das anders als unsere. Vor dem sind die alle vor Ehrfurcht in die Knie gegangen, was wir eben bei unserm Mrusek nicht gemacht haben. Wir haben unsern Mrusek gefürchtet, weil er uns so fertig machte, wenn unsere Vorträge nicht richtig gut waren. Wenn er sich hinstellte in der Kirche und dann jemand anguckte und dann sagte: „So, nun erzählen Sie mir mal aus dem Hut raus, was sie sagen über diese Kirche und wo sie zuerst nachgeguckt haben". Was, wenn man dann nicht Dehio[32] sagte, war man sowieso dumm, drunter durch. Aber abends war er einfach einmalige Spitze eben auch mit uns. Den hat es Gott sei Dank noch nach der Wende gegeben, und wegen dem bin ich dann nach der Wende auch in die Deutsche

---

30 Georg Johannes Jahn wurde am 22. November 1892 in Orlandshof, Posen geboren und starb am 17. Februar 1976 in Leipzig. Er studierte von 1913-1916 Kunstgeschichte, Geschichte und Neuere Philologien an der Universität Leipzig, wurde 1916 promoviert und habilitierte sich 1927 an der Universität Leipzig für Kunstgeschichte. Dort begann er auch 1920 seine akademische Karriere als Assistent. Von 1927 bis 1934 war er Privatdozent für Kunstgeschichte, von 1934-1952 außerplanmäßiger Professor und von 1956-1964 Professor mit Lehrstuhl für Kunstgeschichte an der Universität Leipzig. Von 1945-1968 war er zudem Direktor des Museums der bildenden Künste und von 1952-1959 hatte er eine Gastprofessur in Halle inne (vgl. Professorenkatalog der Universität Leipzig 2014: Catalogus Professorum Lipsiensium, Herausgegeben vom Lehrstuhl für Neuere und Neueste Geschichte, Historisches Seminar der Universität Leipzig. Georg Johannes Jahn. http://www.uni-leipzig.de/unigeschichte/professorenkatalog/leipzig/Jahn_476). [Zugriff 5.3.2014].

31 Heinrich Wölfflin wurde am 21. Juni 1864 in Winterthur geboren und starb am 19 Juli 1945 in Zürich. Er studierte von 1882-1886 Kunstgeschichte in München, Basel und Berlin, wurde 1888 Privatdozent in München und 1893 in Basel Professor für Kunsthistorik. 1901 wurde er nach Berlin berufen, von 1912-1924 hatte er eine Professur in München und von 1924-1934 in Zürich inne
   (vgl.   Arthistoricum.net   Fachinformationsdienst   Kunst   2014   Heinrich   Wölfflin. http://www.arthistoricum.net/themen/portale/gkg/quellen/woelfflin/). [Zugriff: 5.3.2014].

32 Georg Dehio, geboren 1850 in Reval, gestorben 1932 in Tübingen, war Historiker, befasste sich aber vor allem mit Kunstgeschichte. Er studierte in Dorpat (heute Tartu, Estland) und Göttingen, wo er auch promoviert wurde. Er habilitierte sich in München und war dort Privatdozent. Ab 1883 war er Hochschullehrer in Königsberg, 1892 erhielt er einen Ruf nach Straßburg, wo er bis 1919 wirkte. Sein bedeutendes Werk ist das fünfbändige „Handbuch der Deutschen Kunstdenkmäler", herausgegeben 1905-1912 (vgl. Dehio-Vereinigung e.V. 2014: Georg Dehio. http://www.dehio.org/dehio/index.html). [Zugriff: 5.3.2014].

Burgenvereinigung[33] eingetreten, was ein ganz elitärer Verein ist. Er war dann für mich noch Bürge, ich brauchte zwei Bürgen. Ja, das ist eigentlich das, was ich von früher, von meiner Kindheit und von der Jugend erzählen kann.

4.4.1 Exkurs – Studentenleben

Als ich in den letzten Augusttagen des Jahres 1954 von Rostock zum Studium nach Halle fuhr, war ich voller Vorfreude auf das Neue. Ich war mir überhaupt nicht bewusst, wie endgültig der Abschied vom Elternhaus war.

Erst nach Weihnachten sollte ich wieder nach Rostock kommen, und das auch nur für ein paar Tage. Die anderen Studenten, denen ich in den Vorlesungen für Geschichte und bei den Seminaren für Marxismus-Leninismus im Institut für Altphilologie begegnete, fuhren zum Wochenende nach Hause, ließen dort ihre Wäsche waschen und kehrten mit Fresspaketen zurück. Bei mir war die Nabelschnur bereits endgültig gerissen.

Doch das wusste ich noch nicht, als ich mit meinem großen Pappkoffer – zweimal Bettwäsche, vier Gerstenkorn-Handtücher, ein wenig Unterwäsche und ein wenig Oberbekleidung – die Treppe im Hallenser Hauptbahnhof herunterging und im Durchgang unter den Bahnsteigen der großen Eingangshalle mit ihrer damals noch sichtbaren Jugendstilkuppel zustrebte. Von jenseits der Schalterhäuschen winkte mir aufgeregt meine Kusine zu. Zwei Wochen vorher hatte ich auf Drängen meiner Eltern einen Brief an meine Tante geschrieben, sie bittend, mir ein möbliertes Zimmer zu suchen. In welche Schwierigkeiten und Probleme ich sie damit stürzte, ahnte ich, bis dahin in der Obhut meines Vaters lebend, überhaupt nicht. Natürlich hatte sie – obwohl ihr Mann eine hohe Stellung in der Landesregierung bekleidete und sie also Beziehungen hätte haben können – kein Zimmer gefunden. Kein Wunder bei der Wohnungsknappheit!

Doch sie hatte mir eine Übergangslösung anzubieten: Ein „Christliches Heim für strafentlassene junge Mädchen" hatte eine Wohnung in einem kircheneigenen Haus inne, und dort gab es in einem winzigen, vom Flur abgetrennten Verschlag – allerdings mit Fenster – ein Bett, einen Tisch und einen

---

33 Die Deutsche Burgenvereinigung (DBV) wurde 1899 als "Vereinigung zur Erhaltung deutscher Burgen" in Berlin gegründet. Zielsetzung dieses Vereins ist die Erhaltung der historischen Wehr- und Wohnbauten. Mitglieder in dem Verein sind Kunsthistoriker, Architekten, Restauratoren und Museumsleute, Eigentümer profaner Baudenkmale und Menschen, die Interesse am Besuch einer Burg oder eines Schlosses und an seiner Erhaltung haben (vgl. Deutsche Burgenvereinigung e.V. 2013: Deutsche Burgenvereinigung zur Erhaltung der historischen Wehr- und Wohnbauten e.V. http://www.deutsche-burgen.org/de/verein-startseite/startseite.html). [Zugriff: 5.3.2014].

Stuhl und einen Haken an der Wand. Zunächst war ich selig über das eigene Zuhause, denn die meisten der mit mir Immatrikulierten waren in Notunterkünften untergebracht. So war zum Beispiel gegenüber dem Uni-Gebäude eine so genannte Pony-Bar geräumt worden. Wenn man durch die ebenerdigen großen Scheiben blickte, konnte man die Doppelstockbetten in mehreren Reihen sehen. Die privaten Sachen befanden sich in unter die Betten geschobenen Koffern. Dieses Studentenquartier gab es allerdings nur ca. vier Wochen lang.

In diesen Wochen meines „Notquartiers" lernte ich die jungen Damen näher kennen, die mit mir in der Wohnung lebten. In Erinnerung geblieben ist mir eine rassige, fast zigeunerhafte Russin, schon über die 30, die während des Krieges einen Deutschen hatte heiraten dürfen, der wohl gefallen war und die nun als Schaffnerin bei der Straßenbahn arbeitete. Sie führte ein strenges Regime, wachte darüber, dass alle sich selbst und die Kleidung wuschen und abends spätestens 22.00 Uhr zu Hause waren. Auch passte sie auf, dass niemand etwas stahl. Doch die anderen hatten alle eine mehr oder weniger kriminelle Vergangenheit hinter sich. Als mir die Heimleiterin nach vier Wochen eröffnete, dass sie mein Bett bräuchten, war ich richtig traurig, diese interessante Gesellschaft verlassen zu müssen.

Inzwischen hatte ein Assistent am Archäologischen Seminar, der mit seiner Frau und zwei kleinen Kindern in einer Zwei-Zimmer-Teilhauptmiete wohnte, von meiner Zimmersuche erfahren. Er wusste von einer alten Dame in seinem Haus, die alleine in einer Zwei-Zimmer-Wohnung lebte, gerne etwas Geld durch Vermietung bekommen würde, das Zimmer aber auf keinen Fall dem Wohnungsamt melden wollte. Ach, was war das für ein Glück für mich!

Es handelte sich um ein großes ehemaliges „Herrenzimmer" mit soliden Möbeln in einem guten Bürgerhaus der Jahrhundertwende. Ich durfte sogar das Badezimmer benutzen und hatte ein großes Eichenbett, zwei Sesselchen an einem Rauchtisch und einen Schreibtisch. Es wurde Winter, aber geheizt habe ich nicht, denn das Zimmer war immer überschlagen und sehr oft kam ich nur zum Schlafen nach Haus.

Mein Leben spielte sich fast ausschließlich im Institut für Orientalische Archäologie, Archäologisches Seminar, an der Uni ab. Das war im Obergeschoss des Robertinums auf dem Universitäts-Campus mitten in der Stadt untergebracht. Gegenüber dem Hauptgebäude – die Studenten nannten diesen klassizistischen Bau treffend die „Kaffeemühle" – lag das Robertinum etwas erhöht und man erreichte es über eine steile hohe, jedoch sehr repräsentative Treppe. Im Obergeschoss gab es zwei riesige Säle mit Gipsfiguren nach der klassischen Antike und zwei große gut beheizte Räume mit großen Fenstern nach Süden, die Licht und Sonne hereinließen. Der eine der Räume diente als Bibliothek und Arbeitsraum für die Assistenten, der andere Raum als Seminar- und Arbeitsraum für uns insgesamt fünf Studenten, zwei schon etwas ältere Damen im dritten Studienjahr, eine Studentin im zweiten Studienjahr und ein 26jähriger Wismaraner, der schon den Krieg mitgemacht hatte, und ich im ersten Studienjahr. Ilse und Erika aus dem dritten Studienjahr – sie waren durch die Kriegsfolgen etwas zu spät dran als Studenten – konnten zu Hause arbeiten; also waren wir meist nur zu dritt in dem schönen, hellen, warmen Raum.

Im Sommer habe ich mich dort in der Mittagspause auf das breite Fensterbrett gelegt und gesonnt. Da wohnte ich leider schon nicht mehr bei dem Assistenten, denn das Wohnungsamt war hinter unseren kleinen Betrug gekommen und wies einen nach dem Westen abgehauenen und dann reumütig zurückgekehrten Arbeiter dort ein. Solche Fälle mussten, wie auch Gefängnis-Entlassene, vorrangig mit Wohnraum bedacht werden. Da stand ich nun also wieder da.

Ich zog vor das Uni-Wohnungsamt und meldete mich quasi obdachlos. So etwas durfte es natürlich nicht geben in der DDR. Und außerdem hatte ich Glück, dass gerade mal wieder sämtliche Notquartiere aufgelöst worden waren. So bekam ich umgehend einen Besichtigungsschein für ein Zimmer bei einer Frau G. Es war ein schöner Frühlingstag, als ich dort hinausfuhr. Von der Straßenbahnhaltestelle hatte ich mehr als 20 Minuten zu laufen in eine Siedlung von „Eigene Scholle"-Häusern in Gärten mit blühenden Obstbäumen. Alle diese kleinen Häuschen waren vom gleichen Typ und – wie ich später erfuhr – vorrangig aus Stampflehmerde errichtet. Es öffnete mir eine sehr stämmige Frau mit weißem Haar und bärbeißigem Lächeln, dem ich sofort misstraute. Trotzdem war ich hingerissen von dem kleinen hellen Zimmerchen mit Fenster nach Westen im ersten Stock. Direkt daneben befand sich die Toilette. Ein Badezimmer war ebenerdig an die Küche angebaut, und jeden Sonnabend durfte ich dort nach Frau G. und ihrer elfjährigen Tochter baden.

Frau G. zog sofort meine Lebensmittelkarte und meine Kohlenkarte ein und verkündete mir, dass wir jeden Abend zusammen essen würden und ich überhaupt „Familienanschluss" habe. Im Hinblick auf das schöne helle Zimmerchen und zur Unterwürfigkeit erzogen, wagte ich nicht aufzumucken. Und es ging relativ gut bis in den Winter 1955/56. Nach langen Winterferien kam ich am 28. Januar 1956 zurück und musste meinen Koffer den langen, langen Weg schon durch Schnee schleppen. Bis zum 6. März sollte das Thermometer jede Nacht unter 20° Minus fallen. Als ich bei Gs. klingelte, erwartete mich eine völlig veränderte Hauswirtin. Nichts mehr von bärbeißiger Freundlichkeit! Ich bekam meine Lebensmittelkarte zurück, bekam jeden Tag vier Briketts zugeteilt, durfte nicht mehr im Badezimmer waschen, ja, es überhaupt nicht mehr betreten.

Es waren furchtbare zwei Monate bis zum Ende des strengen Frostes. Die ganze Zeit trug ich die einzigen warmen Strümpfe, die ich hatte, ohne die Möglichkeit, sie zu waschen und zu trocknen. Nachts war es in meinem Zimmer unter null Grad. Und dann zerstörte Frau G. auch noch die einzige Steckdose in meinem Zimmer, da ich ein kleines elektrisches Öfchen benutzt hatte. Als ich heimlich mein Bügeleisen an der Steckdose in der Toilette erhitzte, kündigte sie mir aus diesem Grund, und weil ich Kohlen aus dem Keller gestohlen hätte. Dabei habe ich diesen Keller nie von innen gesehen! Sie schrieb auch in diesem Sinne an meinen Vater, der mit dem Brief gar nichts anzufangen wusste. Mein Kommilitone half mir, meine Sachen zu holen und in meine neue Unterkunft zu bringen, ein altes baufälliges Haus aus der Mitte des 19. Jahrhunderts, wo ich ein dunkles, aber warmes Zimmer vom Uni-Wohnungsamt zugewiesen bekommen hatte. Er meinte, „gut, dass ich mitgekommen bin, diese Frau hätte es noch fertig gebracht, dich zum Abschied totzuschlagen".

Ja, im Jahre 1956 war meine irdische Habe schon angewachsen und passte nicht mehr in meinen Pappkoffer. Im ersten Studien-Halbjahr hatte ich noch ein Stipendium bekommen: 220 Mark monatlich! Soviel bekam ich, weil ich relativ gute Abi-Zensuren hatte. Ich konnte mir erstmals im Leben selbst ein „gutes" Kleid für den Winter kaufen. Das war mandelgrün und hatte einen halsfernen Rollkragen, nur leider hatte der Stoff noch nie etwas von Wolle gehört und ich fror erbärmlich darin. Das war also das gute Kleid, mit dem ich auf Studentenbälle ging und manchmal mit einer Freundin abends ins Tanzcafé. Da mussten wir dann aufpassen, dass wir unsere Tasse Kaffee nicht austranken und nicht eine zweite bestellen mussten. Denn nach dem ersten Studien-Halbjahr bekam ich kein Stipendium mehr. Es war ein neues Gesetz herausgekommen, demzufolge Studenten, deren Eltern mehr als 1027 Mark brutto im Monat verdienten, das Stipendium zu streichen sei. Und leider fiel ich unter dieses Gesetz.

Also erklärte Vati sich bereit, mir monatlich 140 Mark zu überweisen und außerdem zweimal im Jahr die Fahrt nach Rostock zu bezahlen. Darüber hinaus bezahlte er auch die Kohlen. Leider aber kostete mein Zimmer schon 32 Mark. Auch meine Freundin war nicht auf Rosen gebettet. So verfielen wir auf den Gedanken, gemeinsam eine Mensa-Karte zu benutzen. Wir machten es so, dass jeder von uns jeden zweiten Tag das Essen bekam und der andere sich den „Nachschlag" holen durfte.

Außer ins Tanzcafé gingen wir nirgendwohin. Niemals ins Restaurant oder eine Kneipe. Einmal lud mich ein Mann, der an mir interessiert war, zum

Sonntagmittag in eine Gaststätte zum Essen ein. Ich weiß bis heute, wie un-
wohl ich mich dort gefühlt habe in dieser für mich fremden Welt.
 Problematisch waren auch die Exkursionen. Da ich kein Stipendium be-
kam, erhielt ich dafür auch nie die drei Mark Tagegeld wie die anderen Stu-
denten und die Übernachtung nicht bezahlt. Mittags – wenn die anderen eine
billige Kneipe aufsuchten – ging ich spazieren.
 Weihnachten 1956 bekam ich einen blauen Parallelo[34] von meinen Eltern
geschenkt. Ich schnitt ihn in der Mitte auf, da ich keine Strickjacke besaß und
ließ ihn schwarz färben. Sonst hätte ich ihn zu meinen wenigen anderen Sa-
chen nicht tragen können. Er hat mich meine ganze Studentenzeit über ge-
wärmt.
 Trotz aller Armut war es eine beglückende, interessante Zeit für mich.

4.5 Leben in der DDR I

Wenn ich von Mrusek und unseren Exkursionen erzählt habe, dann habe ich
das auch deshalb getan, weil mir auch am Herzen liegt, dass man sieht, dass
wir trotz aller Einschränkung und trotz dieser ziemlich schrecklichen Gängel-
ei, die wir alle erfahren haben, dass wir trotzdem eigentlich, wenn wir uns
selber drum bemüht haben, eine sehr schöne Jugend gehabt haben. Auch bei
aller finanziellen Enge, die wir eindeutig alle hatten. Es war richtig schön und
es war nicht das einzige, was schön war.
 Aber ich bin trotzdem immer ganz entsetzt, es sei mir gestattet, dass ich
das hier einfüge und weil das ein großes Thema von mir ist, wenn immer
wieder gesagt wird: „Es war nicht alles schlecht in der DDR." Ich sage, von
staatlicher Seite her war alles schlecht, es war einfach alles schlecht. Die
Leute, die sagen: „Es war nicht alles schlecht", die vermischen nur ihr eigenes kleines privates Leben mit dem Großen. Natürlich haben wir alle unser
privates Leben gehabt, wir haben unser privates Glück gehabt oder Unglück,
aber das hat mit dem Großen nichts zu tun. Das Große, die Politik, war so
schrecklich, dass man sie sich überhaupt nicht schrecklicher vorstellen kann.
Das ist mir vorgestern Abend wieder ganz stark zu Bewusstsein gekommen,
als ich „den Turm"[35] gesehen habe. Ich habe das Buch nicht gelesen, mit
Absicht nicht, aber ich habe nun diesen Film gesehen, und nach dem ersten
Abend habe ich mich gefragt: „War es wirklich so schaurig?" Ja, es war so

---

34 Parallellos sind Pullover, die quer von Ärmel zu Ärmel gestrickt werden. Sie waren in den
  1950er Jahren sehr beliebt.
35 „Der Turm" ist ein Roman des Schriftstellers Uwe Tellkamp, der 2008 erschien und 2012
  verfilmt wurde.

schaurig. Es war ein schauriges Panoptikum. Ich wundere mich nur, dass wir alle mitgemacht haben. Auch ich habe ja mitgemacht, auch ich bin nie richtig im Gefängnis gelandet. Mich haben sie nur beobachtet, ich habe eine dicke Akte, und ich habe nur eine Nacht im Gefängnis gesessen[36]. Sie waren sehr misstrauisch, aber ich habe es nie zum Äußersten kommen lassen. Da war ich eben egoistisch, ich hätte vielleicht irgendwas tun können. Im Bekanntenkreis habe ich manchmal gesagt, also im ganz engen Kreis habe ich gesagt: „Wenn ich ein Gewehr hätte, würde ich den totschießen". Auch mein Vater hat mal gesagt, er würde sich gerne an die Spitze einer Opposition stellen, aber er ist noch vor '89 gestorben. Wir hätten alle was tun müssen. Aber wir haben nichts getan. Wir haben dieses Panoptikum mitgemacht. Das Schlimmste für mich ist, dass ich die ganze Zeit, als ich damals um den Ring gelaufen bin, 1989, es war die tollste Zeit meines Lebens, als ich um den Ring gelaufen bin[37], habe ich gedacht: „Nun wird alles anders, nun sind auch die Menschen anders". Aber die Menschen sind überhaupt nicht anders. Das ist so schlimm für mich, ich würde sagen, 80% der Menschen, die ich kenne, wünschen sich die DDR zurück. Weil das so schön bequem war. Weil dort für uns gedacht wurde. So im privaten: Also in welche Krankenkasse trete ich ein? Gab es nur eine. Zu welcher Sparkasse gehe ich? Gibt es nur eine. Wir hatten überhaupt keine Wahl, die meisten wollten auch keine Wahl. Die wollten, dass das alles seinen, wie man immer sagte, seinen sozialistischen Gang ging. Sie brauchten sich um gar nichts zu kümmern. Wenn sie sich ordentlich unterordneten, dann kriegten sie eben nach zehn Jahren oder nach zwölf Jahren oder nach fünfzehn Jahren ihren Trabbi. Dann kriegten sie vielleicht auch eine dieser „schönen" Neubauwohnungen, wo wir heute noch sagen „Neubauwohnung", obwohl es eigentlich den Namen nicht verdient, diese Arbeiterschließfächer. Wenn man sich brav und ordentlich verhielt, dann kriegte man diese kleinen Wohltaten. Mit diesen kleinen Wohltaten richtete man sich ein und man wagte gar nicht mehr, irgendetwas Großes sich vorzustellen oder sich zu wünschen. Einen Wunschberuf oder ein Buch lesen, was genau das ausdrückt, was ich denke oder entsprechende Filme zu sehen, von denen man nur hörte. Das alles hatten wir uns schon verboten. Wir

36 1981 wollte Renate Böning gemeinsam mit ihrem Patensohn nach Polen reisen. Da der Patensohn kritisch gegenüber der DDR tätig eingestellt war und unter Stasi-Beobachtung stand, wurden sie auf dieser Reise von der Stasi beobachtet und kurz vor der Abfahrt in Görlitz aus dem Zug geholt. Zunächst wurde der Patensohn verhört und dann Renate Böning. Ihre Reiseutensilien wurden durchsucht und ihr wurde ihr Adressbuch mit westdeutschen und ausländischen Kontaktdaten abgenommen. Beiden wurde die Weiterreise nach Polen untersagt und sie mussten am nächsten Morgen ihre Rückreise antreten (Interview vom 8.8.2013).

37 Gemeint sind die Demonstrationen in Leipzig 1989, vgl. dazu das Kapitel „Die friedliche Revolution".

machten schon die Selbstzensur im Kopf. Dass heute Menschen, die nun überfordert sind, mit diesem, was seit zweiundzwanzig Jahren über uns hereingebrochen ist, dass diese Menschen sich die DDR zurückwünschen, das macht mich total wuschig. Das sind so viele in meinem Bekanntenkreis. Ich wage auch gar nicht, bei anderen überhaupt nach politischen Gedanken zu fragen, weil ich sehe, die sitzen schon fünf Jahre mit Hartz IV und die haben überhaupt keine Aussicht, jemals wieder eine Arbeit zu kriegen. Die haben aber Hochschulabschluss oder sind promoviert oder sonst was und waren nicht in der Partei und haben trotzdem keine Chance. Das ist doch eigentlich schrecklich. Darum wage ich nicht zu sagen, dass es mir heute so viel besser geht als früher, obwohl das Heutige für mich durchaus nicht das Gelbe vom Ei ist.

Aber ich bin mir bewusst, dass es Utopia nicht gibt. Wenn ich wählen könnte, würde ich allemal diesen harten Kapitalismus wählen, den wir jetzt ja nun hier haben. Zumindest hier im Osten. Ich weiß nicht, dazu habe ich zu wenig Informationen, aber ich glaube, der Westen folgt uns nach, von sozialer Marktwirtschaft, von dem Wort sozial ist ja nicht mehr viel übrig geblieben. Sicher auch deshalb, weil diese andere Variante, vor der der Kapitalismus ja immer Angst haben musste, die andere Hälfte der Welt, das ist ja weggebrochen. Das hat sich ja selbst ‚ad absurdum' geführt. Das hat sich als ein nicht gangbarer Weg erwiesen und darum denke ich, dass der Kapitalismus deshalb langsam immer ausufernder werden kann. Dass diese Schere zwischen Arm und Reich so weit auseinanderklafft, dass es, wenn ich da wirklich mal drüber nachdenke – ich vermeide es aber, muss ich zu meiner Schande gestehen, da ernsthaft drüber nachzudenken – aber wenn ich mal drüber nachdenke, dann kriege ich das kalte Grausen. Jetzt diese Armutsdebatte mit Rentnern. Wenn das stimmt, ist es doch furchtbar. Auf der anderen Seite sitzen dann solche Leute, solche wie bei uns der Heininger[38], der denn auch verurteilt wird und der nach wie vor eine Riesenrente, die wir unser ganzes Leben nicht erarbeiten konnten, in einem Jahr kriegt. Das sind für mich Dinge, die ich mir damals nicht vorgestellt habe, als ich im Sozialismus gelebt habe. Da haben sie uns immer angelogen, und da habe ich gedacht: „Ach das, was sie uns über den Kapitalismus erzählen, das ist genauso so eine Lüge". Ich habe an dieses Wort „sozial" gedacht, bei sozialer Marktwirt-

---

38 Klaus Heininger, der ehemalige Geschäftsführer der Kommunalen Wasserwerke Leipzig (KWL), wurde im Dezember 2013 nach mehr als einjähriger Verhandlung wegen Untreue, Bestechlichkeit, Bilanzfälschung sowie Steuerhinterziehung zu einer Haftstrafe von sieben Jahren und fünf Monaten verurteilt. Heininger saß schon 39 Monate in Untersuchungshaft. Gegen das Urteil des Landgerichts Dresden wurde durch die Anwälte Heiningers Revision beim Bundesgerichtshof eingelegt (vgl. MDR 4.11.2014: Chronik des KWL-Finanzskandals Was bisher geschah. mdr.de/sachsen/leipzig/chronik-KWL-leipzig100. html). [Zugriff: 11.3.2015].

schaft. Ich glaube, dass es früher im Westen auch viel sozialer hergegangen ist als heute. Dass, also sagen wir mal, seitdem wir dazugekommen sind, der Wind schärfer weht und dass aber leider die große Masse im Westen es uns in die Schuhe schiebt. Dass wir dran schuld sind, dass der Wind nun schärfer weht. Aber wir können es nicht ändern, es sind Mechanismen, wo wahrscheinlich überhaupt kein Mensch mehr eingreifen kann. Das hat sich verselbstständigt.

Aber das waren jetzt mal Abschweifer, weil ich einfach sagen wollte, dass wir nicht nur Trübsal geblasen haben in der DDR und dass wir auch unsere schönen Stunden gehabt haben. Es wird allgemein wohl so mit dem Wort „Nische" bezeichnet, also ich hatte eine ganze Menge Nischen, weil ich stark war. Ich habe andere kennengelernt, die sehr schwach waren, die genau wie ich, alleinstehend waren. Die haben ein ausgesprochen trostloses Leben geführt, weil sie immer drauf gehofft haben und gewartet haben, das der Staat sich mal ihrer erbarmt und dass sie auch mal was kriegen. Also eine Vormieterin hat mit 46 Jahren die erste Wohnung ihres Lebens bekommen, das war diese hier. Da war dort ein alter Ofen, dann gab es einen alten Badeofen im Bad, immerhin gab es ein Bad und das war es. Eben eine relativ kleine Wohnung, naja.

4.6 Nach dem Studium: Aspirantur an der Universität Halle

Aber es ist so gewesen, dass ich dann nach dem Studium natürlich nicht wusste, was wird mit mir. Denn ich kam ja nicht raus, mit Orientarchäologie war kein Blumentopf zu gewinnen, es gab keine Stellen, nichts. Obwohl immer gesagt wird, dass in der DDR jeder eine Stelle kriegte, Pustekuchen. Ich bin ein Gegenbeispiel. Ja, was macht man denn nun? Da ist mein Professor erst mal auf die Idee gekommen, dass ich eine planmäßige Aspirantur[39] kriegen könnte. Eine Aspirantur war so ein Mittelding zwischen Studententum und Assistententum. Ich hatte also Aufgaben, ich musste kleine Seminare machen mit den mir Nachfolgenden. Nach mir sind dann nämlich noch fünf meinen Fußstapfen gefolgt, die dann nachher auch nicht mehr wussten, was mit ihnen wird. Mit denen musste ich Seminare machen und andererseits musste ich aber meine Dissertation schreiben und da habe ich ein entzückendes Thema bekommen. Nämlich als erstes hat mir der Professor verordnet,

---

39   Eine Aspirantur war ein staatliches Förderungsverfahren der wissenschaftlichen Qualifikation nach sowjetischem Vorbild. Planmäßige Aspiranten erhielten Stipendien und standen in einem Anstellungsverhältnis zur Hochschule. Sie mussten meistens auch Lehraufgaben erfüllen. Die Zeit war in der Regel auf drei Jahre festgesetzt.

die Darstellung von Musikinstrumenten in der gesamten indischen Kunstgeschichte. Musik ist nicht gerade meine Strecke. Ich bin also prompt herzkrank geworden, also nicht richtig herzkrank, sondern das nannte man ‚Vege-
tative Dystonie'. Ich war verzweifelt, das war für mich absolut nicht mach-
bar, und dann hat er es begriffen und hat gesagt: „Ne gut, also dann eine
andere Sache, und zwar moderne indische Malerei, die Bezüge zur eigenen
Tradition, also zur traditionellen indischen Malerei und die Bezüge zur westlichen Moderne". Das war nicht viel besser, wenn man nicht reisen darf. Also
im Grunde hatte ich noch nie einen Miró gesehen. Wo hat es bei uns aufgehört mit der Kunstgeschichte, also mit der Malerei sagen wir mal mit Gau-
guin und van Gogh. Alles richtig Moderne war ja bei uns verpönt. Das hatte
ja mal der – wie hieß der Russe, der mit dem Schuh auf dem Tisch geschlagen hat, dieser russische Präsident? Ist auch egal – jedenfalls der hat mal
gesagt, das sieht alles aus wie vom Esel mit dem Schwanz gemalt[40]. Nun
musste ich also darüber arbeiten. Es gab keine Literatur dazu in der DDR, gar
nichts. Ich habe dann über Fernleihe – und die Fernleihe dauerte bis zu einem
Jahr – aus England und aus Frankreich und aus den Niederlanden was gekriegt. Manchmal kamen dann zwanzig Bücher auf einmal, die holte ich dann
mit einem Handwagen aus der Universitätsbibliothek ab, durfte sie mit nach
Hause nehmen. Manchmal saß ich wochenlang ohne was, kam nicht weiter.
Das lag ja alles nicht in meiner Hand. Dann ist mein Großvater, der damals
noch lebte in Bremen, eingetreten in die Deutsch-Indische Gesellschaft und
hat dadurch den damaligen Vorsitzenden der Deutsch-Indischen Gesellschaft
kennengelernt, der in Bremen lebte, das war Freiherr von Pochhammer[41].
Der war Diplomat gewesen und hatte sogar Lenin noch gekannt und wusste
sehr, sehr viel von Indien. Er hat nun meinen Großvater drauf gestupst, was
er ausschlachten konnte. Die hatten dort zum Beispiel die ‚Illustrated Indian
News' in ihren Räumen liegen. Da hat mein Großvater immer alles rausge-
schnitten, was dazu passend war; bloß dass er eben leider nicht wusste, wie
wissenschaftlich zitiert wird. Ich saß dann oft da und wusste nicht, von welchem Datum und welche Nummer und gar nichts. Es war also eine richtige

---

40 Nikita Chruschtschow, geboren am 17. April 1892 in Kalinowka/Ukraine und gestorben am
11. September 1971 in Moskau, war von 1953-1964 Generalsekretär der KPDSU und von
1958-1964 Ministerpräsident der UdSSR. Er ließ bei einem Besuch der Jahresausstellung
des Moskauer Künstlerverbandes am 1. Dezember 1962 beim Anblick abstrakter Gemälde
wutentbrannt den Satz fallen: „Bei solchen Bildern (...) wüsste man nicht, ob sie ein Künstler oder der Esel mit dem Schwanz gemalt hat" (Wolle 2011, S. 252).

41 Wilhelm von Pochhammer wurde am 27. Januar 1892 in Berlin geboren und starb am
13.11.1982 in Bremen. Er war Diplomat und Botschaftsrat. *Von* 1924 bis 1938 war er deutscher Konsul in Kalkutta, von 1952-1957 war er Generalkonsul in Bombay (vgl. Das Bundesarchiv: „Akten der Reichskanzlei Weimarer Republik" online. Biographien: Pochhammer, Wilhelm von. http://www.bundesarchiv.de/aktenreichskanzlei/1919-1933/00a/adr/
adrmr/kap1_4/para2_108.html). [Zugriff: 5.3.2014].

Knochenarbeit für mich. Der Freiherr von Pochhammer hat mir unheimlich viel geholfen bis zu seinem Tode. Ich habe das also irgendwie hingekriegt, die Sache, und habe dann promoviert.

4.7 Berufstätigkeit bei der ORWO in Wolfen

Nun war natürlich meines Bleibens an der Uni überhaupt nicht mehr, und was kann ich nun werden und das in der DDR. Da hat ein – er konnte nicht Professor werden, weil er nicht in der Partei war – Doktor Nickel[42], er war eigentlich Spezialist für byzantinische Kunst, er hat sich sehr für Fotografie im Dienst der Archäologie und Kunstgeschichte interessiert und der hatte eine ganz enge Verbindung zu ORWO. Der hat mich zu ORWO vermittelt, da war ich also bei ORWO[43].

ORWO, das war unser Agfa, die alten Agfa-Fabriken. Die durften nicht mehr Agfa heißen, weil der Name gesetzlich geschützt war und mit nach Westen genommen worden war. Aber die ursprüngliche Fabrik war ja hier, in Wolfen. ORWO war Original Wolfen. Die große Konkurrenz war für uns eben Agfa, dann Agfa Geveart in Holland, dann Kodak in Amerika.

Ich habe zwei Jahre dort gearbeitet im sogenannten Literarischen Büro, weil ich mich ganz gut ausdrücken konnte, schriftlich, und es war auch nicht das schlechteste für mich. Aber es war ja alles stets top secret, und ich sollte zur Messe dann immer die Zeitung und gewisse Blätter fertig haben, die wir

---

42 Heinrich L. Nickel wurde am 22.12.1927 in Łódź, geboren und starb am 28.03.2004 in Halle. Er war ab 1953 Assistent für Kunstgeschichte an der Universität Halle, ab 1958 war er dann wissenschaftlicher Mitarbeiter am Archäologischen Seminar. Nach der Wende wurde er 1990-1993 Professor für Byzantinische Kunstgeschichte und war kommissarischer Direktor am Institut für Orientalische Archäologie und Kunst an der Universität Halle (vgl. Martin-Luther-Universität Halle-Wittenberg 2012: Seminar für Orientalische Archäologie und Kunstgeschichte. Verstorbene ehemalige Mitarbeiter des Instituts für Orientalische Archäologie und Kunst. Prof. Dr. Heinrich Nickel (1927-2004). http://www.orientarch.uni-halle.de/hist/verst_ni.htm). [Zugriff: 5.3.2014].

43 Die ORWO entstand aus der Filmfabrik Agfa, die sich 1909 in Wolfen ansiedelte. Ende 1953 wurde sie als VEB Film-und Chemiefaserwerk Agfa Wolfen an die DDR übergeben. 1964 erfolgte die Umstellung auf das Warenzeichen ORWO. 1994 wurde das Unternehmen liquidiert. Nach Neugründungsversuchen, die z. T. scheiterten, besitzt heute die ORWO NET GmbH das Markenzeichen ORWO und ist im Fotodienstleistungsbereich tätig (vgl. Die Welt 27.09. 2010: "Der Schatz am Silbersee". In Wolfen stand einst die größte Filmfabrik Europas. Nach 20 Jahren Marktwirtschaft geht es bei "Original Wolfen" steil bergauf. Eine deutsche Unternehmensgeschichte von Steffen Fründt. http://www.orwonet. de/index.php?id=87 [Zugriff: 9.3.2015]; Photoscala: 2012: Die Marke Orwo und ihre Geschichte. http://www.photoscala.de/Artikel/Die-Marke-ORWO-und-ihre-Geschichte). [Zugriff: 9.3.2015]).

dann den Besuchern in die Hand geben konnten. Das ging aber nicht, weil alles top secret war, mit welchen Neuheiten wir auf die Messe kamen, bis zwei Tage vor der Messe, bis das ZK der SED das abgesegnet hatte. Aber wir hatten einen Druckvorlauf von neun Monaten. Können Sie sich meine Quadratur des Kreises vorstellen? Das habe ich also nach spätestens drei Monaten begriffen, und dann habe ich von da an geguckt, wo kann ich hin, was wird. Dann hatte ich dort einen Kollegen, mit dem ich mich sehr gut verstand. Der war zwischen all diesen Alten, die noch ihre alten Lodenmäntel von 1933 trugen oder, sagen wir mal, von 1936 und alte Hüte, diese alten Doktoren, die eben nicht mit in den Westen gegangen waren, die noch da waren, zwischen denen gab es auch einen erfrischenden jungen Mann. Der – als ich ihn das erste Mal sah, war ich hingerissen – der hatte einen Rollkragenpullover an, hatte diesen ekligen weißen Kittel, den sie alle trugen, offen und darunter Jeans und Rollkragenpullover und Klapperlatschen, solche Römersandalen oder so. Er fiel mir auf, weil er so aussah, wie die Leute, die ich kannte, von meinen alljährlichen Zelturlauben in Prerow[44]. Das war auch so ein Ding, dort einen Zeltschein zu kriegen, das war unmöglich eigentlich. Sie haben mich auch mal getatzt[45] ohne Zeltschein und nachts rausgeholt aus dem Zelt. Die haben immer nachts Kontrolle gemacht. Dann sollte ich am nächsten Morgen um elf mit gepacktem Zelt im Rat der Gemeinde erscheinen. Aber dann hat mir irgendjemand gegen Westgeld, das ich manchmal Gott sei Dank Zehn-Markweise geschickt kriegte in Briefen, hat mir dann jemand einen Zeltschein verkauft und dann brauchte ich nicht weg. Aber dort waren solche Leute, dort habe ich diese Jugend kennengelernt, die in Berlin am deutschen Theater und bei Brecht und in den Museen arbeiteten und die Schriftsteller waren. Das war alles im Block K, das war der FKK Block in Prerow. Prerow war der schönste Zeltplatz der ganzen DDR. Da konnte man in den Dünen zelten, weil durch die Strömung der Sand hochgetrieben wurde. Ich bin jetzt wieder da gewesen und ich will es nie wieder sehen, das ist jetzt nur Schicki-Micki und 90% Westdeutsche, die keine Ahnung haben von unserem Paradies damals, ach was soll es.

---

44 Prerow galt als ‚Mallorca der DDR' und wurde im Sommer sehr stark von Urlaubern frequentiert. 1953 war der Zeltplatz zwischen den Dünen eröffnet worden. In der gesamten DDR war der Ort wegen der Freikörperkultur und seiner zahlreichen Diskotheken wie z.B. Dünenhaus, Helgoland und Seestern bekannt. Zelten war nur mit Zeltschein erlaubt, die lange vorher vergeben wurden. Der Block ‚K', Holunderbusch, galt als der Treffpunkt in Prerow (vgl. MDR 9.3.2011: Geschichte. Darß. Prerow - das "Mallorca der Ostsee" http://www.mdr.de/damals/artikel108486.html). [Zugriff: 5.3.2014].

45 Getatzt = ertappt, ergriffen.

4.7.1   Exkurs – Der Mythos von den „plattgemachten" Fabriken

Hier bei uns, in den so genannten „neuen" Ländern, grassiert die Mär von den plattgemachten Fabriken. Also: Als der Westen uns sein System „überstülpte", als er als „Kolonialherr" über uns kam, hat er unsere Fabriken „plattgemacht", deren Konkurrenz er fürchtete. Weitaus mehr als die Hälfte der DDR-Bürger – dies war ein Freudscher Versprecher, also: der „Ex-DDR-Bürger" – glaubt an diese Mär.

Vielleicht hat es etwas mit Würde zu tun, vielleicht etwas mit Verunsicherung, weil 40 Jahre gelebtes Leben in Frage gestellt sind. Fakt ist, je länger das Jahr '89 zurückliegt, desto mehr verklärt sich der Blick auf die Vergangenheit. „Es war doch nicht alles schlecht", höre ich immer wieder sagen und Trotz schwingt in den Stimmen mit. „Sollen sie doch ihren 'Westmist' bei sich behalten, unsere Ostprodukte waren viel besser und solche Qualität gibt es heute nicht mehr", lässt mich an der Genauigkeit der Erinnerung zweifeln. „Unsere Fabriken haben sie mit Siegermentalität plattgemacht, weil sie unsere Konkurrenz fürchteten", lässt mich am klaren Menschenverstand der Ossis zweifeln.

Von Januar 1967 bis zum 31. 5. 1969 habe ich in der Filmfabrik Wolfen („ORWO") gearbeitet. Es war eine schlimme Zeit für mich.

5.13 Uhr früh fuhr meine Straßenbahn, und dann hatte ich auch schon den Ofen geheizt in der Hoffnung, dass die liebe, unter mir wohnende Frau W. ihn zuschrauben würde, wenn sie aufsteht. Niemals war ich ausgeschlafen, immer fühlte ich mich zerschlagen. In der Straßenbahn schlief ich ein bissel weiter und am Bahnhof trabten meine Füße automatisch weiter die Treppen hinab, den Tunnel hindurch auf den Bahnhof zu, durch die Halle und dann wieder die Treppen hinauf zum Bahnsteig und in den Zug ins Abteil mit den bekannten Mitfahrern. Schlafen bis Bitterfeld, Umsteigen in den nächsten Zug, nicht mehr schlafen, da nur noch zwei Stationen. Und abends den gleichen Weg zurück, erst die weite Strecke zu Fuß in Wolfen zum Bahnhof und dann die gleiche Zugfahrt.

Leider schlossen die Läden auch in Halle bereits 18 Uhr, aber die Kioske hatten noch offen, und so ernährte ich mich außer vom Kantinenessen in der Filmfabrik vorrangig von Keksen, von denen es sehr wohlschmeckende gab. Kam ich zwischen 18.30 Uhr und 19.00 Uhr in meinem kleinen Zimmerchen im „Paradies" Platanenstraße an, war es dank meines morgendlichen Heizens überschlagen. Ich holte dann Kohlen und Feuerholz für den nächsten Morgen hoch, wusch ein bissel, schrieb eventuell einen Brief und ging um 20 Uhr hinab zu Ws., die schon einen Fernseher hatten, um die „Tagesschau" zu gucken. Gleich danach war für mich Schlafenszeit.

Außer mir gab es noch eine einzige weitere weibliche Mitfahrerin nach Wolfen. Das war eine Grafikerin und Absolventin der Hochschule Burg Giebichenstein. Sie verschlief sehr oft, weil sie im Gegensatz zu mir noch versuchte, abends in Halle noch ein wenig Kultur zu tanken. Sie prägte ein Wort, das mich erschreckte: „Halle im Dunkel".

Hatte sie verschlafen, musste sie per Anhalter versuchen, nach Wolfen zu kommen, da die Zuganschlüsse den Fabrik-Anfangszeiten und den Schichten angepasst waren. Arbeit und Produktion in der Schwerindustrie und der Chemie standen im Mittelpunkt des Interesses, prägten das öffentliche Leben in der DDR. Und so gab es Einkaufsmöglichkeiten auch nur außerhalb der Filmfabrik. Ich konnte sie vor Arbeitsbeginn (6.30 Uhr) oder nach Arbeitsschluss (16.00 Uhr) aufsuchen. Doch die Schlangen waren zu lang.

Das Werk kam mir vor wie ein Ungeheuer mit offenem Maul, dessen Zähne um 6.30 Uhr zuschnappten und sich erst um 16.00 Uhr wieder öffneten. Und wie sah es drinnen aus? Da war die „Windmühle" (d.h. der Ort, wo „Wind" gemacht wurde), dort saßen die Großkopfeten, die Direktoren und die Parteileitung. Dann gab es die ebenfalls „bauhausigen" Klinkerbauten der unterschiedlichen Kantinen. Noch immer – wie zu AGFA-Zeiten – getrennt in die Intelligenz-Kantine mit weißgedeckten Tischen, Bildern an den Wänden und Bedienung. Dort gingen die alten, noch aus der Zeit der Vorkriegszeit stammenden Chemiker hin – man erkannte sie an uralten Lodenmänteln und uralten Hüten – und dann die riesige Kantine fürs Volk. Dort trug man Weiß, die Arbeitskittel der Produktion. Dort aßen meine Kollegen vom „Literarischen Büro" und ich, obwohl uns der Eintritt in die Intelligenz-Kantine nicht verwehrt worden wäre.

Doch was mich ungemein erschreckte, war der Zustand des Werkes. Gleich in den ersten Tagen hörte ich, dass die Filmproduktion mit äußerster Sauberkeit zu tun habe. Schuhe und Kleidung mussten beim Eintritt in die Produktionshallen gewechselt werden. Doch wie sah es draußen aus? Alles draußen war grau und verkommen und befand sich in den verschiedensten Stadien des Verfalls. Schließlich war die Filmfabrik 1895 gegründet worden! Seither war nicht viel geschehen.

Jedes Mal, wenn ich aus „Interview"-Gründen in eine der nummerierten Hallen geschickt wurde, erkundigte ich mich vorher genauestens nach dem Weg. Aus welchem der über die Werkstraßen führenden Rohre tropfte Säure und aus welchem nur harmloses Kondenswasser? Auf meinen Wegen durchs Werk begegnete ich wahren Müllhalden. Diese wurden niemals weggeräumt. Am liebsten ging ich in die Gärtnerei. Dort gab es Grün und manchmal wirklich Blumen! Ich war so gierig nach ein bissel Schönheit im allgemeinen Grau.

*Aus meinem winzigen Raum – einem vom Flur abgetrennten Verschlag –
schaute ich durch vielleicht jahrzehntelang ungeputzte Scheiben – sie waren
nicht zu öffnen und so wusch ich sie wenigstens von innen ab – auf einen
völlig vergammelten Innenhof. War ich besonders niedergeschlagen, stellte
ich mir Grünpflanzen vor. Doch wie hätten sie wohl die Wolfener Luft vertragen? Bei einem Interview sagte mir die Wolfener Bürgermeisterin, sie
hoffe, in den nächsten 10 Jahren die Luftverschmutzung auf ein „zumutba-
res" Maß hinabzudrücken. Und an sonnigen Tagen war es besonders
schlimm. Dann hing eine gelbe Scheibe im warmen Dunst und ich presste mir
ein nasses Taschentuch vor Mund und Nase, war ich im Werk unterwegs.
Doch die Regierung „unserer" Deutschen Demokratischen Republik inves-
tierte auch. So wurde eine neue Emulsionsfabrik gebaut und wir nannten sie
die „Illusionsfabrik". Im zweiten Jahr, als es mir gelungen war, durch Ausscheiden eines alten Chemikers einen Platz im einzigen Werksbus zu ergat-
tern, der direkt von Halle an die Werkstore fuhr, sahen wir als erstes jeden
Morgen die hellerleuchteten Fenster der Illusionsfabrik aus dem Dunst auf-
tauchen.*

4.8 Berufstätigkeit beim Seemann-Verlag Leipzig

Also jedenfalls bin ich in diesem Wolfen gewesen und ein Kollege hat mir gesagt, dass seine Schwester, die wirklich Kunstgeschichte studiert hatte, weil dem Jahr Leipzig mal ein paar Studenten haben konnte in Kunstgeschichte, einen Platz kriegt beim Thieme-Becker[46]. Was der Thieme-Becker war, das wusste ich ja. Der Thieme-Becker ist das größte kunstgeschichtliche Lexikon gewesen, was die menschliche Seite anbelangt, also die Künstler. Das hatte es gegeben seit 1907. Es waren dann noch die Künstler der Gegenwart in sechs Bänden erschienen dazu, als „Vollmer" bis 1953 in der DDR, und seitdem lag das brach. Da hat die DDR, ausgerechnet die DDR sich nun vorgenommen gehabt, dies fortzuführen[47]. Da habe ich mich beworben, von Wolfen weg. Gott sei Dank haben sie mich genommen, der Dr. Meißner, der das aufziehen sollte. Ich hatte ja nun Kunstgeschichte nur als Drittfach gehabt, aber trotzdem hat er mich genommen, und vor allen Dingen mein Spe-

---

46 Thieme-Becker ist die gebräuchliche Abkürzung für das vielbändige Künstlerlexikon. Die Enzyklopädie wurde begründet und herausgeben von Ulrich Thieme und Felix Becker. Sie entstand in der Zeit von 1907 bis 1950 als 37-bändiges Werk. Von 1953 bis1962 fügte Hans Vollmer sein »Allgemeines Lexikon der bildenden Künstler des 20. Jahrhunderts« hinzu. Dies erschien in 6 Bänden. Der »Thieme/Becker/Vollmer« ist das international bedeutendste biographische Lexikon der bildenden Künstler. Auf mehr als 25.000 Buchseiten finden sich Angaben über etwa eine Viertelmillion Künstler, von der Antike bis über die Mitte des 20. Jahrhunderts hinaus. Zunächst erschien das Nachschlagewerk im Verlag von Wilhelm Engelmann, ab 1911 beim Verlag E. A. Seemann in Leipzig (vgl. Thieme/Becker/Vollmer 2014: Allgemeines Lexikon der Bildenden Künste. http://www.thieme-becker-vollmer.info/). [Zugriff: 5.3.2014].

47 Das Allgemeine Künstlerlexikon (AKL) ist ein Lexikonprojekt, mit dem am 1. Januar 1969 im Verlag E. A. Seemann in Leipzig unter der Leitung von Dr. Günter Meißner, geboren 1936, Oberassistent am Institut für Kunstgeschichte an der Universität Leipzig, begonnen wurde. Die von ihm beim Ministerium für Kultur der DDR vorgelegte Konzeption sah eine Kombination von Supplement und Neubearbeitung in etwa 30 Bänden vor. Neben Meißner als Chefredakteur wurden im ersten Jahr die Redakteure Siegfried Mahn, Renate Böning, Hans Haufe, Eberhard Kasten, Rose Lehmann, die freien Redakteure Sigrid Trauzeddel und Roswitha Hermann sowie die Bibliothekarin Barbara Stein eingestellt. Die Konzeption wurde im Laufe der Zeit in Richtung einer vollständigen Neubearbeitung verändert. Der erste Band erschien 1983 (Titel: Allgemeines Künstlerlexikon. Die bildenden Künstler aller Zeiten und Völker), der zweite Band 1986 und der dritte 1989. (vgl. De Gruyter: Allgemeines Künstlerlexikon (AKL).Die Bildenden Künstler aller Zeiten und Völker. http://www.degruyter.com/view/serial/35700. [Zugriff: 7.3. 2014]; De Gruyter 2008: Allgemeines Künstlerlexikon - Das Projekt: Vom Thieme-Becker zur Künstlerdatenbank. Geschichte – Gegenwart – Zukunft. http://web.archive.org/web/20081024133147/http://www.degruyter.de/cont/fb/km/akl/aklProjekt.cfm. [Zugriff: 05.03.2014]; H-Arthist 2012: Allgemeines Künstlerlexikon. http://arthist.net/archive/3393. [Zugriff: 7.3 2014]; Portal Kunstgeschichte 2012: Neues Herausgebergremium für das Allgemeine Künstlerlexikon. http://www.portalkunstgeschichte.de/meldung/Neues-Herausgebergremium-fuer-das-Allgemeine-Kuenstlerlexikon-5030.html. [Zugriff: 7.3 2014]).

zialgebiet in der Kunstgeschichte war ja eigentlich Architektur und dort eben die frühe Romanik, Gotik, aber modern wusste ich eben gar nichts, das heißt, ich wusste das, was man weiß, wenn man so allgemein sich dafür interessiert, und ich habe auch mal eine Überblicksvorlesung gehört gehabt. Er hat mich trotzdem genommen, ich mein, er hat nachher auch eine ganze Menge anderer genommen, die überhaupt mit Kunstgeschichte gar nichts zu tun hatten, aber wegen der Sprachen. Denn wir mussten ja sämtliche Sprachen der Welt abdecken. Ich sehe mich noch in dem Café sitzen, wo wir uns getroffen hatten, da habe ich gesagt: „Hauptsache Sie nehmen mich, ich mache alles, was Sie wollen".

Dann habe ich bekommen als Spezialgebiete: die USA, das ehemalige Jugoslawien, also damals war es noch Jugoslawien, dann mein liebes Polen, denn damals sprach ich schon etwas Polnisch und dann noch einen Haufen Inseln, Nauru und die Jungferninseln und lauter…, ich weiß es heute schon gar nicht mehr. Wir haben dann wirklich im Grunde von Null angefangen. Wir haben die Künstler von der Antike bis zur Gegenwart von der ganzen Welt bearbeitet. Ich habe jetzt noch von den neuen AKL-Bänden ein paar Bände stehen. Es hat uns unheimlich Freude gemacht. Ich habe dann angefangen, erst mal in Englisch einen Brief nach Amerika zu schicken, immer wieder den gleichen Text an sämtliche Universitäten, die ich erreichen konnte. Aber ich konnte natürlich nicht hin, nur schriftlich. Dann haben sehr viele dort geantwortet, da die alle wussten, was der Thieme-Becker war. Der Thieme-Becker, das weiß jeder Kunsthistoriker, der Thieme-Becker ist sozusagen das Rückgrat der internationalen Kunstgeschichte gewesen. Heute ist das alles auf CD-Rom und modern.

Jedenfalls war es einfach ein Traum, die Arbeit dort, aber es war eine Arbeit, die eigentlich von der DDR her ohne Reisemöglichkeiten nicht zu schaffen war[48]. Ich habe natürlich sofort angefangen, serbokroatisch zu lernen und hatte einen Lehrer in Halle.

Also ich war dann von Wolfen weg, war bei der Redaktion und habe eigentlich bei all den Schwierigkeiten, die wir hatten, vor allen Dingen die Schwierigkeit mit unserem obersten Chef[49], der uns stark kontrollierte und vor dem wir Angst hatten, sehr gerne dort gearbeitet.

---

48 Das Arbeiten an dieser anspruchsvollen Aufgabe war unter DDR-Bedingungen recht beschwerlich. Bei de Gruyter findet sich dazu folgendes: „'Vom Tütenarchiv zur Datenbank:' hat Sebastian Preuß seinen Artikel zu ‚Vergangenheit und Zukunft des Künstlerlexikons Thieme-Becker' (FAZ vom 29. Mai 1991) überschrieben. Das trifft es recht genau: Als die kleine Redaktion 1969 mit den Vorarbeiten für den ‚neuen Thieme-Becker' begann, tütete sie zunächst den Inhalt der nachgelassenen Thieme-Becker-Zettelkästen (einen Teil dieser wertvollen Blechkästen soll der letzte Seemann-Erbe in den 50er Jahren ‚illegal' mit nach Köln genommen haben) portionsweise nach Künstlern ein. Die Redaktion hatte im ersten Jahrzehnt noch etwas von einem Scriptorium an sich. Handschriftliche Exzerpte dominierten, die Schreibmaschinen stammten zumeist aus der Vorkriegszeit, und moderne Kopiertechnik fehlte völlig. Die DDR-typische Mangelwirtschaft sparte auch die Redaktion nicht aus. Als Arbeitsgrundlagen dienten neben den erwähnten Materialien die (zunächst durch Tausch, später auch durch Kauf kontinuierlich aufgestockte) Redaktionsbibliothek und die in Leipzig, Berlin und Dresden greifbare Literatur. Die Bibliotheken der Bundesrepublik und des Auslandes waren nur indirekt über die arbeitsaufwendige internationale Fernleihe oder gar nicht zugänglich. (…) Beim Aufbau der internationalen Kontakte v.a. zu den westlichen Ländern wirkten sich Beschränkungen, politische Engstirnigkeit und provinzielles Denken in der DDR besonders schlimm aus. Die Redakteure, überwiegend "Nicht-Reisekader", waren im Westen kaum präsent. Telefonate gen Westen oder ins Ausland waren nur nach vorheriger Genehmigung und nach stundenlangen Wartezeiten möglich. Private Auslandskontakte wurden aufmerksam beobachtet, Katalogsendungen von der ‚Zollüberwachung' beschlagnahmt, Einladungen an Redaktionsmitglieder zu wissenschaftlichen Veranstaltungen argwöhnisch beäugt und abgeblockt. (…) In ständigen Auseinandersetzungen mit dem Verlagsleiter des E.A. Seemann Verlages, in einem zwanzigjährigen Papierkrieg mit der Hauptverwaltung ‚Verlage' beim Ministerium für Kultur, den örtlichen Behörden, der Parteiadministration auf Stadt-, Bezirks- und ZK-Ebene musste Dr. Meißner sein Stehvermögen beweisen. Trotz großzügiger zentraler Weichenstellungen in Berlin war der Leipziger ‚Apparat' z.B. nicht in der Lage, das Raumproblem der Redaktion kurzfristig zu lösen: Die Folge waren nach diversen Provisorien mehrere Umzüge. (…) Es zeigte sich indes zunehmend, dass das Lexikon, das zwar als Prestigeobjekt großzügige finanzielle Unterstützung durch das Ministerium für Kultur erhielt, sich in den angestrebten Dimensionen und unter DDR-Bedingungen als kaum realisierbar erwies. Ursachen für den schleppenden Erscheinungsrhythmus der ersten Bände waren durchaus herstellerischer Art: von der Manuskriptabgabe an die Druckerei bis zur Auslieferung verging jeweils ein Jahr" (De Gruyter 2008: Allgemeines Künstlerlexikon - Das Projekt: Vom Thieme-Becker zur Künstlerdatenbank. Geschichte – Gegenwart – Zukunft. http://web.archive.org/web/20081024133147/ http://www.degruyter.de/cont/fb/km/akl/aklProjekt.cfm. [Zugriff: 5.3.2014]; H-Arthist 2012: Allgemeines Künstlerlexikon. http://arthist.net/archive/3393 Zugriff: 7.3 2014]).

49 Siehe dazu die vorhergehende Fußnote. Dort ist von Schwierigkeiten zwischen dem Chefredakteur und dem Verlagsleiter die Rede.

4.9 Wohnen in der DDR

Nach Leipzig musste ich dann auch fahren. Ich bin insgesamt neun Jahre gefahren, aus einem Neun-Quadratmeter-Zimmerchen mit Waschbecken, und hier in Leipzig habe ich dann endlich, endlich nach großem Kampf eine Wohnung bekommen. Das war ein richtiges Loch, sie hatte Schwamm. Das war eine Parterre-Wohnung, hatte allerdings eine Innentoilette, aber wie die Toilette aussah, oh Gott. Ein einziger Wasserhahn war in der Wohnung und da drunter so ein, ich habe immer gesagt, wie ein „Euter". Die Häuser waren '32 gebaut worden, und ich habe dann genau diese Wohnung im Westfernsehen gesehen, da waren es die Sozialwohnungen für Obdachlose in Düsseldorf oder so, in einer dieser Ruhrgebietsstädte. Ich habe gequietscht und habe gesagt: „Da, gucke mal, das ist meine Wohnung". Aber ich habe da viel gemacht. Ich habe von jemandem eine alte Badewanne bekommen, weil es neue Badewannen nicht gab. Die habe ich in der Küche eingebaut und ich habe nach vielen Jahren Kampf und mit Hilfe meines Chefs – ich musste bis zu einer Kommission, musste mich, ich würde sagen, fast nackt ausziehen vor der Kommission – habe ich eine Gasheizung genehmigt gekriegt, und dann konnte ich diese Wohnung tauschen gegen die hier, in der ich jetzt wohne. Diese Wohnung habe ich bekommen – hier war ein richtiges Badezimmer – da war ich inzwischen fünfzig. Ich hatte noch nie ein Badezimmer gehabt, nur bei meinen Eltern, aber da war ich ja nun leider weg. Hier war ein Badezimmer, das war aber dunkelgrün angemalt, der Badeofen war kaputt geheizt, kein Waschbecken drin, nur eine Badewanne, die völlig verdreckt war, richtig eingebrannter Dreck und von Fliesen natürlich keine Spur weit und breit. Ich habe zweimal im Leben eine Wohnung ausgebaut und in der Zeit – das gebe ich ganz ehrlich zu – in der Zeit habe ich, was meine eigentliche Arbeit anbelangt im Verlag, an dem Lexikon, habe ich auf Sparflamme laufen lassen. Ich hatte nicht so viel Kraft, beides zu machen. Das ging nicht und mein Chef hat mich auch während der Arbeitszeit wegrennen lassen, wenn es also hieß, um zehn kann ich dort und dort eine Badewanne haben. Aber ich muss vier Leute haben, die Träger sind, habe ich vier Kollegen mitgenommen und habe dann noch Angst gehabt, dass die Badewanne inzwischen von jemand anderem weggenommen worden war. Weil es in Leipzig nur einmal im Vierteljahrhundert Badewannen für die Bedürfnisse der Bevölkerung gab, für ganz Leipzig. Da können sie sich alles vorstellen und Kupferrohr, oh Gott, an Kupferrohr zu kommen, an Fliesen zu kommen, es war unbeschreiblich. Ich glaube, ich habe in beide Wohnungen jeweils zehntausend Mark der DDR eingebaut. Ich habe damals auf der Hand gehabt, also auf der Hand gehabt, habe ich fünfhundert. Also auf dem Papier hatte ich siebenhundert, aber die hatte ich nie, weil das die einzige Beziehung war, die ich darstellte. Ich konnte über den Verlag schriftlich, wenn wir den Vorankündigungsdienst kriegten, konnten wir unseren Namen hinschreiben, was wir haben wollten; ob wir es dann kriegten, war eine andere Sache[50]. Die Bücher kamen natürlich dann immer zu unmöglichen Zeiten und dann waren meistens auf einmal bei mir zweihundert Mark gleich weg, aber dadurch habe ich dann Kunstkalender gehabt, die ich tauschen konnte gegen irgendwas. Alle meine Patenkinder konnten wunderschöne Märchenbücher kriegen, vom Artia Verlag, diese großen mit den herrlichen Illustrationen. Das war ja alles Bückware[51] und das war die einzige Bückware, an die ich rankam, an die anderen Bückwaren kam ich ja nicht. Die brauchte ich aber für diesen Wohnungsausbau.

Ich hätte, wenn ich zehn Jahre gewartet hätte und noch zehn Jahre weiter von Halle nach Leipzig gefahren wäre, das heißt, wenn ich bis sechzig gewartet hätte, nein bis fünfzig, ich habe das ja mit vierzig, also wenn ich bis fünfzig gewartet hätte und bis fünfzig gefahren wäre von Halle her, hätte ich eine Ein-Raum-Neubauwohnung, also eine Plattenbauwohnung kriegen können, haben sie mir gesagt. Sie hatten mich aufgenommen in die Liste, zehn Jahre ja, das ist auch die DDR gewesen. Andere, unsere Aufpasserin, die bei uns erschien in der Redaktion, die, die angeblich studiert hatte, aber sie war dumm wie Bohnenstroh, die hat sofort eine Drei-Zimmerwohnung alleine gekriegt. Da wussten wir alle sofort, als die bei uns anfing, wo sie arbeitet. Die war IM und die habe ich dann auch in meiner Akte gefunden. Aber die hat nach der Wende einen Job gekriegt bei einem großen deutschen Unternehmen, doch ich weiß nicht, wie lange sie dort geblieben ist.

Ich hatte in der DDR ein Studentenzimmer, eine Toilette für das ganze Haus im Hauseingang unten, und gewaschen habe ich mich jeden Tag in so einer alten Keramikschüssel mit so einer Kanne, wo ich mir dann immer das Wasser aus der Küche von meiner Wirtin holen musste. Die hatte bloß einen einzigen Ausguss und auf den hat sie sich auch gesetzt, wenn sie mal musste. Das hörte ich. Und da holte ich mein Wasser, mein gesamtes Wasser. Zum

---

50 Der Vorankündigungsdienst war eine Veröffentlichungsliste von zu erwartenden Publikationen, den die Verlage erhielten. Die Mitarbeiter konnten dann Werke ankreuzen, die sie gerne haben wollten. Ob sie diese tatsächlich erhalten würden, war aber unsicher, dies hing auch von der Zuteilung der zuständigen Person ab. Unter den Werken waren auch Bücher, die sonst nur als Bückware zu erhalten waren und die dann gegen andere schwer erhältliche Ware getauscht werden konnten. Das Geld für die erhaltenen Bücher wurde direkt vom Gehalt abgezogen, so dass daraus der niedrigere Auszahlungsbetrag resultierte (Interviews R. vom 8.8.2014).

51 Bückware war in der DDR die Bezeichnung für Waren, die rar und nicht immer erhältlich waren und/oder im Tauschverfahren gehandelt wurden. Der Begriff ‚Bückware' geht darauf zurück, dass Mangelware nicht in den einsehbaren Regalen zu finden war, sondern der Verkäufer sie unter dem Ladentisch deponiert und sich danach bücken muss. Der Begriff wurde auch im Zweiten Weltkrieg für Waren benutzt, die unter dem Ladentisch gehandelt wurden.

Tee kochen hatte ich nur einen Tauchsieder, ich hatte keine Möglichkeit irgendwo, irgendwas zu kochen. Und ganz alte Sachen und ein uralter Schrank, unbeschreiblich, das kann sich keiner vorstellen.

So lebten wahrsinnig viele Menschen auch noch in Leipzig damals. Als ich nach Leipzig zog, hatten nur siebenunddreißig Prozent der Wohnungen hier ein Badezimmer. Siebenunddreißig Prozent! Das ist gewesen 1976. Das hat hier gedauert faktisch bis zur Wende, denn vorher haben eine ganze Menge Leute dann auf eine Speisekammer verzichtet, die wurde dann abgetrennt von der Küche, damit sie wenigstens eine Dusche hatten und eine Toilette. Die haben sie dann auch irgendwie, wenn die Kinder aus dem Haus waren, haben sie das Kinderzimmer umgebaut, es war unbeschreiblich. Aber man musste Beziehungen haben und Beziehungen konnte man nur haben, wenn man was zu bieten hatte. Entweder Westgeld oder Dinge, die es nicht gab. Aber wenn man im Verlag arbeitet, ja, wenn einer nun keinen Kunstkalender wollte, die es eben eigentlich auch nicht gab, wenn einer nicht für Kalender war, dann war das geplatzt. Das einzige, was noch gut half, waren ja die Karl May Bände. Aber da hatte ich dann nur zwei Bände Winnetou, den dritten habe ich dann nicht mehr bekommen, die habe ich bis heute. Die kann ich auch nicht weggeben.

Das sind so Dinge, genauso, wie ich diese Wohnung nicht lassen kann, weil ich diese Wohnung mir so erkämpft habe. Ich habe sechs Monate, jeden Dienstag hat mich mein Chef gehen lassen[52], habe ich Schlange gestanden auf dem Wohnungsamt, weil ich wusste, diese Wohnung steht leer. Ich hatte diese Mistwohnung in der K-straße anzubieten, die da eben Schwamm hatte, aber wo ich nun eine Gasheizung rein erkämpft hatte und wo eine Badewanne mit Warmwasser aus der Wand in der Küche war, und das war immerhin etwas. Es war Parterre, da habe ich immer vorgeschlagen, wenn ich dann wieder bei der Wohnungsbeamtin war, habe ich gesagt, es sind doch so viele alte Damen, die sitzen in großen, alten, unkomfortablen Wohnungen. Denn die komfortableren Wohnungen, das sind die, die in den Neubauhäusern waren. Die hießen Vollkomfortwohnungen und jeder Mensch wollte eine Vollkomfortwohnung. Dann saßen eben alte Damen, wo die Männer und die Kinder weg waren, die saßen in Ofenheizungswohnungen, mit drei, vier, fünf Räumen und blockierten die und wären natürlich gern in eine Vollkomfortwohnung gezogen. Ich hatte zwar keine Vollkomfortwohnung in meiner K-straße, aber ich hatte 1 ½ Zimmer und eine große Küche mit einer Badewanne und die moderne Heizung im Wohnzimmer. Das ist immer noch besser gewesen, als eine Einraumwohnung im Plattenbau, die sie sonst gekriegt hätten. Denn so waren es wenigstens 1 ½ Zimmer, was ich hatte.

---

52   In der DDR galt der Spruch „Privat geht vor Katastrophe".

Entschuldigen Sie, dass ich so viel wieder von dieser Schiet-Zeit erzähle, aber das ist durch diese beiden Filme, die ich da, also diesen Doppelteil, diesen zweiteiligen Film, den ich gesehen habe, ist das alles wieder so hochgekommen[53]. Wobei es sich ja bei denen im Film um eine ausgesprochen privilegierte Familie handelt, die saßen ja in Dresden auf dem Weißen Hirsch[54], und er war Arzt. Meine Stiefschwester war auch Ärztin in Rostock. Sie war keine Chirurgin und keine Oberärztin, wie er dort, oder Chefärztin, sie war eine kleine Betriebsärztin, aber sie hat sofort zwanzig Jahre vor mir eine Wohnung gekriegt mit Heizung und Badezimmer und allem Pi-Pa-Po. Weil sie Ärztin war, aber ich war eben nichts DDR-Wichtiges.

4.9.1 Exkurs

16 Jahre habe ich in Halle im 9-m²-Dachkämmerchen gewohnt, war unter „6 x klingeln" zu erreichen – wir hielten alle den Atem an, wenn es klingelte und zählten mit – und durfte sogar in Notfällen das Telefon von Ws., die mehrere Räume im ersten Stock bewohnten, benutzen. Erst im Jahre 1976 habe ich dieses kleine Paradies, in dem ich sogar einen Teil des kiesgestreuten Dachgartens benutzen durfte, verlassen.

Im Alter von 40 Jahren habe ich mir in Leipzig eine Wohnung erkämpft. Erdgeschoss, ein Zimmer zu 16-m² mit Kachelofen aus dem Jahre 1932, der nur auf Zureden funktionierte, ein unheizbares Schlafzimmer zu 9m², eine große Küche mit „Küchenmaschine" zu 13-m² und dem einzigen Wasserhahn der Wohnung über einem Ausguss, ein winziger Flur, durch den man in die Küche und von dort aus in beide Zimmer gelangte und als Clou ein Innen-WC!!

„Wärmemäßig" kam eine schlimme Zeit auf mich zu. Das begriff ich am ersten Tag in der von mir so schwer erkämpften eigenen Wohnung. Ich hatte gedacht, dass ich nun mit 40 Jahren auch als Alleinstehende eine eigene

---

53 Hier nimmt sie noch einmal Bezug auf die bereits erwähnte Verfilmung des Romans der „Der Turm".

54 Die Stadtteile „Der Weiße Hirsch" und „Loschwitz" entwickelten sich im 19. Jahrhundert zu Villenstadtteilen. Als gehobene Wohngegenden wurden sie zu bevorzugten Wohnorten von Wissenschaftlern, Künstlern, Fabrikanten und hohen Beamten. Auch zu Zeiten der DDR nahmen viele Künstler und Kulturschaffende, Wissenschaftler, Ärzte aber auch Staats- und Kulturfunktionäre bevorzugt in den großbürgerlichen Villen ihren Wohn- oder Alterssitz. Nach der Wende wurden viele der alten Villen ihren Alteigentümern zugesprochen und in der Folgezeit saniert. Die Stadtteile entwickelten sich wieder zu gehobenen Wohngegenden (vgl. Dresden Weisser Hirsch 2014: Geschichte. http://www.dresden-weisser-hirsch.de/Geschichte/geschichte.htm). [Zugriff: 27.3.2014].

Wohnung haben dürfe. Eigentlich stand so etwas nur Familien mit Kindern zu, und es hatte sich in uns Alleinstehenden das Gefühl verfestigt, dass uns alles das, was dieser privilegierten „höheren Menschenklasse" selbstverständlich war, nicht zustände.

Meine Freundin S. hatte zwar zuerst auch nur mit Mann und zwei Kindern in zwei Zimmern „Teilhauptmiete" mit Küche am Ende eines langen Ganges und einem von beiden Mietparteien zu benutzendem kleinen WC-Abteil daneben gewohnt, bekam aber dann eine 68-m²-Vierraum-Vollkomfort-Wohnung in Halle-Neustadt in dem, was wir heute „Platte" nennen. Sie hatten sogar einen Balkon und bekamen ein Telefon! Von da an war mir und auch ihnen klar, dass sie im Leben erfolgreicher waren als ich. Ich wurde entsprechend behandelt, wohlwollend und ein wenig von oben herunter.

Es gab wirklich zwei Klassen Menschen in der DDR, die aus dem Neubau und die aus dem Altbau. Eine Bekannte erzählte mir mal, dass sie jeden Morgen genau die gepflegten, frisch geduschten Bewohner aus der Neubausiedlung von denen aus den schwer zu beheizenden Altbauten ohne Bad und mit Toilette auf halber Treppe unterscheiden könne. Das Heizen besonders war in der DDR mit den schlecht brennenden Braunkohlenbriketts und den großen Mengen anfallender Asche so schwer, dass jeder nach einer Neubauwohnung gierte, die aber nicht jedem zustand.

So können sich nun heute die Bewohner der „Platte" nur schwer damit abfinden, dass sie nicht mehr einer privilegierten Klasse angehören. Ss. Mann verteidigt mit Zähnen und Klauen wortreich seinen „Neubau". Im Sprachgebrauch der Ostdeutschen wird die „Platte" wohl noch lange „Neubau" heißen, auch wenn sie, wie Halle-Neustadt, seit den 60er Jahren steht. Ich hätte damals gerne, ach nur zu gerne, im Neubau gewohnt. Stattdessen gab es eine Sozialwohnung von 1932 mit Wohnküche und einem durch diese zu erreichenden Elternschlafzimmer und einem auch durch diese zu erreichenden 9-m²-Kinderschlafzimmer, natürlich unheizbar. Dort kamen so eiskalte Winter auf mich zu, dass diese Kalamität alles andere überwog. Im Winter war alles unwichtig neben der Frage: „Kriege ich es heute Abend warm?" Manchmal lag ich noch 24 Uhr wach im Bett, das sich trotz Wärmflasche einfach nicht erwärmen wollte. Erst als ich eine aus dem Westen stammende Wärmedecke geschenkt bekam, wurde es besser. Ich hatte nämlich in meiner Gier nach einer Bade- und Duschmöglichkeit einen unverzeihlichen Fehler begangen. Ich wollte mir einfach nicht eingestehen, dass mir – wie auch zahllosen anderen Leipziger Bürgern – so etwas nicht zustand.

Als ich nach Leipzig zog, hatten nämlich nur 37 % der Leipziger Wohnungen ein Bad, und man behalf sich mit selbst eingebauten Badewannen und – schwerer zu bekommenden – Duschkabinen in den Küchen. Als ich die

Wohnung das erste Mal betrat, schlug mir in der Wohnküche wohlige Wärme entgegen. Die alte Frau Schneider saß auf einer durchgelegenen Liege und lehnte sich an einen Wandbehang mit röhrenden Hirschen. Eine gekachelte Küchenmaschine von 1932 strömte wohlige Wärme aus. Diese Küchenmaschine habe ich aber sofort abreißen lassen, um Platz zu schaffen für die mir von einem Bekannten zugesagte Badewanne, die er, der Beziehungen zu neuen Wannen hatte, aus seiner Wohnung rausschmiss. Natürlich habe ich mich wie eine Königin gefühlt, als ich das erste Mal in der Wanne schwamm. Doch das war im Frühling!

„Wir mussten uns bei Euch endlose Beschaffungsgeschichten anhören", höre ich unsere westdeutschen Freunde und Bekannten sagen. Ja, das stimmt. Für sehr viele von uns war neben der Arbeit das „Beschaffen" das zweitwichtigste Ding im Leben. Für Weiteres blieb kaum Kraft oder Zeit. Ist es uns vorzuwerfen, wenn wir nicht mehr wie in der Steinzeit-Höhle leben wollten? Bis zu meinem 40. Lebensjahr träumte ich nicht nur von einer Wohnung, sondern auch von einer Badewanne.

In meinem kleinen 9-m²-Mini-Paradies in der P-straße in Halle gab es auch ein Waschbecken, unter das ich eines Tages einen Unterbecken-Heißwasserspeicher montieren ließ, der vier Liter fasste. Stellte ich mich unmittelbar vor das Waschbecken in eine Plaste-Babybadewanne, konnte ich mit dem zum Unterbecken-Heißwassspeicher gehörenden Schlauch – ganz eng an den Körper gehalten wegen des Spritzens – sogar duschen. Das Wasser aus der kleinen Wanne schöpfte ich dann ins Waschbecken. Schon das war ein Luxus, den viele meiner Mitmenschen mit kohlebeheizten Wohnungen ohne Badezimmer und einem AWC – auf halber Treppe – nicht kannten.

Ich war zunächst selig, als ich die Wohnung in Leipzig bekam. Es war mir gar nicht klar, was da auf mich zukam. Faktisch nichts funktionierte in der Wohnung, angefangen von den brüchigen Fenstern über marode Elektroleitungen, dem defekten Wasserhahn und Ausguss, der die schmalen Arme-Leute-Dielen in der Küche an dieser Stelle schon völlig durchfeuchtet und schwarz gemacht hatte, bis hin zum Hausschwamm, der vor allem im Winter im eiskalten Schlafzimmerchen gedieh.

Noch wohlgemut ließ ich zunächst die uralte Küchenmaschine abreißen, weil ich an dieser Stelle in der Küche ein Waschbecken und eine Badewanne installieren lassen wollte. Nichts ahnend vom Fehlen von Kupferrohren und Badewannen ging ich zunächst auf die Suche nach einem Klempner und fiel prompt auf die Nase. Als ich endlich einen „schwarzen" gefunden hatte, präsentierte er mir eine Liste von Dingen, die ich beschaffen sollte und die es im Handel natürlich nicht gab.

Ganz urplötzlich musste ich lernen, mich zu demütigen und zu bestechen. Doch ich hatte auch gute Freunde. Das Toilettenbecken besorgte ein Freund in Köthen, und die Kupferrohre kamen aus zwei verschiedenen Fabriken, waren von Freunden dort „abgezweigt". Von anderen Freunden kamen Fliesen und die Mischbatterie. Und das Waschbecken und den Durchlauferhitzer konnte ich mit viel List und Tücke schließlich selbst kaufen. Und das Wichtigste, die Badewanne, kam aus Dessau. Ein Kollege meiner Schwester Gesche war an eine neue Badewanne gekommen und bereit, mir seine alte zu verkaufen und mit dem Pkw-Anhänger auch zu bringen.

Als ich das erste Mal badete, war ich so glücklich, dass es kaum zu beschreiben ist. Ich lag da und plätscherte fast eine Stunde lang am Sonnabendnachmittag und dachte daran, dass ich wohl in meiner Straße die Einzige mit einer Badewanne war und war sehr stolz auf mich, dass ich diese große Aufgabe geschafft hatte.

Denke ich heute an diese Wohnung zurück, denke ich an den endlosen Kampf mit dem alten hässlichen durchgebrannten Kachelofen aus dem Jahre 1932 im Elternschlafzimmer, das ich zum Wohnzimmer umfunktioniert hatte. Und ich denke an den jahrelangen Kampf – immer wieder Eingaben, Eingaben, Eingaben – mit der Genehmigungsstelle für Gasheizkörper beim Rat der Stadt. Einer der glücklichsten Tage in der K-straße war der Tag, als ich den dicken Briefumschlag mit den vielen Genehmigungen fürs Gaswerk, für den Klempner, für die Verkaufsstelle für Außenwandgasheizkörper aus dem Briefkasten nahm. Nachdem ich ca. 20 Klempner angebettelt hatte und nicht mal ein Paket Westkaffee half, baute mir ein „schwarzer" Klempner den Heizkörper im Wohnzimmer ein und mit Hilfe von offenen Türen war es auch im Schlafzimmer überschlagen.

Bis zum Auszug aus der Wohnung – also 10 Jahre lang – habe ich diese Badewanne täglich benutzt. Und ich bin mir sicher, dass sie für das Wohnungsamt ein ausschlaggebender Faktor gewesen ist, dass man mir gestattete, diese Wohnung später gegen die ersehnte Wohnung im zweiten Stock im T-Straße zu tauschen.

Dieser Tausch hatte auch viel Zeit und Kraft gekostet – monatelang jeden Dienstag – Behördensprechtag! – auf dem Wohnungsamt Schlange stehen – aber ich hab's wieder geschafft!

Und natürlich war mir klar, dass nun der ganze Aufwand – Abreißen von alten Öfen usw. und Beschaffen der Öfen, Modernisierung des Elektronetzes, Einbau von neuen, modernen, sprossenlosen Fensterscheiben, Besorgen und Verlegen von PVC-Fußbodenbelag (eine Art Linoleum) und das Auswechseln von Toilettenbecken und Badewanne und Beschaffen eines bisher nicht vorhandenen Waschbeckens, Rausschmeißen des Uralt-Ausgusses (wie ein Euter) in der Küche und ebenso des alten kombinierten Kohle-Gasherdes aus der Küche und des kaputten Kohle- Badeofens aus dem Bad – beginnen würde.

Doch mir war klar: Hatte ich das einmal geschafft, würde ich es auch wieder schaffen. Nach einem halben Jahr war es wirklich geschafft. Und ich war so schlank wie später niemals wieder.

Am Abend der Einweihungsfeier war ich glücklich und stolz wie ein Spanier, aber auch ein wenig schwach. Diesmal hatte ich eine neue Badewanne! Die im Badezimmer der T-Straße-Wohnung war nämlich leider so schmutzig und nicht mehr zu säubern, dass ich mich ekelte. Der dicke braune Streifen unter dem Zufluss aus dem Badeofen war mir erklärlich. Aber woher kam der dicke schwarzgraue Streifen, der die Badewanne in halber Höhe umlief? Also wanderte ich zur „Baustoffversorgung" weit draußen zwischen Kleingärten in Eutritzsch. Und siehe da: Die allvierteljährliche Zuteilung von den 100 in den freien Handel zu liefernden Badewannen stand unmittelbar bevor!

Man riet mir, mich mit dem Auto möglichst schon um Mitternacht in die Schlange der wartenden Autos einzureihen. Das Dumme war nur: Ich hatte kein Auto! Und um eine so große Gefälligkeit wagte ich niemand zu bitten. Also beschloss ich, mich mit einem Klappstühlchen in die Autoschlange zu setzen und den Verkäufer zu bitten und evtl. zu bestechen, damit ich die gekaufte Wanne nicht gleich mitnehmen musste. Es gab schließlich die vorzügliche Einrichtung der Gütertaxis, die man aber tagelang vorher anmelden musste und selbst auch für „Träger" zu sorgen hatte.

Als ich das im Kollegenkreis erzählte, geschah ein Wunder: Eine Kollegin erzählte mir, dass ihr Bruder Klempner beim Neubau von Grünau sei, sie mit ihm wegen einer Wanne reden wolle, ich dann aber einiges für den Bruder und den vorgesetzten Meister springen lassen müsse. Schon am nächsten Tag erhielt ich die beglückende Nachricht, dass das klappen würde. Ich sollte die Badewanne am Montag in einem Mietshaus abholen.

Es war Freitag und ich rannte sofort zur Gütertaxi-Zentrale. Dort das nächste Wunder: 10 Uhr am Montag war eine Taxe frei. Nun musste ich nur noch meinen Chef becircen, dass er mir für diese Zeit freigab – und ich musste vier junge, kräftige Männer als „Träger" finden. Diese letztere Aufgabe hat mich fast an den Rand des Nervenzusammenbruchs gebracht.

Und dann kam die Taxe zu früh, und ich konnte sie im letzten Augenblick japsend am Wegfahren hindern, und dann wusste die Frau des Meisters angeblich von gar nichts, bis sie sagte, die Wanne stünde im großen allgemeinen Hof hinterm Haus – ein Wunder, dass sie nicht gestohlen wurde – und dann weigerte sich der Gütertaxifahrer, in den Hof zu fahren und die vier jungen Männer, die ich ja zum Hochtragen im T-Straße brauchte, auf der Ladefläche zu befördern.

Doch die Wanne stand trotz allen Widrigkeiten bis zur Modernisierung in meinem Badezimmer. So also waren unsere „Beschaffungsgeschichten".

4.10 Polen

Und dann ist mir ja Folgendes passiert. Ich war nun sehr, sehr, sehr mit Polen verbandelt, am Anfang aus politischen Gründen. Als ich das erste Mal in Polen war, das war, als ich noch in Halle war. Da war ich noch Aspirantin und da hatte dieser eine Doktor bei uns, der Doktor Nickel, der stammte aus Łódź, hatte Kontakte geknüpft für unsere Vortragsreihe, die wir am Institut hatten, nach Polen hin. Da gab es damals in Polen einen Professor Kazimierz Michalowski[55], der hatte in Ägypten gegraben, die Bergungsgrabung in Faras. Das ist eine christliche, also eine koptische Kirche gewesen, dort wo heute der Assuan-Stausee ist. Da hat damals die ganze Welt geholfen, diese wichtigen Dinge, die bald überflutet sein würden, auszugraben. Und da hat auch die DDR gegraben. Aber die DDR hat natürlich nur Leute mitgenommen, die in der Partei waren und die ganz dicke da waren, während in Polen sogar die Studenten mit durften. Der Professor Michalowski hat dort eine sehr, sehr tolle Entdeckung gemacht, und zwar gab es in dieser Kirche in Faras Fresken mit bildlicher Darstellung von Gott. Gott-Vater, Gott-Sohn und Heiliger Geist, das war eine Zeit, wo eigentlich in der koptischen Kirche die bildliche Darstellung verboten war. Und es gab dort die bildliche Darstellung, und das war also eine Weltsensation und er reiste damit durch die ganze Welt. Er durfte, die Polen durften das – wir waren voller Neid – und er hat sogar eine Professur an der Sorbonne gehabt. Er war also immer mal ein paar Tage im Monat weg – in Paris – und hielt da Vorlesung. Er kam nun also und hielt einen Vortrag bei uns über diese Ausgrabung in Faras.

Da hat unser Professor, der auch reisen durfte und der auch international berühmt war, Professor Mode, hat ihn gefragt, ob wir nicht Studentenaustausch machen können. Dann haben sie mich mitgeschickt, als Aufpasser für die, die nach mir kamen. Ich war drei Jahre älter als die ungefähr, da hatten

---

55 Kazimierz Józef Marian Michalowski wurde am 11. November 1901 in Tarnopol geboren und starb am 1. Januar 1981 in Warschau. Er studierte Klassische Archäologie in Lemberg, zudem studierte er an den Universitäten Berlin, Paris, Heidelberg, Münster, Rom, Athen und Kairo. Ab 1933 war er Professor für Archäologie des Mittelmeerraumes an der Universität in Warschau, von 1945-1981 stellvertretender Leiter des Warschauer Nationalmuseums. Er leitete mehrere Ausgrabungen in Ägypten u.a. in Faras. Im Rahmen dieser UNESCO-Rettungsaktion wurde eine mittelalterliche Kathedrale (erstmals erbaut im 7. Jahrhundert) mit mehr als 200 Inschriften und 120 gut erhaltenen Wandmalereien gefunden, eine archäologische Sensation. Die Fresken stammen aus dem 8. bis 12. Jahrhundert. Die Funde sind heute im Nationalmuseum in Khartum und im Muzeum Narodowe in Warschau ausgestellt (vgl. euromuse. net 2002: Faras - Kathedrale aus dem Wüstensand - Christliche Fresken aus Nubien. http://www.euromuse.net/de/ausstellungen/exhibition/view-e/faras-kathedrale-aus-dem-wuestens/content/de-1/. [Zugriff: 7.3.2014]; Wikipedia 2013: http://de.wikipedia.org/wiki/Kazimierz_Michalowski. [Zugriff: 7.3.2014]).

sie den Bock zum Gärtner gemacht. Das war dort der halbe Westen, wir kommen da an und ich habe gedacht, ich sehe nicht recht. Frische Blumen mitten im Winter. Die kosteten zwar eine Menge, aber ich sah dann auf der Straße die Leute immer mit einer Rose und damals schon in solchem schönen Glaspapier, wie wir es jetzt kennen. Das gab es doch in der DDR überhaupt nicht. Wir hatten Zeitungspapier oder so, wenn wir mal Blumen hatten und dann so ein Bändchen drum, ich dachte, ich sehe nicht recht. Sie waren alle so schick gekleidet. Dann gab es in den Kinos amerikanische, englische und so weiter Filme, natürlich immer mit polnischen Untertiteln. War ein bisschen schwierig für uns, wir konnten ja alle kein Englisch, wir hatten ja Englisch eigentlich nur autodidaktisch gelernt. Das erste Referat, was ich machen musste, das war, glaube ich, über Tierstile, da hatte ich englische Literatur. So, da saß ich nun, konnte kein Englisch, aber ich konnte Platt und mein lieber Kommilitone, der konnte Englisch. Der stammte ja noch mit seinem Abitur aus der Nazi-Zeit und der hat sich hingesetzt mit mir und hat mir einen ganzen Tag lang vorgelesen, wie das auf Deutsch heißt. Ich habe immer mitgelesen und habe also ein bisschen begriffen, wie das läuft. Dann hat er mir von Edgar Allan Poe „The Gold Bug", gegeben, ein kleines Heftchen ist das nur, dieser kleine Krimi, da hat er gesagt: „So, und am Montag erzählst du mir, was da drin steht" und ich hatte ein englisches Wörterbuch, so habe ich Englisch gelernt.

Dann haben wir Konferenzen gehabt und da hat mich der Professor schon eingesetzt als Betreuer für Inder und so was, die natürlich nur Englisch sprachen und da weiß ich noch, da habe mich einmal furchtbar blamiert. Da sind wir spazieren gegangen in Halle und ich habe so alles gezeigt, wo was ist, welche Kirchen, und dann habe ich natürlich immer so zwischendurch das bisschen Englisch, was ich konnte, habe ich ausprobiert und dann habe ich also verkündet: „The heaven today is grey", da hat er gesagt: „Heaven is paradise". So habe ich Englisch gelernt.

Jedenfalls der Michalowski hat nun also den Vortrag bei uns gehalten, es ist dieser Studentenaustausch besprochen gewesen, und wir sind nach Warschau gekommen und ich wollte nicht wieder zurück. Ich habe das erste Mal abstrakte Kunst gesehen, ich habe diese Filme gesehen. Es gab Cafés, das waren richtig schöne Cafés, die hießen nicht „Völkerfreundschaft" oder „Druschba", also auch Völkerfreundschaft oder Moskau oder sonst was, wie bei uns, sondern die hießen „Unter den Sternen", „Basilisk", „Crocodil", „Ali Baba" und jedes Café war anders. Nun hatten wir natürlich alle kein Geld, aber man konnte überall Tee trinken. Die Polen haben damals keinen Kaffee getrunken, die waren auch alle arme Schweine. Die haben in diesen Cafés den ganzen Nachmittag gehockt, bei einer Tasse Tee und eine Tasse Tee war erschwinglich. Teesorten habe ich dort kennen gelernt, da gab es sogar so ein ganz großes Teerestaurant, das hieß „Gong", das hatte so eine schöne, sehr schöne Reklame, so eine – wie heißt das? – Neonreklame. Die gab es bei uns damals auch kaum, es gab ja noch nicht mal richtige Kreuzungslichter bei uns in diesen Ampelregelungen. Ich fiel auf alles so was rein, mein Gott, ich war ja noch jung. Ich war eben noch nicht so ernsthaft, man fällt auf so was rein und dieses „Gong", da habe ich dann erst mal gelernt, dass es englischen Tee gibt und indischen. Das alles gab es nicht in der DDR. Bei uns gab es schwarzen Tee, der war aus, ich weiß nicht wo, aus Grusinien oder so, und das war es eben, und dort konnte man sagen, was für einen Tee man wollte. Man konnte sagen, ob man den auf englische Art haben wollte, was ich eigentlich durch Vati hätte wissen müssen, weil er eben aus dem Oldenburgischen stammte, eben mit Sahne und so, es war alles dort möglich.

Und dann gab es in einem alten Wohngebiet sogenannte „Ciuchy", Lumpenmarkt oder so kann man das übersetzen ins Deutsche. Dort haben alle die Leute, die im Westen gewesen waren und die durften reisen dort, die brachten getragene Klamotten mit und uns gingen die Augen über. Hier in der DDR waren wir als Frauen Kumpel und dort wurden wir so richtig zum Weibchen. Wir haben angefangen, uns die Fingernägel zu lackieren, wir gewöhnten uns an Handkuss, und ich weiß noch, ich hatte so viel Geld, um mir zwei wunderschöne – es war Winter – wunderschöne lila Mützen zu kaufen und die Mützen standen mir und dann kam ich mir vor wie eine schicke Polin. Das war so anders und es war wirklich ein Hauch von Westen. Dann habe ich mir Bücher gekauft, es gab rororo-Bücher, richtig rororo-Bücher, die ich vorher nur in Westberlin immer heimlich mitgeschmuggelt hatte. Als ich noch Studentin war und immer über Westberlin fuhr, habe ich jedes Mal ein rororo-Büchlein mitgebracht und hatte immer solche Angst, wenn die im Zug durchkamen und uns fixiert haben. Mit ihren Stiefeln kamen sie da durch und wir saßen alle und hatten Angst. „Bahnhof-Schönefeld bei Berlin, Bahnhof-Schönefeld bei Berlin, das Ein,- Aus,- und Umsteigen ist strengstens verboten", große Ansage. Wenn er losfuhr der Zug, fiel ein Stein vom Herzen. So oft habe ich erlebt, dass die anderen die Schuhe ausgezogen haben und Strohschuhe gegeben haben und so, weil sie was aus Westberlin mitbrachten. Und wir hatten es ja alles, eins zu vier oder eins zu fünf oder eins zu sechs bezahlt, je nachdem, wie da der Kurs war, und dann konnten wir das Zeug natürlich nie wieder nach Berlin anziehen, was wir da mitgebracht hatten.

Aber das war jetzt ein Abschweifen, ich bin jetzt wieder in Warschau. Warschau war eine Stadt voller Neonlicht, voller Menschen, voller Busse, voller, voller freudiger Menschen, voller gutangezogener Menschen. Bis ich dahinter stieg, dass sie alle bloß eine gute Klamotte hatten, und die haben sie eben immer angehabt, früh in der Vorlesung, nachmittags im Café, abends im

Studentenclub, wenn wir getanzt haben. Und dann habe ich rausgekriegt, dass die das alles dort auf diesem „Ciuchy" gekauft haben, auf diesem Basar. Und auch das will ich gar nicht, ich will mich gar nicht besser machen als ich bin, ich war Mitte zwanzig, auch das hat mich fasziniert. In der DDR war alles bloß grau, grau in grau. Unsere Pullover waren zum Wegschmeißen, unsere Röcke waren zum Wegschmeißen. Man sah sofort, wenn jemand was aus dem Westen hatte, und wenn ich was aus Polen hatte, war das genauso. Ja, und das war in Polen, ich kam ja nach Polen, da war die Grenze zum Westen schon zu. Es war für mich wie ein Traumland und vor allem, es war überhaupt nicht politisch. Nirgendwo hingen solche großen – „Der Sozialismus wird siechen"[56] haben wir immer gesagt – diese großen Transparente, nichts, nichts und keines. Ich weiß gar nicht, ob die überhaupt Histmat und Dialmat, also historischen und dialektischen Materialismus und Polök, Politökonomie, ob die überhaupt das gehabt haben an der Uni. Wir mussten es ja haben, das war das Grundstudium. Ich bezweifle, dass die das hatten. Von den Studenten, die ich dort kennengelernt habe, war keiner in der Partei. Die Eltern hatten kleine Wohnungen, sehr kleine Wohnungen, aber die waren alle viel moderner als unsere. Warschau war ja total zerstört. Als Warschau wieder aufgebaut wurde, haben die von Anfang an es ganz modern gebaut. Also alle mit Fernheizung, alle mit Müllschlucker auf der Etage und mit dem, was wir heute – ich weiß nicht, heißt das auf Deutsch auch „Domofon"?, ich sag immer „Domofon" dazu, ich glaube das ist ein polnischer Ausdruck. In Polen heißt das „Domofon" und ich sag immer „Domofon", weil ich finde, das ist so wie in Latein „Domus" – Gegensprechanlage, ja genau, das ist so lang und so was hatten die damals schon. In den großen Wohnanlagen, das sind natürlich auch alles solche hässlichen Bauten, wie bei uns die Stalinallee, aber es war alles, alles mit Fernheizung und alles mit Warmwasser aus der Wand. Also Polen war dann wirklich mein Traumland. Weil dort vieles von dem verwirklicht war, was ich mir eigentlich für ein Land, für eine große Stadt gewünscht hätte bei uns. Dieser erste Aufenthalt war so etwas wie eine Initialzündung, das war im Dezember '62, und wir sind dann auch in Zakopane gewesen. Das war ja nun noch schönes, richtiges Hochgebirge, was ich nur aus der Kindheit kannte. In der Kindheit war ich zweimal einen ganzen Sommer in Ramsau oberhalb von Berchtesgaden gewesen, und als ich das jetzt vor ein paar Jahren wieder sah, wusste ich alles noch. Ich wusste die Namen der Wiesen, ich wusste die Namen der Bauern, der Steige, alles wusste ich noch. Das hatte sich so tief in mir eingegraben, bloß es war nicht mehr das Land, wie es damals gewesen war. Weil das jetzt alles so schickimickihaft geworden ist. Damals war es ursprüngliche Natur. Aber zurück zu

---

56 Der Spruch „Der Sozialismus wird siegen" wurde häufig verballhornt in „Der Sozialismus wird siechen".

Zakopane. Zakopane war eben einfach traumhaft, dieser Schnee, diese richtigen Berge, wir hatten ja bloß Thüringen und Harz. Ich mein, nichts gegen Thüringen und Harz, den Harz lieb ich sogar sehr, weil ich da als Kind ja ein Jahr evakuiert gewesen bin. Aber richtige Berge, die schroff und steil jenseits der Baumgrenze sind, das ist eben doch etwas anderes. Wenn dann noch Leute dort leben in Polen, die Goralen[57], die sich entsprechend anziehen, die diese umgedrehten Schafspelze tragen, die davon Hausschuhe nähen, die eigene Käsereien haben, man kann da richtig schönen Käse aus solchen Modeln kaufen und sie schnitzen und sie haben diese wunderbaren großen Hunde, mit den langen Zottelhaaren. Für mich war es traumhaft. Und dann Krakau. Krakau, wo ich das erste Mal im Leben richtige, echte italienische Architektur gesehen habe, mein Gott, war das ein Erlebnis. Dieser Wawel, diese Arkadenhöfe, Innenhöfe in den Palais in der Innenstadt und überall dort gab es diese Studentenkeller, wo dann überhaupt kein Blatt vor dem Mund genommen wurde, was Politik anbelangte. Ich habe sehr, sehr schnell – weil ich so fasziniert war – auch ein bisschen Polnisch gelernt. Ansonsten habe ich versucht, mich Englisch zu verständigen, was auch mehr schlecht als recht ging, aber es reichte, es reichte fürs nötigste. Dann habe ich sofort angefangen mit Polnisch. Dann hatte ich auch einen kleinen Freund, das hilft natürlich dabei, und dann habe ich, weiß ich noch auf der Straße deklinieren und konjugieren gelernt, „amo", „amas", „amat", auf Polnisch. Das war schön. Warschau war aber für mich die absolute Spitze, weil es eine echte Hauptstadt war. Das ist ja der große Kampf oder der geheime Kampf in Polen nach wie vor, was ist nun eigentlich wirklich die Hauptstadt? Ist das Krakau? Oder ist das Warschau? Aus Krakauer Sicht sitzen in Warschau nur die Neureichen. Und die wirkliche alte Intelligenz und das ist eine wirkliche Intelligenz in Polen gewesen, im Vergleich zu DDR-Bürgern, das waren die Krakauer. Aber ich habe natürlich auch in Warschau Folgendes erlebt, das hat mich ungeheuer beeindruckt: Bei uns konnte ja kein Mensch irgendwelche Sprachen. Ich glaube, man hat uns mit Absicht diese Sprachen so umständlich gelehrt in der Schule, dass man sie einfach nicht lernen konnte, dass man sie einfach nicht anwenden konnte. Ich habe also Russisch gelernt, so dass ich ein Diktat darüber schreiben musste. „Ich kam in das Zimmer, als er das Buch gerade las, ich kam in das Zimmer, als er das Buch gerade angefangen hatte zu lesen. Ich kam in das Zimmer, als er das Buch bereits eine Weile las. Ich kam in das Zimmer, als er das Buch bereits beendet hatte. Ich kam in das

---

57 Die Goralen sind eine westslawische Ethnie, die in der Tatra an der polnisch-slowakischen Grenze in der Nähe von Zakopane leben. Sie sind bekannt wegen ihres reichhaltigem Brauchtums, der in ihren Dörfern vorzufindenden vielgiebligen Holzhäuser, die mit reichem Balkenschnitzwerk versehen sind oder wegen der typischen Trachten (vgl. Meyers Großes Konversations-Lexikon 2000-2014: Goralen. http://de.academic.ru/dic.nsf/meyers/52304/Goralen) [Zugriff: 7.3.2014].

Zimmer, als er das Buch schon länger beendet hatte". Das sind verschiedene Formen des Verbs. Das ist sehr umständlich, aber es wird im täglichen Leben nur in zwei Formen oder in höchstens drei Formen benutzt, auch im Russischen. Aber uns haben sie sämtliche Formen beigebracht und darum haben wir nur immer Angst gehabt, Fehler zu machen. Wir konnten nicht einen einzigen Satz in Russisch sagen, als wir Abitur gemacht hatten, und wir haben Abitur in Russisch gemacht. In Polen habe ich es nun ganz anders herum gelernt, in Polen habe ich es vom Hören gelernt. Die haben den Genitiv der Verneinung: „Ich habe keine Zeit" „Nie mam czasu", „Nie" „nicht", „mam" „habe" „czasu" „Zeit". Das habe ich gehört, dass die Leute gesagt haben „Nie mam czasu" und erst hinterher habe ich gehört, aha, das ist Genitiv der Verneinung. Ich glaube, das ist viel besser, eine Sprache so rum zu lernen, als erst zu lernen, es gibt den Genitiv der Verneinung und dass man das dann abgefragt gekriegt in der Schule und so weiter. Es ist das allerbeste, eine Sprache zu lernen aus dem Bauch heraus. Das ist meine Erfahrung. Die Sprache, die ich wirklich am besten kann und wo ich manchmal ganz stolz bin, wenn Leute zu mir sagen, „Was, wo kommen sie her? Aus Deutschland, das hätten wir nicht gedacht". Dann bin ich stolz, aber das haut natürlich nur solange hin, wie ich diese automatisierten Sachen wiederhole, die ich schon immer drauf habe. Sobald ich dann anfange, ganz ernsthafte Gespräche auch über Politik oder über Literatur usw. zu führen, dann stocke ich plötzlich in einem Satz und suche nach dem Ausdruck oder ich frage sogar „Was kommt hier für ein Fall?" Weil ich dann nicht weiß, weil die Verben im Polnischen teilweise andere Fälle nach sich ziehen als im Deutschen. Also zum Beispiel „Ich wünsche etwas" braucht immer den Genitiv, „Życzyć czego" etwa, „Życzyć" heißt wünschen, „czego" etwas, „czego" ist der Genitiv von was, wessen. Das sind die Dinge, die die Fallstricke sind im Polnischen. Bei der Aussprache habe ich aber gar nicht so ein großes Problem, ich kann ohne weiteres Zungen-R sprechen und diese ganzen Zisch-Laute kriege ich auch hin. Da wohnten meine Eltern in Rostock noch in der wunderschönen Wohnung. Da habe ich im Sommer auf der großen Dachterrasse – wo aber oben noch so schräg drüber jemand wohnte, die werden sich gewundert haben – ich habe den ganzen Nachmittag polnische Wörter geübt, um diese Zisch-Laute richtig hinzukriegen oder diesen berühmten Zungenbrecher[58] und das hat mir nachher Spaß gemacht. Und natürlich das Lob, was man kriegt, das hilft auch unheimlich. Wenn einen Leute bewundernd anstarren, und sagen „Was? Sie sprechen Polnisch? So was haben wir überhaupt noch nicht erlebt, dass ein Deutscher Polnisch spricht". Das gibt einem so einen Auftrieb, da

---

58 „W Szczebrzeszynie chrząszcz brzmi w trzcinie, i Szczebrzeszyn z tego słynie, że chrząszcz brzmi tam w Szczebrzeszynie".(In Szczebrzeszyn quakt der Käfer im Schilf, und Szczebrzeszyn rühmt sich dessen, dass der Käfer im Szczebrzeszyner Schilf quakt).

lernt man dann noch gleich was dazu. So habe ich also schon bei diesem allerersten Aufenthalt in Warschau angefangen, Polnisch zu lernen, und dann war ich natürlich von allen Sachen begeistert dort.

Von allem, es gab überhaupt nichts, was mir keine Freude gemacht hat und was ich nicht im Gegensatz zu uns gesehen habe, zu der langweiligen, grauen DDR. Und dann habe ich, das war aber viel später, dann auch gehört, wie die Polen uns einschätzen: Wir waren die langweiligen Sauberchen. Ja, und das sind wir. Und dann also wieder zurück und wieder ins Grau, und hier war der Winter wieder so schön grau. Ich bin dann immer in die Milchbar gegangen und habe mir ein Eis gegönnt, bloß weil sie dort rote Sesselchen hatten, es gab so wenig Farbe, es war alles grau. Auch die Kleidung, wenn Freundinnen von mir, die weggegangen waren aus der DDR, wenn die zu Besuch hierher kamen, dann hatten die oft solche schönen Kostümchen an, die waren richtig dunkelblau, marineblau. Marineblau gab es überhaupt nicht in der DDR, das war alles wie mit Grau vermischt. Also es gab keine reinen Farben, nirgendwo. Die Häuser waren ja alle grau, ich habe nie gewusst, was für eine schöne Bauplastik die Häuser in der Nikolaistraße haben. Wenn ich jetzt durch die Nikolaistraße gehe, muss ich immer aufpassen, dass ich nicht mit Leuten zusammenstoße, weil ich verzückt immer nach oben gucke. Früher hat das überhaupt nichts gebracht, nach oben zu gucken, es war alles grau in grau. Und jetzt ist es herausgehoben. Farbe ist so etwas Schönes. Farbe macht das Leben leichter und schöner. Wenn man den ganzen Winter bloß bei Schnee sitzt, der ewig nicht weggeht und der schon überhaupt nicht mehr weiß ist, sondern schon grau-schwarz, weil wir ja auch diesen Smog immer hatten.

Und es stank ja immer nach Braunkohle, und in Warschau stank es überhaupt nicht nach Braunkohle, weil die ja alle ihre Fernheizungen hatten. Sogar die Straßenbahnen waren bunter und schöner, und die Männer waren alle so höflich, hier waren wir alle bloß immer Kumpelinnen. Wir hatten unser Weib-Sein im wahrsten Sinne verloren, wir waren Kumpel. Das war so schlimm. Ich bin in einem Auto mitgefahren, bei einer Freundin, deren Mann war ein richtiger DDR-Bürger, der hat gesagt: „Nächste Ecke steigst du aus, du hast dich parfümiert, ich kann kein Parfüm vertragen". Dessen Frau hätte auch nie irgendwie ein Schmuckstück tragen dürfen oder sich schminken dürfen oder die Fingernägel lackieren oder irgend so etwas. Nein, er war nur für Natur. Aber eben eine grobe Natur war das dann. Ich habe ja auch schöne Naturfrauen kennengelernt, die richtig schön waren als Naturmädchen, aber sich gut anziehen und ein klein bisschen aufhübschen, wie haben die Polen mir immer gesagt „Zu einem schönen Bild gehört ein schöner Rahmen". Und das stimmt, und das habe ich in Polen so stark empfunden.

Und dann nun die ganze politische Sache. Ich habe zum Beispiel in Polen nicht den 13. August 1961, sondern den 21. August '68[59] erlebt. Ich war bei einer Freundin. Ich hatte dann sehr bald eine ganze Menge Freunde dort, es dauert eigentlich fast alles bis heute, bis auf diejenigen, die leider schon gestorben sind. Die, bei der ich damals wohnte, war Barbara. Die ist leider schon gestorben. Die war auch viel älter als ich, eine wunderschöne Frau, eine wunder-, wunderschöne Frau, naturblond, hohe Augenbrauenbögen, ganz ebenmäßiges Gesicht. Ich habe sie kennengelernt an der Ostsee, wo ich einen Ferienplatz gewonnen hatte und wo ich so alleine war. Im polnischen Radio habe ich mitgemacht und da hatte ich so einen Platz gewonnen. Da war kein Deutscher und niemand und damals sprach ich noch sehr schlecht Polnisch. Da sprach sie mich an und sagte: „Do you speak English?" Und da ging die Sonne auf, und dann war ich die ganze Zeit mit ihr und ihren Kindern zusammen. Das war also vor '68 und '68 war ich dann bei ihr zu Besuch in ihrem Häuschen und sie hat mir eben viel von sich erzählt. Sie hat beim Warschauer Aufstand mitgemacht und ist damals von einem deutschen Soldaten mit einem Dum-Dum-Geschoss, was eigentlich verboten war, verletzt worden und war dann im KZ in Neuengamme und ist dann von den polnischen Truppenteilen der englischen Armee befreit worden. Sie war zwei Jahre in England und ist dann nach Polen zurückgegangen, und sie war politisch genau meiner Meinung. Ich war also bei Barbara., die ging früh zur Arbeit und ich lag noch im Bett und wollte später in die Stadt fahren, sie wohnte außerhalb, in Międzylesie, was zu Deutsch Mittenwald heißt. Plötzlich kommt sie nach Hause gerannt und sagt: „Renate, Renate, wir müssen sofort Essen einkaufen, es gibt Krieg". Ich: „Sag, was ist los?" „Ja, die Russen sind einmarschiert bei den Tschechen und das können doch die Tschechen nicht auf sich sitzen lassen. Wir Polen würden sofort Krieg machen". Und das stimmt. Die hätten Krieg gemacht.

Und dann haben wir gleich erst was gekauft, es war schon fast alles ausverkauft, Brot und so, weil alle das Gleiche dachten. Die Alten waren ja notgebrannte Kinder durch den Krieg vorher, durch den Zweiten Weltkrieg. Sie ging dann wieder in ihren Betrieb und ich bin in die Stadt. Und in der Stadt

---

59 In der Tschechoslowakei gab es Ende der 1960er Jahre Demokratisierungs- und Liberalisierungsbestrebungen unter der Führung von Alexander Dubček, die unter dem Namen „Prager Frühling" in die Geschichte eingingen. Dubček wollte einen ‚Sozialismus mit menschlichem Antlitz' schaffen. Diese Reformbestrebungen wurden gewaltsam durch die am 21. August 1968 einmarschierenden Truppen des Warschauer Paktes (Sowjetunion, Polen, Ungarn, Bulgarien) beendet. Die DDR Führung unterstützte die Invasion, auch wenn keine NVA-Truppen in die Tschechoslowakei einmarschierten. Die NVA stand aber kampfbereit an der Grenze zur Tschechoslowakei und sicherte das Hinterland und den Nachschub. Mit der gewaltsamen Beendigung des ‚Prager Frühlings' erlosch auch in der DDR, vor allem bei den jungen Menschen, die Hoffnung auf einen modernen Sozialismus (vgl. Kleßmann 1988, Mählert 2004, Winkler 2000).

war es so, dass an allen Straßenecken, überall, Leute standen mit Transistorradios und es bildete sich immer eine große Traube Menschen drum herum und hörten die neusten Nachrichten. Dann haben sie fürchterliche Geschichten erzählt, von den Russen, ach du liebe Zeit. Und nachmittags habe ich mich mit meinem polnischen Freund getroffen und dann waren wir im Café Crocodil. Es war also eine ungeheure Stimmung und alle waren zornig, alle waren wütend.

Zwei Tage später bin ich in die DDR zurückgefahren und kam hier mit meinem Zorn und meiner Wut an. Mein Chef: „Um Gottes Willen" – ja, ich war noch in Wolfen – mein Chef, der dortige Chef „Um Gottes Willen, das dürfen Sie nicht sagen, wir haben eine – Sie waren ja nicht dabei – aber wir haben eine schriftliche Erklärung abgeliefert, dass wir den Einmarsch der sowjetischen Truppen in die CSSR begrüßen". So ein Unterschied zwischen Polen und der DDR, und da habe ich wieder gemerkt, wo ich bin. Ich hatte blitzende Augen und ich war nur noch so, weil in Polen alle so waren. Und hier „Um Gottes Willen, du spinnst wohl, wie kannst du denn so was sagen? Pst. Pst. Pst", umgucken.

Das war es, eigentlich das war es, was für mich das faszinierendste war in diesem Land, was ich grundsätzlich schön fand. Ich habe natürlich auch die schlechten Seiten gesehen, ich habe gesehen, wie schwierig das dort war, auf dem Land zu leben. Dass also der Unterschied zwischen Stadt und Land ungeheuer war, und ich glaube auch bis heute ist die Sache nicht so sehr besser geworden. Aber trotzdem.

Und dann diese polnische Mentalität dieses, „Gość w domu, Bóg w domu", „Gast im Haus, Gott im Haus". Dieses sofort offen sein, fast einen ans Herz drücken und es wirklich so meinen. Wenn man jemand eingeladen hat und man hat kein Geld, dann geht man zum Nachbarn und borgt sich was und zahlt es im nächsten Monat zurück. Der Gast ist immer das Beste. Ich habe jetzt so oft, wenn ich mit meinen polnischen Freunden telefoniere und die sagen „Ach, und äh, wenn dann das und das ist, dann kommen wir dich besuchen" und dann kommt sofort neckend hinterher „Lässt du uns denn rein?" In Polen wird behauptet – und ich habe festgestellt, hier im Haus, dass es wirklich so ist – dass, wenn man klingelt, man grundsätzlich vor der Türe stehen bleibt, es sei denn man ist angemeldet. Und wenn man eine halbe Stunde vor der Türe steht, es wird nie gesagt: „Kommen sie bitte rein oder komm bitte rein und setz dich hin und kann ich dir vielleicht ein Wasser anbieten oder so". Nichts. In Polen bin ich bei fremden Leuten, bei total fremden Leuten „proszę przyjść" – „Bitte rein", „Podać coś do picia?" „Wollen sie etwas zu trinken haben oder so?" sofort „Gast im Haus, ist Gott im Haus" und ich glaube, das ist in fast sämtlichen slawischen Ländern so.

Denn ich habe ja nun auch in Jugoslawien einiges erlebt, und da war das auch so. Und meine russische Freundin ist auch so und sie hat das auch gesagt, sie findet das komisch, dass man hier immer an der Tür abgefertigt wird und das hier bei mir im Haus ausgesprochen üblich ist. Grundsätzlich. Ich mach es dann aber auch so. Ja, und das alles in Polen hat mir gefallen.

Was ich vorhin noch erzählen wollte, die Bildung. Wir waren bei einem Elternpaar eingeladen, die waren wahrscheinlich adliger Abkunft. In Polen sind ja sehr viel mehr Adlige als bei uns in der DDR gewesen. Ich nehme an, im Westen würde ich des Öfteren auf Adlige treffen, aber hier gibt es kaum noch welche. Und dort in Warschau, das wurde mir vorher gesagt, die heißen ja nun nicht „von" da merkt man es nicht, aber die Polen selbst wissen von den Namen, von den Nachnamen, wer zur Schlachta, das ist niedriger Adel oder zu den Magnaten[60] gehört. Wir waren also zu so einem Elternpaar eingeladen, die hatten eine große Zwei-Zimmerwohnung, aber zwei erwachsene Kinder und zwar unterschiedlichen Geschlechts. Aber trotzdem nur eine Zwei-Zimmerwohnung, aber beide Zimmer sehr groß. Und der Flur draußen war sehr groß und wir waren zum Abend eingeladen zu ihnen. Da standen also fast sämtliche Möbelstücke draußen auf dem Flur. Auf dem großen Flügel in dem einen Zimmer war ein kaltes Buffet angerichtet. Ich kannte ja auch niemand in der DDR mit Flügel, also außer meiner musikalischen Verwandtschaft, die einen Flügel hatte, und das war einfach ganz normales gehobenes Bürgertum in Polen. Und die Dame des Hauses kam dann gleich auf mich zu, weil ich ja nun der Anführer war von der Gruppe und sagte zu mir im guten Deutsch, ob ich entschuldigen könnte, sie könnte besser Französisch, ob wir vielleicht bitte Französisch sprechen könnten. Naja, da musste ich nun errötend sagen: „Nie" und „geht nicht". Und dann sagte sie: „Mhm, wie ist es mit Englisch?" Dann habe ich gesagt: „Inzwischen kann ich aber besser Polnisch als Englisch". „Ja, gut, also Englisch auch nicht", dann hat sie noch Italienisch vorgeschlagen, war auch nicht möglich und ich bin in mich gegangen, habe gedacht: „Wo hier in der DDR, bei welchem Professor hier von der Uni, hätte ich ein solches Erlebnis haben können?" Wir waren alle in der DDR solche Sprachmuffel. Ich hatte ja vorhin schon gesagt, wie schlecht bei uns der Sprachunterricht war, dass uns eigentlich das Sprachelernen verging, mit dieser ewigen Grammatik, die wir da vorgesetzt kriegten. Diesem überhaupt nicht zu lernen sich, auszudrücken, und das ist doch völlig egal, wenn ich mal einen falschen Fall benutze, Hauptsache ich kann mich

---

60 Der polnische Adel insgesamt wird als „szlachta" bezeichnet. ‚Magnaten' ist die Bezeichnung für den polnischen Hochadel. Zur Hochblüte des Adels gehörten 15% der polnischen Bevölkerung dazu. Adelsprädikate gab es nicht, häufig wurden aber Kennzeichnungen dem Namen vorangesetzt, die auf eine Zugehörigkeit zum Adel schließen ließen (vgl. www.familienkunde. at: Der polnische Adel – szlachta. http://www.familienkunde.at/ Adel_polnisch.htm). [Zugriff: 28.3.2014].

verständlich machen, ich kann mit den anderen sprechen. Aber da kriegte ich in der DDR gleich eine Fünf, hätte ich gekriegt, habe es nicht, aber hätte ich, aber die anderen haben es. Das polnische Erlebnis hat mich ungeheuer beeindruckt.

Und dann wusste sie noch den neuesten Klatsch aus Halle. In Halle hat es einen sehr begabten Professor gegeben, einen Theologen, der hieß Aland[61] und der war von einer Assistentin bloßgestellt worden. Die hatte ihn politisch denunziert und daraufhin hat er seine Professur verloren, sollte ins Gefängnis und ist gerade noch so weggekommen. Das muss vor '61 gewesen sein, dass er noch wegkam, also ich habe die Sache nur noch vom Hörensagen gehört. Ich kannte es nicht mehr. Sie wusste es sofort, die Dame hat mich also gefragt danach. Und hat gesagt, sie hätte ihn so oft getroffen bei Kongressen. Da sagte sie denn „in Edinburgh" und ich konnte bloß mit den Ohren schlackern. Edinburgh war für mich so ein Wort wie der Mond. Und für die war das so normal, für die Polen, dass sie reisen durften, seit '56. Auf die Art und Weise sind auch die ganzen Filme, die ganzen Bücher, die Kunst, die Ideen nach Polen gekommen. Und Bekannte von mir in der DDR haben mal gesagt: „Wenn wir nicht nach dem Westen fahren durften, haben wir unser Fensterchen nach dem Osten aufgemacht, dann haben wir nach Polen geguckt".

Genauso war es eben auch mit der Architektur. Als ich das erste Mal in Krakau war, war ich hingerissen, es war wie ein Stück Italien, natürlich in Grau in Grau, denn neben Krakau war ja Nowa Huta[62], also die Neue Hütte gegründet worden. Diese Fabrikstadt, die Krakau mit saurem Regen überschüttete und die ganzen fürchterlichen Abgase von Nowa Huta nach Krakau rüber ließ. Und trotzdem, in Krakau hat immer das Bildungsbürgertum triumphiert. Ich weiß nicht, wie es heute ist, denn jetzt sind ja viele von denen gestorben, aber die ganze sozialistische Zeit über konnte man in Krakau unheimlich viele ältere Leute sehen, meistens ganz dünn, so wie Vögelchen

---

61 Kurt Aland wurde am 28.März 1915 in Berlin geboren und starb am 13. April 1994 in Münster. Er studierte ab 1933 Evangelische Theologie, Philologie, Archäologie und Geschichte in Berlin. Er positionierte sich schon während seines Studiums auf der Seite der Bekennenden Kirche. 1939 promovierte er und 1941 habilitierte er sich. Ab 1942 hatte er eine Lehrstuhlvertretung an der Universität Berlin. 1944 wurde Kurt Aland ordiniert und 1946 erhielt er eine außerordentliche Professur für Kirchengeschichte. 1947 wechselte er als ordentlicher Professor an die Universität Halle. Seine kritische Haltung dem DDR-Regime gegenüber führte zur Verfolgung durch die SED. 1953 wurde er für einige Monate in Untersuchungshaft genommen. Im Juli 1958 wurde er durch die Universität fristlos entlassen. Er floh im September 1958 nach Westberlin. 1959 erhielt er eine Professur an der Universität Münster und baute das Institut für Neutestamentliche Textforschung auf. 1983 wurde er emeritiert. (vgl. Catalogus Professorum Halensis 2008: Kurt Aland. http://www.catalogus-professorum-halensis.de/alandkurt.html). [Zugriff: 9.3.015].

62 Nowa Huta ist ein Vorortstadtteil Krakaus, der 1949 als Standort eines Eisenhüttenkombinats gegründet wurde.

aussehend und in abgeschabten, aber ehemals wunderbaren Sachen. Die Damen im Sommer alle noch mit Handschuhen, diese durchbrochenen Dinger, die waren dann schon fünfzig, sechzig Jahre alt, aber sie wurden getragen. Und die Herren immer Handkuss und die Damen zurechtgemacht, so ein bisschen wie die Pariserin vielleicht; und wenn sie siebzig, achtzig, neunzig waren. Auch das, über was sie sprachen und wo sie hingingen, diese Konzerte, die es gab und diese überfüllten Kirchen, das war unwahrscheinlich. Und die Jugend wiederum, die Jugend hatte die modernste Musik aus Amerika und saß in ihren Kellern und machte dort Musik und machte da Kabarett und griff den Staat an und es passierte nichts. Ja, und können Sie sich vorstellen, wie das auf jemand aus der DDR wirkt? Auf jemand, dem es in der DDR nicht gefällt, muss ich gleich dazusagen. Es gab natürlich welche, denen das dort nicht gefiel, die das bei uns viel schöner fanden. Ja, die das sagten, ja also die mussten nicht in den Kartoffeleinsatz. Wir mussten ja immer in Kartoffel- und Rübeneinsatz als Studenten. Das mussten die alle nicht, und dann lernt man ja die Arbeiterklasse gar nicht richtig kennen und na und so weiter.

4.11 Polenreiseverbot

Ich habe Polenreiseverbot bekommen – und zwar als das mit der Solidarność[63] in Polen losging. Da habe ich eine Dienstreise nach Polen gehabt, weil ich für den polnischen befreundeten Nachbarverlag, diesen Arkady-Verlag – das war der berühmte polnische Kunstverlag – ein Buch übersetzt habe. Nicht nur eins, mehrere, und damals war es, glaube ich, der „Barock in Polen" von Karpowicz und deshalb musste ich dorthin, um dort Korrektur zu lesen[64]. Ich musste natürlich dafür meinen Urlaub nehmen und ich musste es auch selber bezahlen, aber ich durfte fahren. Als ich dort war, habe ich Kontakt gekriegt, ich weiß gar nicht mehr wieso, warum, weshalb, mit dem Herstellungsleiter im Arkady-Verlag. Und der Leiter Herstellung war ein sehr, sehr engagierter Solidarność-Mann und wir haben darüber gesprochen. Au-

---

63 Im Sommer 1980 kam es in Polen aufgrund von Preiserhöhungen zu einer politischen Streikbewegung. Das Streikkomitee der Danziger Lenin-Werft unter der Führung von Lech *Wałęsa* spielte dort eine bedeutende Rolle. Es wurde die Forderung nach unabhängigen Gewerkschaften, Streikrecht und Presse- und Meinungsfreiheit erhoben. Am 31. August machte die Regierung entscheidende Zugeständnisse, woraufhin am 17. September in Danzig die ‚Unabhängige Gewerkschaft *Solidarność*' gegründet wurde. *Den Vorsitz übernahm Lech Wałęsa (vgl. Winkler 2000).*

64 Karpowicz, Mariusz: Barock in Polen. (Aus dem Poln. übertr. den einf. Text und das Abb.-Verz. Wolfgang Jöhling ; die Bildkommentare Renate Böning). Warschau 1991, Arkady Verlag.

ßerdem hatte ich, als ich dort im Zug hinfuhr, ein Gespräch gehabt mit einem alten Herrn, den ich für nicht gefährlich hielt, und dem habe ich gesagt, dass ich in Polen alles so viel schöner finde als in der DDR. Das war aber leider ein alter Bekannter von unserem Verlagsleiter. Und dann ist, unmittelbar, nachdem ich zurück war, der Herstellungsleiter von Arkady zu uns gekommen und wollte mich unbedingt sprechen. Das ist verhindert worden weil ich mit Solidarność was zu tun hatte. Außerdem war ja bekannt, was ich in dem Zug von mir gegeben hatte. Da bin ich rüber in den Verlag gebeten worden, gebeten nicht, rüber befohlen worden in den Verlag. Mein Chef ist zu mir ins Zimmer gekommen, hat mich an die Hand genommen, hat mich ins Treppenhaus mitgezerrt und hat so gemacht, also beide Hände von sich gestreckt, und hat gesagt: „Diesmal kann ich dir nicht helfen, da musste alleine durch". Ich wusste überhaupt noch nicht, um was es ging. Dann kam ich rüber und es kam die Kaderleiterin dazu, die hat protokoliert. Mir wurde also eine feindliche Haltung gegenüber der DDR und eine Pro-Solidarność-Haltung vorgeworfen. Ich habe nicht viel dazu gesagt. Ich habe es weder zugegeben noch abgestritten, ich habe eigentlich nur geschwiegen und ich bin immerzu zusammengedonnert worden. Und dann hieß es, ich sei politisch nicht reif, ins Ausland zu fahren, und jetzt wäre das meine allerletzte Auslandsreise gewesen und ich würde also nicht mehr ins sozialistische Ausland fahren dürfen. Bums, fertig aus. Und keiner wollte es mir glauben, denn von meinem großen, großen Bekanntenkreis fuhren sie weiterhin nach Polen. Da konnte ja auch keiner Polnisch, da hatte keiner Solidarność-Freunde, da hatte überhaupt keiner eine innere Beziehung zu Polen, die konnten sie fahren lassen, denn die konnten zurückkommen und konnten erzählen: „Es gibt keine Wurst, überhaupt keine Wurst und sogar Zahnpasta gibt's nicht". Ja, und das war das wichtigste!

Dann hat sich die Sache Gott sei Dank etwas gebessert, weil nämlich der Verlagsleiter aus Krankheitsgründen seinen Posten aufgab und wir kriegten einen neuen Verlagsleiter. Der war sanfter und der hat mich dann wieder fahren lassen, als ich angefordert wurde. Aber ich bin sogar via polnisches Kulturministerium angefordert worden, als der alte Verlagsleiter noch da war, also das polnische Kulturministerium hatte sich gewandt an das DDR Kulturministerium, dass sie mich unbedingt brauchten, das war, glaube ich, bei der nächsten Übersetzung oder so. Das hat man mir nicht mal gesagt! Ich habe das erst nach der Wende erfahren. So war die Situation, ich war ein Feind dadurch, dass ich polnisch sprach. Ich konnte inzwischen so gut polnisch, dass ich mich mit jedem unterhalten konnte und mit jedem polnisch sprechen konnte und alles sagen konnte. Das hatte sich so ergeben, eben auch durch die vielen Übersetzungen, die ich gemacht habe. Das hilft sehr viel, ich habe ja insgesamt über dreißig Bücher übersetzt. Und jetzt in der neuen Zeit nach der Wende bin ich dafür geehrt worden, ich habe jetzt vom polnischen Kulturministerium einen Orden bekommen: „verdient um die Kultur Polens". Den habe ich hier im polnischen Generalkonsulat in Leipzig überreicht bekommen, und das war zu der Zeit, als das polnische Generalkonsulat noch existierte. Inzwischen ist es leider liquidiert, aus Kostengründen[65]. Stattdessen ist ein Generalkonsulat in Island eingerichtet worden, wobei unser Generalkonsulat hier in Leipzig ganz große Meriten hatte. Es war das erste Generalkonsulat, das in Deutschland eingerichtet wurde, nachdem Polen wieder auf der Landkarte erschienen war, also nach 1919. Das war das Generalkonsulat, das polnische Generalkonsulat, was in jener Nacht, als die Polenaktion war[66], als die Juden aus Deutschland rausgeschmissen wurden und nach Warschau ins Ghetto gesteckt wurden oder auch in andere Städte nach Polen gesteckt wurden, die Juden, die ursprünglich mal aus Polen gekommen waren oder wo sogar die Eltern oder Großeltern mal aus Polen gekommen waren, die wurden ja alle abtransportiert, das war '36 oder '38, ich weiß es nicht mehr genau, da hat in jener Nacht, hat das polnische Generalkonsulat zwei-

65 Im April 2008 war in der Öffentlichkeit lanciert worden, dass das polnische Generalkonsulat und das Polnische Institut in Leipzig geschlossen werden sollten (vgl. Deutsch-Polnische Gesellschaft Bundesverband e.V. 2008: Aufruf zur Erhaltung des Polnischen Instituts in Leipzig http://www.dpg-bundesverband.de/informationen/1373629.html) [Zugriff: 7.3.2014]). Nach Protesten engagierter Bürger und der beiden Ministerpräsidenten aus Sachsen und Thüringen sowie des Leipziger Oberbürgermeisters konnte eine Schließung des Polnischen Institutes verhindert werden. Allerdings wurde es in kleinerem Rahmen als eine Außenstelle von Berlin weitergeführt. Das Generalkonsulat wurde geschlossen. (vgl. LeipzigSeiten.de 2008: Polnisches Institut bleibt Leipzig erhalten. http://leipzig-seiten.de/index.php/24-kultur-unterhaltung/kultur/3688-polnisches-institut-bleibt-leipzig-erhalten). [Zugriff: 7.3.2014].
Am 20. 3.2014 berichtete die Leipziger Volkszeitung, dass das Polnische Institut in Leipzig endgültig im Juli 2014 geschlossen werden soll. Es gab wieder zahlreiche Proteste gegen die Schließung, auch Prominente wie z.B. Friedrich Magirius, Ex-Stadtpräsident von Leipzig und Superintendent i.R., setzen sich für den Erhalt ein (vgl. Leipziger Volkszeitung vom 4. 4.2014). Diese Proteste zeigten Erfolg. Der polnische Botschafter Jerzy Marganski gab gegenüber dem polnischen Honorarkonsul in Sachsen, Markus Kopp eine Bestandsgarantie ab. Das Institut wird allerdings verkleinert, der Posten des Vize-Direktors entfällt zukünftig und es werden nur noch zwei Mitarbeiter tätig sein (vgl. Leipziger Volkszeitung vom 17. 5.2014). Auch Renate Böning engagierte sich durch Sammeln von Unterschriften für den Erhalt des Instituts (Brief vom 15. 5.2014).
66 Als Polenaktion wird der Ausweisungsbefehl der nationalsozialistischen Regierung vom 28./29. Oktober 1938 bezeichnet. In Deutschland lebende jüdische polnische Staatsbürger, ca. 17.000, erhielten diesen Ausweisungsbefehl, wurden verhaftet und gegen ihren Willen nach Polen abgeschoben. Viele wurden in Ghettos deportiert. Zu den an die polnische Grenze Transportierten gehörte auch die Familie Grynszpan. Deren 17jähriger Sohn Herschel, der sich zu dem Zeitpunkt in Paris aufhielt, erschoss aus Protest gegen diese Aktion den deutschen Diplomaten Ernst von Rath. Die Nationalsozialisten nahmen dieses Attentat als Vorwand für die unbeschreibliche Gewalt gegenüber den Juden am 9.11.1938, das Novemberpogrom (vgl. Benz 2000; Friedländer 1998).

tausend Juden aufgenommen, und da wurde jedes Jahr dran erinnert. Aber erst nach der Wende, vor der Wende nicht. Denn die Haltung der DDR zu den Juden war auch sehr eigentümlich. Da kann ich auch einiges davon berichten.

Also wir hatten dann diesen neuen Leiter, ich konnte wieder nach Polen fahren. Ich war wieder glücklich, denn ein Jahr ohne Polen zu DDR Zeiten war für mich sehr schwer. Ich musste, ich habe immer gesagt, ich muss wenigstens einmal im Jahr drei Wochen oder, wenn es hochkam, fast vier Wochen, wenn man alles zusammenraffte, was man an Urlaub hatte, muss ich wissen, dass ich normal denke. Denn dort haben die Leute so gedacht wie ich und meine Freunde dort, ganz genau. Die fanden das völlig normal und natürlich, wie ich auf verschiedene politische Sachen reagierte. Hier war es nie natürlich, hier war es immer, wenn man – wie war das diese Rede – wenn man 18 ist und nicht so reagiert, dann hat man kein Herz, aber wenn man 36 ist und noch so reagiert, dann hat man keinen Verstand, man muss sich anpassen.

4.12 Leben in der DDR II

Das war das, was mich in der DDR zum Wahnsinn getrieben hat, dieses Sich-Anpassen. Und das ist ja bis heute so. Das war ja auch mein großer Fehler, bei den Demos, dass ich gedacht habe, die Menschen ändern sich. Die Menschen haben sich überhaupt nicht geändert, es sind genau die gleichen Sich-anpassen-Wollenden-und-Bequemen und deshalb Gerne-die-DDR-wieder-haben-wollenden-Menschen wie vorher. Es ist so bequem, sich anzupassen, ich habe manchmal zum Chef gesagt, wenn ich wütend war: „Weißt du, du sagst immer, die da oben", wie hat er immer gesagt, an den „Schalthebeln der Macht, die werden sich schon was dabei gedacht haben", und dann habe ich zu ihm gesagt: „Weißt du, wenn sie eines Tages sagen, ihr müsst jeden Morgen erst durch die Pleiße schwimmen, bevor ihr zur Arbeit geht, dann wirst du auch sagen: ‚Gut, die da an den Schalthebeln der Macht werden sich schon was dabei gedacht haben'". Ich war so zornig, aber ich war, wie gesagt, die einzige und ich bin, ich bin leider ein bisschen jähzornig, und ich bin da vielleicht auch manchmal übers Ziel rausgeschossen, ja, es war nicht immer sehr klug, was ich da von mir gegeben habe.

Was mich sehr erschüttert hat, war, ich habe einmal an meinen Chef einen Brief geschrieben, der war aber an ihn, wo ich drum gebeten habe, dass ich endlich auch mal mit einer Gehaltserhöhung drankomme. Weil ich ja über zehn Jahre nichts hatte, fünfzehn Jahre nichts, sechzehn Jahre nichts. Er hat immer gesagt: „Es geht nicht, die anderen haben weniger als Du". Dann habe ich gelesen gehabt – das war bei uns am Schwarzen Brett, das hatte jemand dran gehängt, wer, wissen wir bis heute nicht und hatte das unterstrichen – dass ein Lagerarbeiter verknackt worden war, weil er geklaut hatte, und da stand, dass dieser Lagerarbeiter es durchaus nicht nötig gehabt hätte. Denn er hätte ja dreizehnhundert Mark der DDR auf die Hand gehabt und das war unterstrichen und ausgeschnitten, unterstrichen von jemand und jemand hatte daneben geschrieben: „Chef, das wollen wir auch", denn wir lagen ja alle unter tausend. Ich war die einzige über tausend, mit tausendfünfzig brutto. Das habe ich eben ewig gehabt, und da war ich so wütend. Dann habe ich an ihn geschrieben, also ich überlege, ob ich nicht zu irgendeinem VEB gehe und da Lagerarbeiter werde. Denn ich hatte beide Wohnungen ausgebaut inzwischen, die erste und dann hier die. Das kostete ungeheuer.

Es war so schlimm, ich wurde im Winter eingeladen von einem Freund meines irakischen Freundes, der inzwischen nicht mehr hier ist. Der lud mich ins Inter-Hotel ein, weil er aus dem Irak gekommen war, und brachte mir Datteln mit und verschiedene Sachen, die Kamil mir mitgeschickt hatte. Ich wusste nicht, was ich anziehen sollte. Ich hatte nichts, ich hatte zwei alte Jeans, die ich in der Jugendmode erwischt hatte, wo ich Glück hatte, dass ich die kriegte, weil die aber auch immer gleich ausverkauft waren. Also ich hatte zwei abgeschabte Jeans und die zog ich immer umschichtig an im Winter und mehr hatte ich nicht. Dann habe ich überlegt: Was ziehe ich dann an? Und dann hatte ich einen ganz dünnen Jeansrock. Den hatte ich mir aus Polen mitgebracht, der war richtig dünn, und es war aber bestimmt zehn Grad minus. Dann bin ich mit dem Jeansrock in das Inter-Hotel gegangen und da habe ich gedacht: Menschenskind, ich habe studiert, ich habe promoviert, ich bin beim größten Künstlerlexikon der Welt, ich habe so viele Sprachen drauf, wenigstens passiv, und habe nicht mal das Geld, mir einen anständigen Rock zu kaufen, um ins Inter-Hotel zu gehen. Ich bin nie ins Inter-Hotel sonst gegangen, das konnte ich nicht bezahlen, wenn da ein Mittagessen zwanzig Mark gekostet hat, das konnte ich nicht. Das war unmöglich, mit den meistens fünfhundert und ein paar zerquetsche, die ich im Monat netto hatte. Das war nicht drin.

Meine ganze Reisen, die ich gemacht habe, ich habe ja viele Auslandsreisen gemacht, aber das waren alles Reisen mit Autostopp, also Trampen. In Polen bin ich getrampt, das hieß Autostopp, da konnte man sich so ein Heftchen kaufen, dann war man versichert, dann haben sie gehalten, aber meistens nur die LKW's. Und geschlafen in Scheunen und sonst wo und das einzige, wo ich wirklich mal im Hotel geschlafen habe, das war beim Tschechen, weil wir nichts anderes kriegten. Ansonsten nur mit Zelt oder sonstwie. Diese Reisen habe ich aber nur deshalb machen können, weil ich zusätzlich jeden Abend und jedes Wochenende aus dem Polnischen übersetzt habe, immer, immer, immer, immer.

Dann habe ich sogar eine Datsche gehabt, ich wollte ja auch noch so sein. Ich wollte das haben, was DDR Bürger mit links kriegen konnten, wenn sie verheiratet waren, wenn sie Kinder kriegten, wenn der Mann in einem VEB gearbeitet hat, dann hat der grundsätzlich mehr verdient. Also meine Schwester hatte in einem VEB gearbeitet, die war immer erschüttert, was wir verdienen. Ja, Arbeiter kriegten mehr als wir, also wir waren wirklich angeschmiert. Und wenn man dann noch alleinstehend war, dann war man absolut angeschmiert. Das Beste wäre noch gewesen, man hätte sich ein Kind angeschafft. Habe ich meinem Vater mal gesagt, dass ich das machen würde, dann war der wieder entsetzt und hat gesagt: „Du bist eine Böning, so was kommt für uns doch überhaupt nicht in Frage". Also kam es für mich nicht in Frage. Das war dusselig von mir, dass ich es nicht gemacht habe, es wäre besser gewesen, in vielerlei Hinsicht.

Jedenfalls hatte ich eben dann auch ausländische Freunde und das war furchtbar für unseren Verlag. Einmal, einmal wollten wir sogar heiraten, das ging natürlich überhaupt nicht und er ist dann nach Hause zurückbefohlen worden in den Irak. Zwischendurch bin ich bei der Stasi angezeigt worden, schriftlich anonym. Ich habe den Brief auf den Kopf lesen können von dem Stasimann, der mich befragte, da stand: „Ich feiere ‚Orchen'", O-R-C-H-E-N, gemeint waren Orgien. In der Zeit, als ich mit dem Iraki befreundet war, kamen dann viele Irakis zu uns, und da haben wir oft an der Tür einen Zettel in Arabisch oder Englisch gehabt, wo wir sind und wann wir wiederkommen. Und dann hatte ich ja immer auch polnische Bekannte, die hier dann „auf Export" waren, so haben wir das immer genannt, die hier dann in der DDR arbeiteten. Die viel mehr Geld verdienten als ich und die das auch immer gar nicht fassen konnten, wie wenig ich verdiente. Die waren manchmal mit, wenn die das Wochenende frei hatten und nicht nach Hause gefahren sind, also ein kurzes Wochenende. Dann sind sie zu mir gekommen, und dann sind sie manchmal mit dem LKW gekommen und gleich mehrere drin und dann haben wir polnisch gekocht. Wenn sie dann abends weggefahren sind, dann hatten sie hinten den LKW noch offen, haben polnisch rausgerufen, ich bin noch hinterher gelaufen, habe noch gewinkt und ja, das war natürlich zu viel für die K-straße.

Dann hatte ich noch eine große Antennenanlage auf dem Dach. Ich habe zwar keinen Fernseher gehabt, ich habe damals einen Fernseher verachtet, aber ich hatte Radio. Da habe ich ein sehr großes Radio gehabt und dazu brauchte ich Antennen, nach allen Seiten. Und dann haben sie gedacht, ich bin eine Spionin. Dann hatte ich außerdem noch einen Kożuch, den habe ich auch sogar bis heute. Das ist ein Wildledermantel mit Innenpelz, gewachsener Innenpelz und den hatte ich mir für ein ganzes Buch, was ich für Polen übersetzt hatte – das war der „Jugendstil", das waren über vierhundert Seiten – gekauft[67] Dieser Mantel hatte ganz viel Pelzbesatz, da musste ich immer aufpassen, wenn ich die Türen auf und zu machte, dass ich nicht in der Tür drin hing. Ganz wunderbaren Wuschelpelz, unten Wuschelpelz drum rum, oben großen Wuschelpelzkragen. So was gab es ja natürlich in der DDR überhaupt nicht, jeder wusste, dass es aus Polen war. Die Polen, die hier herkamen – es kamen damals sehr, sehr viele Polen hierher, um hier Spitzen, BHs, Schuhe und ich weiß nicht, was noch zu kaufen, weil die nun in Polen wieder teurer waren – wenn hier solche Frauen im Kożuch rumliefen, waren das immer Polinnen. Ich hatte nun so einen Mantel und oft, wenn ich auf der Straße ging, dann wurde polnisch hinter mir her geschrien oder „Scher dich zurück". Es war ja eine ausgesprochen anti-polnische Stimmung hier. „Scher dich nach Hause, Polakenweib, scher dich zurück" oder so oder manche, die dann wieder netter waren, riefen: „Haha, in Zakopane liegt noch Schnee" oder so ähnlich.

Die alten Damen bei mir dort, die in dieser Prekariats-Siedlung, kann man sagen, wo ich wohnte, die haben gedacht, ich bin Spionin. Und haben also an die Stasi geschrieben, ich würde diese Antennenanlage auf dem Dach haben als Spionin. Dann wäre ich ganz aufwändig angezogen, was man in der DDR gar nicht kaufen kann, und außerdem würde ich dauernd Pakete aus dem Westen kriegen. Und das stimmte. Ich habe seit 1972, als ich in Jugoslawien war, hatte ich eine Freundin in Aachen, habe ich bis heute. Deren Mutter wohnte bei einer im Haus, die in einer Boutique arbeitete. Die kriegte immer ganz billig Sachen, die schon ein oder zwei Jahre überaltert waren und hat ihre anderen Sachen immer abgestoßen. Diese alte Dame hat wirklich diese Mühe auf sich genommen, die mussten da ja immer desinfiziert werden und so und hat mir große Pakete geschickt. Hat außerdem im gesamten Bekanntenkreis gesammelt und ich trug die großen Pakete nach Hause. Konnte mir das aussuchen, was mir gefiel und zu mir passte und die anderen Sachen habe ich im Kollegenkreis verschenkt. Es hat mir sehr, sehr wehgetan, in meiner Stasiakte zu lesen, dass ich sie verkauft hätte. Ich habe niemals auch nur einen einzigen Pfenning für diese Sachen genommen, die ich weggegeben hatte, und das waren alles sehr schöne westliche Sachen. Das war mein ganz großes Glück, ich hatte wunderschöne Sachen, die waren natürlich alle schon getragen. Das konnten die alten Damen nur wieder nicht richtig einsortieren, ich war also eine Spionin. Und dann, dass da bei mir an der Tür Zettel in

67 Wallis. Mieczyslaw Jugendstil. (Übers. von Renate Böning). Dresden: Verlag der Kunst, VEB‖ Warschau: Verlag Arkady 1975.

anderen Sprachen hingen, wie haben sie geschrieben, ich spreche in Sprachen, die kein vernünftiger Mensch versteht. Ich war ja auch die einzige, die eine Badewanne hatte und eine neue Toilette. Da ist die Straße fast geplatzt, aber das waren alles arme, alte Leute. Einfache alte Arbeiterleute, die gar keine Beziehung hatten[68] und die wirklich in diesen unsäglichen Wohnungen gewohnt hatten, wo das einzig Moderne die Innentoilette war. In anderen großen Häusern musste man ja immer noch, das ist bei vielen Bekannten von mir so gewesen, mit einem Schlüssel auf die halbe Treppe, wenn man mal musste. Das war alles für mich sehr schlimm dort.

4.13 Besuch von der Stasi

Es ist zu mir, erst zu meiner Nachbarin und dann zu mir, jemand gekommen[69]. Das haben sie ja sehr oft gemacht, dass sie zu Nachbarn gegangen sind. '89 im Sommer sind sie bei mir gewesen, wegen der Nachbarn hier. Das war auch so ein Ding. Das war ein Tag, wo ich zuhause arbeiten durfte. Ich durfte immer dienstags und donnerstags zuhause arbeiten, weil wir unsere Artikel selber schreiben mussten. Dann saß ich immer da und meine grauen Zellen haben geächzt und hatte lauter Zettel um mich auf der Erde liegen. Ich hatte damals noch einen kleinen Schreibtisch dort, hatte lauter Zettel um mich rumliegen, die ich nach verschiedenen Gesichtspunkten ordnete. Weil auf den Zetteln, das waren die Exzerpte, die aus den einzelnen Büchern waren, die ich entweder selber gemacht hatte oder auch andere in den Bibliotheken, meistens aus irgendwelchen Fernleihen. Das war natürlich in verschiedenen Sprachen und musste sehr knapp und klar sein, also Sie können sich vorstellen, das hat geächzt da drin, und das konnte man nicht im Betrieb. Da habe ich die anderen Sachen gemacht, da habe ich die Briefe geschrieben und Kartei sortiert und solche Sachen, aber das wirkliche Artikelschreiben konnte ich nur zuhause. Denn da musste ich mich so konzentrieren, dass es nicht anders ging, und die anderen durften das ja auch. Jeder von uns hatte zwei Tage und es gab nur einen einzigen Anwesenheitstag, wo alle da sein mussten, das war montags. Da hatten wir dann immer die Arbeitsbesprechung. Aber sonst, es wäre nicht zu machen gewesen. Meine liebe A. – die mit mir im Zimmer saß und die arabischen Länder bearbeitete, die habe ich ja auch mal bearbeitet, obwohl ich kein arabisch kann und nicht arabisch lesen kann, ich kann nur ganz wenig arabisch – die habe ich ja immer bewundert, wie sie

---

68 In der DDR kursierte der Witz: Was ist die Höchststrafe in der DDR? Antwort: 6 Jahre ohne Beziehung (Renate Böning).
69 Eine Kopie der Stasi-Akte befindet sich im Anhang.

aus den Hühnerbeinchen dort alles lesen konnte. Denn ich habe ja mal versucht arabisch schreiben zu lernen und da habe ich mitgekriegt, wie schwer es ist. Dass die Buchstaben verschieden geschrieben werden, ob sie im Anlaut, im Mittellaut oder im Endlaut sind. Da hat es bei mir schon aufgehört, ich konnte grad noch meinen Namen schreiben und das war es.

Also jedenfalls habe ich zu Hause gesessen, zu Hause gearbeitet, plötzlich klingelt es. Irgendwann im Sommer '89. Ich gehe harmlos an die Tür, stehen zwei smarte junge Männer da, wie gerade aus der Badewanne. Da kannte ich diese Typen noch nicht, später habe ich sie gekannt bei den Demos. Da wusste ich dann immer, wer sie waren. „Ja, Guten Tag, Ministerium des Innern", beide den Ausweis hochgehalten. Da habe ich mich wirklich an der Wohnungstür festgehalten, sonst wäre ich zusammengerutscht. Und die haben sofort gesagt „Können ganz ruhig sein, ist nicht wegen Ihnen". Sind hier reingekommen, da hatte ich noch so ein großes, altes DDR- Sofa hier, was ich auch nur mit Trick Siebzehn gekriegt hatte. Heute würde ich das nie mehr haben wollen, das war viel höher als der Tisch.

Dann saßen die da, die zwei. Den Tisch hatte ich ja schon immer. Weil der Tisch, den habe ich mal gekriegt, als die DDR mal aus Italien Tische importiert hat. Und das war einer. Das waren aber nur wenige und ich habe Gott sei Dank einen davon gekriegt. Deswegen kam der auch nie weg, das sind so Dinge, die behalte ich dann für immer und ewig. Und die saßen also wie die Vögel auf der Stange, die beiden jungen Männer da, und fingen an, mich nach dem Nachbarn auszufragen. Solche blöden Sachen, solche blöden Sachen, wie ob sie ordentliche Nachbarn wären, ob sie immer die Treppe machen würden, wenn sie dran sind, ob sie die Fahne raushängen, ob sie wenn sie Wäsche waschen, ob sie die Wäsche hinten hinhängen und ob die ordentlich wären, also solche, solche kleinbürgerlichen Sachen. Die DDR war ja auch sehr kleinbürgerlich. Und ich immer: „Nee, und ich kenn die nicht und, und". Dann habe ich gefragt, warum sie überhaupt fragen. Da hatte sich der Junge von denen als Zeitsoldat bei der Armee beworben und deshalb haben die so einen Aufstand gemacht. Dann sind sie weggegangen. „Dankeschön" und freundlich und weg waren sie.

Ich komme hier rein, falle auf dieses blöde Sofa und freue mich, dass sie weg sind. Gucke auf den Glastisch, da habe ich da lauter westliche Zeitungsausschnitte liegen, aus der FAZ und so, die ich von jemand gekriegt hatte. Gott sei Dank habe ich die ganze Zeit, während die da saßen, überhaupt nicht an die Zeitungsausschnitte gedacht, sonst wäre ich total unsicher geworden. Hinterher habe ich gedacht: „Was mach ich, was mach ich, mein Gott, jetzt wissen die das, die wissen, dass ich Westliteratur hatte, um Gottes Willen". Dann habe ich jemand gefragt, der zweigleisig fuhr, wo ich ziemlich genau wusste, dass der für die Stasi arbeitete, aber aus irgendwelchen Gründen da reingerutscht war, da habe ich gesagt: „Oh hör mal zu, was würdest du machen?". Und da hat er mich angeguckt, hat gesagt: „Ich würde gar nichts davon sagen, denn dann hätte ich ja noch mehr Arbeit." Und wirklich es ist nichts in meiner Akte. Gar nichts davon, und ich weiß gar nicht mehr auf welchen Wegen die Ausschnitte zu mir gekommen waren, das musste ja immer so unterm Ladentisch weitergegeben werden.

Größere Sanktionen habe ich nicht erfahren, nur dass ich eben nicht nach Polen durfte. Alle anderen durften. Ich nicht. Ich durfte auch nicht nach dem Westen. Als dann endlich die jüngste Schwester meiner Oma sechzig wurde oder fünfzig, durfte ich auch nicht. Ich durfte überhaupt nicht. Im letzten Jahr '89 fing das an, dass die verheirateten Kollegen und Kolleginnen in meiner Redaktion Dienstreisen kriegten in westliche Länder. Da hätte ich natürlich überhaupt nicht hinfahren können, nicht im Geringsten.

Was mich verblüfft hat, in meiner Akte war ich vorgesehen als IM. Die hatten sogar schon einen Namen für mich, ich sollte Kröte, nein, da sollte ich Resi heißen, Resi, so ein blöder Name, Resi. Dann sind sie aber dahinter gestiegen, wie weiß ich nicht wie, ach doch, durch einen anonymen Brief. Ich hatte dann einen polnischen Freund, von Polen, die hier gearbeitet haben. Der kam alle vierzehn Tage zu mir gefahren und eine, die Parteioberste seiner Gruppe dort, war eifersüchtig auf mich. Die hätte ihn gerne als Freund gehabt und die haben dort ja ziemlich offen gesprochen und die hat dann einen anonymen Brief geschrieben an die Stasi. Da stand drin, dass ich einen Polen heiraten wolle, um aus der DDR rauszukommen. Daraufhin ist die ganze Akte angelegt worden und da habe ich den Namen Kröte bekommen. Aber Resi sollte ich heißen, weil ich solche engen Kontakte mit Polen hatte und weil ich in der Aktion „Besinnung" mitmachen sollte. „Besinnung" war die Gegenaktion der DDR gegen die Solidarność – und da sollte ich mitmachen[70]. Da war sogar schon ein Termin festgelegt, wann man mit mir sprechen wollte. An diesem Termin, das wäre im Januar 1989 gewesen, da hatten sie aber inzwischen nun doch schon mitgekriegt – da war inzwischen dieser anonyme Brief da eingegangen –, dass ich nicht geeignet wäre. Ich habe ja lauter fliegende Blätter gehabt in meiner Akte. Ich hatte nur einen Tag, wo

---

70 Aktion "Besinnung" nannte die Staatssicherheit ihren Maßnahmenplan nach Verhängung des Kriegsrechts in Polen am 13. Dezember 1981, eine Reaktion der polnischen Regierung auf die oppositionelle Bewegung und Auseinandersetzungen zwischen Bevölkerung und Machthabern. DDR-Staatssicherheitsminister Erich Mielke gab den Geheimbefehl „Besinnung" heraus, mit dem Ziel, ein eigenes Stasi-Netz in Polen aufzubauen und die *Solidarność* auseinander zu dividieren. Es wurden polnische Gastarbeiter in der DDR, DDR-Bürger mit Polen-Kontakten und auch polnische Bürger (Genossen, Milizen, Militärs, Politoffizier) als Spitzel angeworben. 1990 wurde die Aktion „Besinnung" beendet (vgl. Preußische Allgemeine Zeitung 14. Juli 2007: Der Geheimbefehl »Besinnung«.http://archiv. preussische-allgemeine.de/2007/paz2807.pdf). [Zugriff: 12.3.2014].

ich das alles angucken konnte, ich musste mir das alles mühsam zusammen-reimen. Nur anhand von den Schriftstücken, wann die datiert waren, wie das alles gewesen war und wer nun eigentlich für mich zuständig war. So irgend so ein Blöder, ich habe den Namen inzwischen vergessen. Ich guck die Kopie der Akte auch nicht mehr an, aber wegschmeißen tue ich sie auch nicht.

4.14 Grenzöffnung in Ungarn 1989

Also '89 bin ich in dem Zug gewesen, der durch Budapest gefahren ist von Bulgarien her, als in der Nacht die Grenze aufgemacht wurde. Ich war vorher drei Wochen in Bulgarien privat, was auch sehr selten war. Denn die meisten DDR-Bürger, bequem wie sie nun mal sind oder waren, sind mit dem Reise-büro gefahren. Da mussten sie sich zwar vorher die ganze Nacht beim Reise-büro anstellen, damit sie das kriegten, aber damit war dann alles geschehen, und man hatte das Geld und man hatte ein Hotel, wo immer Wasser war und so. Ich bin den schwierigeren Weg gegangen. Ich habe ein halbes Jahr vorher, genau ein halbes Jahr vorher eine Zugfahrkarte beantragt. Man musste sie immer genau auf den Tag genau ein halbes Jahr vorher bei der Bahn beantra-gen, die Fahrkarte. Da hatte ich noch gar nicht die Genehmigung von der Polizei, dass ich wirklich fahren würde. Gott sei Dank haben sie das nicht von mir verlangt, sie haben nur meinen Ausweis verlangt.

Ich bin also zwei Tage und zwei Nächte mit dem Zug nach Bulgarien ge-fahren. Meine Freundin war mit einem Bulgaren liiert. Sie hatte also sehr enge Kontakte nach Bulgarien. Fuhr da immer privat hin, jedes Jahr im Sommer, schon wegen der Verwandtschaft dort, ist klar, wegen ihrer Tochter und hat es dort auch immer sehr schön gehabt. Hat mir ein Quartier besorgt, bei den gleichen Leuten, wo sie am Schwarzen Meer gewesen war, und zwar in Obzor, da gab es überhaupt keine Deutschen. Da gab es nur Polen, hunder-te und tausende von Polen, die unter unsäglichen Umständen dort gewohnt haben. Unbeschreiblich, ich bin ja bei vielen da gewesen, aber dadurch habe ich dort auch Essen gefunden. Ich habe einen Bäcker gefunden, der wirklich einmal am Tag offen hatte und Brot verkaufte, weil jemand das sagte, weil es in der Zeit schon gar nichts mehr zu essen dort gab. Es war alles schwierig, '89. Ich war also dort im Sommer '89 privat. Alles ganz egal, diese schwieri-gen Umstände.

Wenn wir dort rumgefahren sind, sind wir auch mit Autostopp gefahren, meine Schwester war mit. Wir haben dann irgendwelche klapprigen Autos oder LKWs angehalten und sind bis runter bis nach Burgas. Aber es war toll, es war toll, es war ein Stück Süden. Es gab sogar, wie heißen die Dinger,

Feigen, die so aussehen wie Birnen, aber dort wurden sie nicht reif. Ich bin fast verrückt geworden, als ich fragte, was ist denn das, es sah aus wie grüne Birne. Ich hatte ein Wörterbuch und dann sagten die mir „СМОКИНЯ" = Smokinja", ich guck und dann steht da wirklich Feige. Oh, Gänsehaut, och, aber sie wurde nicht reif. Es war fantastisch dort.

Einmal in der Zeit sind wir nach Varna gefahren – weil unsere Rückreise, wir hatten auch ein Open Ticket für den Zug und wir mussten noch OKAY-Ticket haben – und da sind wir ziemlich bald, ich glaube das war zehn Tage nachdem wir dort waren, sind wir nach Varna reingefahren – früh mit dem ersten Bus – und haben bestimmt sechs oder sieben Stunden Schlange gestanden an dem Reisebüro, um unserer Ticket okay zu machen für den Zug. Denn unser Zug, das wussten wir allerdings vorher, war der letzte Zug, der noch nach Leipzig durchfuhr. Danach gab es von Varna nur noch einen Zug, der über Dresden nach Berlin fuhr. Dann hätten wir nachts in Dresden umsteigen müssen und da gab es keinen Anschlusszug und so weiter. Also wir stehen in der Schlange und natürlich vor uns und hinter uns nur lauter DDR Bürger, die wollten ja alle das Gleiche, und es rückte ganz langsam nur vor. Die Schlange war unendlich lang, und da haben wir uns ausgetauscht und da haben wir von Ungarn gehört. Was inzwischen alles passiert war, dass in Ungarn diese Geschichte war mit diesem Grenzfest[71] in der Nähe von Sopron, also von Ödenburg. Wer war denn das, der das, ich glaube sogar Genscher[72], der dort dieses Fest gemacht hatte, wo dann plötzlich unvorhergesehener Maßen hunderte von DDR Bürgern über die Grenze gerannt sind. Wo es jetzt manchmal auch noch so einen Fernsehbeitrag gibt, wo sie den ungari-

---

71   Am 19.August 1989 veranstaltete die Paneuropa-Union, deren Vorsitzender derzeit der als CSU-Abgeordneter dem Europa-Parlament angehörige Otto von Habsburg war, im ungarisch-österreichischen Grenzgebiet das „Paneuropäische Frühstück". Die ungarisch-österreichische Grenze war bei Sopron für einige Stunden geöffnet. Diese Gelegenheit nutzten Hunderte von DDR-Bürgern zur Flucht. Durch dieses Ereignis wurde die nachfolgende Flüchtlingswelle von DDR-Bürgern über Ungarn eingeleitet. Am 11. September 1989 erlaubte Ungarn den in ihr Land eingereisten und in Flüchtlingslagern untergebrachten DDR Bürgern die Ausreise in den Westen. Innerhalb von drei Tagen kamen 15000 DDR-Bürger in die Bundesrepublik, bis Ende September waren es 25000, Am 27. Juni 1989 hatten nur wenige Kilometer entfernt bei Klingenbach-Sopron der ungarische Außenminister Gyula Horn und der österreichische Außenminister Alois Mock den „Eisernen Vorhang" symbolisch durchtrennt. Bereits im Mai 1989 war mit dem Abbau der Grenzanlagen begonnen worden. (vgl. Malycha/Winters 2009, Winkler 2000).

72   Hier liegt eine Verwechslung vor. Der deutsche Außenminister Genscher überbrachte am 30. September 1989 den in der Prager Botschaft 6000 ausharrenden DDR-Flüchtlingen die Botschaft, dass sie in die Bundesrepublik ausreisen durften. (vgl. Winkler 2000).

schen Offizier vorstellen[73], der damals dort Dienst hatte, der nicht geschossen hat, das ist so ein richtig gemütlicher Ungar mit so einem Bart und der hat eben nicht geschossen. Er hätte auch schießen können, denn für DDR Bürger war es nicht vorgesehen, das Grenztreffen. Das habe ich noch nicht in Einzelheiten, aber als großes Gerücht dort gehört in der Schlange. Außerdem hatten einige wirklich Westzeitungen und da stand auch so was drin, die gingen dann in der Schlange von einem zum anderen. Und eigentlich in der Schlange waren wir ziemlich offen, ich denke auch, wer schon privat nach Bulgarien fuhr, das konnte kein absolut linientreuer Mensch sein. Das waren meistens sowieso junge Leute, so Rucksacktouristen und solche Rucksacktouristen, die waren auch keine absolut Linientreuen, das wusste man irgendwie. Das waren die, die ein bisschen Freiheit wollten, und die konnten gar nicht mit der DDR im Guten sein. Wir wussten also einiges und dann kamen wir an diesen allerletzten Tag früh mit dem Bus, wir hatten nur noch für den Frühbus Karten gekriegt, man musste nämlich für den Bus auch Karten haben, Sitzkarten.

Sind also den ganzen Tag noch in Varna rumgelaufen und sind dann abends zu unserem Zug gegangen. Der stand dann schon da und wir hatten einen Schlafwagen und hinter uns waren zwei oder drei Wagen, die Liegewagen waren, wo die ganzen Rucksacktouristen waren. Der Schaffner, der uns empfing, der DDR-Schaffner hat zu uns gesagt: „Aber in Budapest nicht aussteigen, nicht aussteigen". Aber so, so lächelnd und wir „Wieso?", „Ja, haben Sie denn das noch nicht gehört? Angeblich macht Ungarn heute die Grenze auf". Wir sind abends abgefahren, sind den ganzen nächsten Tag erst durch Rumänien, dann sind wir abends, es war schon dunkel, es war vielleicht halb zwölf, als wir an die erste Station in Budapest kamen. Da ist erst Kőbánya-Kispest, das heißt Klein-Pest, und dann kam Budapest Nyugati pályaudvar, Budapest Nyugati pályaudva ist der Westbahnhof. Der Zug hat also zweimal gehalten und wir waren bloß zu zweit. Neben uns im Abteil war ein ganz Hochgestochener – da habe ich das erste Mal in meinem Leben einen Seidenanzug gesehen, das hat meine Schwester mir sagen müssen, dass das ein Seidenanzug ist, ich hatte so was noch nie gesehen –, und der erzählte bloß dauernd vom „ihm", bis wir dann mitkriegten, dass „er" Honecker war. Also er war einer aus dem Kreis von Honecker und er kam ganz spät, als unser Zug schon fast beim Abfahren war, in Varna an und es musste für ihn

73 Der leitende ungarische Grenzoffizier Árpád Bella wies seine Grenzbeamten an, die die Grenze überquerenden DDR-Bürger zu ignorieren. Damit verstieß er zwar gegen seine Dienstpflicht, verhinderte aber eine Eskalation. Am 22.Februar 2011 wurde Árpád Bella das Verdienstkreuz am Bande des Verdienstordens der Bundesrepublik Deutschland verliehen (vgl. Deutsche Botschaft Budapest 2015: Verdienstkreuz am Bande für Herrn Árpád Bella. http://www.budapest.diplo.de/Vertretung/budapest/de/04_20Pol/Verdienstkreuz__Bella__Arpad.html). [Zugriff: 12.3.2014].

ein Bett beschafft werden, denn er hatte Flugangst. Er hat sich da hingestellt, also alle waren wütend auf ihn, wie er sich da hinbrezelte. Es gab kein Bett mehr, da musste einer da raus – das musste ein Männerabteil sein und es musste ein Bett dann sein – , es musste also einer von denen, die wirklich den Zweite Klasse-Schlafwagen bezahlt hatten, musste raus, musste in den Liegewagen zu der Jugend, wo noch ein Platz war, bloß damit der Seidenanzug da oben ein Bett kriegte. Dann hat der die ganze Zeit auf den Gang gestanden und hat sich über die Zeitläufe, über die Politik geäußert und alle waren stumm. Keiner hörte, keiner sagte was, also es war schlimm, er hat immer gesagt: „Er weiß das nicht, er weiß das nicht, ich muss ihm das sagen".

Nun kamen wir nach Kispest und in Kispest, ich denke ich sehe nicht recht, ich gucke raus – ich war dummerweise oder heute sage ich, es war gut, dass ich schon ausgezogen war, weil es schon ziemlich spät war, hatte ich mir schon meinen Schlafanzug angezogen, hatte mich schon gewaschen, wir hatten ja auch bloß so eine kleine Pfütze Wasser immer und hatten ja nur noch extra in Kanistern Wasser mitgenommen. Ich habe also bloß meine Nato-Plane übergezogen. Damals gab es im Westen solche Regenmäntel, die waren so dunkel, die waren aus Nylon, waren beschichtet, die waren dunkelbraun, dunkelgrün oder dunkelblau. Ich hatte so ein dunkelbraunes Ding und die Westdeutschen haben sich immer gewundert, wenn sie bei uns zu Besuch waren, wir zogen die als Sonntags-Nachmittags-Ausgehmäntel an und im Westen waren das eben Regenmäntel. Bei uns haben sich alle danach gesehnt, nach so einem Ding und jeder hat es irgendwie möglich gemacht um sieben Ecken rum, zu so einer Nato-Plane zu kommen, wir haben das Ding Nato-Plane genannt. Ich habe also diese Nato-Plane mitgehabt gegen Regen und habe die dann sozusagen als Morgenmantel oder als Bademantel über meinen Schlafanzug gezogen, war im Gang, gucke raus und sehe den halben Zug aussteigen. Und da habe ich Szenen erlebt, da habe ich gedacht, das ist unbeschreiblich. Freund und Freundin haben sich getrennt, beide aufgelöst in Tränen: „Ich kann meine Eltern nicht alleine lassen, ich kann meine Eltern nicht alleine lassen", sie am Fenster. Er: „Komm, komm, komm, wir lieben uns doch, komm, komm, komm", „Nein, ich kann meine Eltern nicht alleine lassen, bleib Du doch da". Er: „Nein, es ist vielleicht die einzige Möglichkeit, die ich je im Leben habe, ich muss, ich muss" und so was passierte pausenlos. Und dieser Seidenmensch stand ein Fenster weiter und war höchst verwundert „Das gibt es doch nicht, das muss ich ihm erzählen. Das ist ja schrecklich" und so. Dann fuhr der Zug raus, es standen heulende Männer auf dem Bahnsteig, eine andere heulende Menge hing aus den Fenstern und winkte, winkte, winkte.

Dann hielt der Zug nochmal, fünf Minuten später, wir wussten das ja, dass er in Nyugati pályaudvar noch mal hält, und da hat meine Schwester, die noch angezogen war, zu mir gesagt, später, sie hat die ganze Zeit überlegt, ob sie nicht ihre Tasche nimmt, alles andere da lässt und einfach raus. Gott sei Dank hat sie es nicht gemacht, ich habe gesagt: „Hättest Du mich auch gelassen?" „Ja", sagte sie, „Ich habe an Dich überhaupt nicht mehr gedacht. Du kannst dir nicht vorstellen", sagt sie, „ich habe immer gedacht, ich habe jetzt noch fünf Minuten. Fünf Minuten, ich muss mich entscheiden". Wir dachten, das ist die letzte Möglichkeit. Heute wissen wir, dass wir es genau richtig gemacht haben. Dass wir dringeblieben sind, aber dort – keiner, der nicht dabei war, kann sich das vorstellen, wie das war.

Ich habe nicht daran gedacht auszusteigen, denn ich habe schon Jahre vorher immer wieder einen Traum gehabt, der schrecklich war. Ich habe immer wieder geträumt, ich stehe plötzlich auf dem Ku'Damm, den ich ja gut kannte, weil ich früher, als ich noch studiert habe, immer in Westberlin war. Ich stehe auf dem Ku,Damm und lauter Leute um mich herum und sie sagen immer: „Sie sind wirklich aus dem Osten?" Ich sage: „Ja". „Ja, wie sind Sie denn hergekommen?" Ich sage: „Ich weiß nicht, ich war auf einmal hier." „Ja, was machen Sie denn nun? Gehen Sie zurück oder gehen Sie nicht zurück?" Und dann stehe ich da und denke und denke: alle Freunde, meine Eltern, alles, alles, alles ist in der DDR, was habe ich im Westen? Ich bin nicht mehr die jüngste. Ist eine ungewisse Zukunft, ich habe mich eingerichtet, es ist nicht leicht, aber die Menschen, die mir wichtig sind, die sind alle im Osten. Im Westen nur ein paar und das sind dann Leute, die eine andere Vita haben als ich. Ich habe oft, entschuldigen Sie bitte, dass ich das so sage, aber es ist so, ich habe oft ein Fremdheitsgefühl gegenüber Westdeutschen, weil die vieles gar nicht begreifen können. So wie wir nicht begreifen können, wie sie ticken an manchen Stellen, weil wir vierzig Jahre unter völlig anderen Lebensbedingungen gelebt haben. Völlig andere Moralvorstellungen hatten, es ging bis in die Moralvorstellungen rein, was man darf, was man nicht darf. Also Schwarzarbeit war nicht nur erlaubt, sondern das war erstrebenswert. Es war so viel anders und das habe ich gewusst und darum hatte ich in dem Augenblick vielleicht nur einen Hauch: „Ach wie schade, dass ich schon den Schlafanzug anhabe", aber es ist gleich vorbeigegangen. Ich wusste, dass ich zurückgehen werde. Es war ja auch nicht mehr allzu lange, bis ich dann in Rente gehen würde und fahren dürfte. Die Eltern haben ja schon nicht mehr gelebt, die waren schon tot, aber die Freunde. Und die Freunde waren mir so wichtig. Ich habe einen sehr, sehr großen Freundeskreis, sehr groß und der hat auch gehalten nach der Wende. Also zu meinem 70. Geburtstag hatte ich 44 Leute eingeladen und da habe ich Geld gesammelt für die Deutsche Stiftung Denkmalschutz und da sind 500 – war das Mark oder Euro? – Euro zusammengekommen für die Deutsche Stiftung Denkmalschutz. Zum 75. Geburtstag habe ich es nochmal genauso gemacht, da waren es aber nur 300 Euro, weil da auch nicht so viel da waren. Da hatte ich nicht mehr die Kraft, da war inzwischen dieses blöde Sarkom erschienen und ich hatte diese Chemo.

4.15 Die friedliche Revolution

4.15.1 9. Oktober 1989

Der 9. Oktober war das zweite Mal, dass ich auf der Straße war. [74] Das erste Mal war der 2. Oktober gewesen und am 9. Oktober ist uns ja allen bekannt gewesen, dass das eine sehr, sehr brisante Situation war.[75] Frühmorgens schon erfuhren wir in unserer Redaktion, wir saßen ja in der Nikolaistraße 59, also faktisch im Brennpunkt des Geschehens, dass die Läden alle um 15 Uhr oder um 16 Uhr, ich weiß es nicht mehr genau, zu schließen hätten. Ich hatte eine Kollegin, deren Mann war Kampfgruppenkommandeur, der wohnte in Grünau[76], die hat mir erzählt, dass Militär in die Stadt geworfen worden war. Es kursierte das Gerücht vom Schießbefehl. Dann rief eine Mutter an und sagte, dass ihre Kinder aus der Schule nach Hause gekommen wären und

74 Die folgenden Ausführungen sind Inhalte aus dem ersten Interview von 1992. Sie beinhalten eine detaillierte Schilderung der Ereignisse vom 9.Oktober 1989, aber auch einen Rückblick auf das Leben in der DDR und eine Betrachtung der Wendezeit bis 1992.
75 Zu Beginn der 1980er Jahre kam es in der DDR zu Protestbewegungen. Auslöser war die zunehmende Militarisierung der Gesellschaft. Angeregt durch die westdeutsche Protestbewegung gegen die nuklearen Mittelstreckenraketen und angelehnt an die Kirchengemeinden kam es zur Bildung von Friedens-, Umwelt-, und Menschenrechtsgruppen. Von dem Ost-Berliner Pfarrer Rainer Eppelmann und dem Regimekritiker Robert Havemann ging der Aufruf aus „Frieden schaffen ohne Waffen". Ab September 1982 gab es in Leipzig in der Nikolaikirche, veranstaltet vom dem evangelischen Pfarrer Christian Führer, jeden Montag Friedensgebete. Ab Herbst 1989 kam es anschließend an die montäglichen Friedensgebeten zu den Montagsdemonstrationen, mit den Forderungen nach Freiheit, Demokratie und Menschenrechte. Am 9. Oktober 1989 nahmen an den Leipziger Montagsdemonstrationen 70.000 Menschen teil. Es bestand die Befürchtung, dass es eine gewaltsame Niederschlagung geben würde. Doch trotz der Angst vor einer „chinesischen Lösung" zogen die Demonstranten um den Innenstadtring. „Wir sind keine Rowdys", „Wir sind das Volk", „Keine Gewalt" und „Wir bleiben hier" waren einige der skandierten Parolen. Angesichts der Massen der Protestierenden und der unterlegenen Zahl der Einsatzkräfte blieb der Einsatzbefehl aus. Der 9. Oktober 1989 kann als Wendepunkt bezeichnet werden, von Leipzig aus begann an diesem Abend die „friedliche Revolution" (vgl. Lindner 1998; Malycha 2011; Malycha/Winter 2000; Winkler 2000).
76 Grünau wurde in den 1970er und 1980er Jahren im Westen von Leipzig als Großwohnsiedlung angelegt und ist eine der größten Plattenbausiedlungen im Gebiet der ehemaligen DDR.

dass gesagt worden wäre, dass die Kinder ab drei Uhr nicht mehr in die Stadt gehen sollten. Dann hörte ich, dass auch alle Restaurants um drei oder um vier Uhr schließen sollten. Dann hörte ich – es hatte irgendein Arzt angerufen, ein befreundeter Arzt – dass Blutkonserven in den Krankenhäusern bereitstehen. Also uns war schon bewusst, was da lief, und natürlich war ich nicht ganz besonders mutig.

Ich war von einem zum anderen gegangen, wo ich es erwartete, dass sie eventuell mitkämen. Ich hatte mich am 2. Oktober sehr, sehr einsam gefühlt zwischen all den Menschen. Ich habe die alle angeguckt, habe gedacht: „Wer bist du? Bist du bei der Stasi? Bist du nicht bei der Stasi? Kann ich ein Wort mit dir wechseln? Kann ich kein Wort mit dir wechseln?" Ich habe es mit niemand gewagt und ich stand da ganz allein am 2. Oktober. Ich habe gedacht, dass soll mir nicht wieder passieren. Am 9. Oktober will ich nicht alleine sein. Und alle haben gesagt: „Nein und bist du wahnsinnig, wenn dir was passiert!".

Und ich meinte aber, ich müsste gehen. Ich müsste einfach deshalb gehen, weil ich etwas tun musste. Ich war es satt, nichts tun zu können. Und ich fand, das war endlich mal eine Möglichkeit, etwas zu tun. Etwas zu tun, was vielleicht gar nicht so wahnsinnig großen Mut verlangt, denn vorerst wollte ich nur in die Kirche. Ich hatte das schon mitgekriegt am 2. Oktober, dass am 2. nicht nur die Nikolaikirche offen war zum Friedensgebet, sondern am 2. hatte sich schon die Lukaskirche eingeschaltet. Als ich am 2. auf diesem komischen Oktobermarkt da rumlief, was ein ganz irres Erlebnis war, diese dudelnde, diese dudelnde falsche Fröhlichkeit 50 oder 100 Meter von der Nikolaikirche entfernt. Das werde ich auch nie vergessen, das war eine irre Situation an diesem 2. Da habe ich noch eine Bockwurst gegessen. Und da hörte ich damals die Nikolaikirche läuten, nicht die Nikolai-, ich hörte die Lukaskirche läuten, und hätte ich damals schon gewusst, dass die Lukaskirche auch offen hat und nicht nur die Nikolaikirche, dann wäre ich am 2. schon in der Lukaskirche gelandet.

Aber so war es ganz gut. Dann am 9. Oktober öffnete nunmehr zum Friedensgebet auch die Thomaskirche, und da habe ich mir die Thomaskirche ausgeguckt. Das blieb dann auch für die nächsten Montage meine Kirche. Seitdem habe ich auch eine ganz enge, innere Beziehung zur Thomaskirche. Ich hatte meinen festen Platz und jedes Mal, wenn ich in der Thomaskirche mit Gästen bin, kann ich immer den Platz zeigen und sagen: „Da habe ich gesessen und da haben nachher wir gesessen".

Ungefähr gegen Mittag habe ich den Chef gefragt, den Dr. M., ob ich heute um drei Uhr schon gehen kann, weil mir klar war, dass, wenn um fünf Uhr das Friedensgebet anfängt, dass ich nach drei oder sagen wir mal um vier Uhr keinen Platz mehr kriege. Aber ich mochte auch nicht stehen die ganze

Zeit. Und vor allen Dingen wusste ich nicht, ob ich nicht die ganze Nacht in der Thomaskirche bleiben müsste. Wenn draußen nämlich ein Hexensabbat losgegangen wäre, mit Schießen, wäre ich in der Kirche geblieben. Das wäre für mich schon Zeichen genug gewesen, in der Kirche zu sein. Ich hatte mich also darauf eingerichtet. Ich hatte mir Schnitten mitgenommen. Ich habe mich sogar erkundigt, ob es dort eine Toilette gibt, und man hat mir gesagt: „Ja". Da habe ich gesagt, gut, okay, ich hab Essen mit, da ist eine Toilette, da kann ich auch 24 Stunden bleiben. Ich kann im Sitzen schlafen, habe ich immer gekonnt, wenn ich denn schlafen muss.

Dann kam meine Freundin R. zu mir und sagte: „Meine Tochter N. ist groß – ich glaube, N. war damals 17 – ich kann N. nicht zu Hause halten". N. ist am 7. Oktober schon auf der Straße gewesen. Das wusste ich, denn N. hatte mir erzählt, was sie erlebt hatte, wie die Leute plötzlich alle rannten mit Kinderwagen, das hat mich ungeheuer beeindruckt, wie sie das schilderte. Und R. sagte: „Du gehst doch, darf ich Dir N. anvertrauen?". Ich habe spontan ja gesagt und dann habe ich gedacht: „Um Himmels willen! Ich alleine verantwortlich für das prächtige Kind". Dann bin ich wieder rumgelaufen. Und dann habe ich S., einen Freund rumgekriegt, mitzugehen. Dann hat S. gesagt: „Ja, aber wir gehen nur in die Kirche. Und wenn es schießt, dann bleiben wir drin". Habe ich gesagt: „Ja, und die werden bestimmt nicht in die Thomaskirche schießen. Die Thomaskirche ist eine heilige Kuh. Da ist Bach begraben. Da heult die ganze Welt auf und das werden sie wissen".

Also um drei, zehn vor drei kam N. oder halb drei, ich weiß es nicht mehr genau. Und dann waren wir bleich und still. Wir haben den anderen „Tschüss" gesagt und sind losgegangen. Wir haben uns spontan an den Händen gehalten, schon vorher. Ich weiß noch genau, als wir über diesen Marktplatz gingen. Das werde ich auch mein ganzes Leben lang nicht vergessen. Wir gingen schräg über diesen Marktplatz, wo damals die Polen die Untergrundhalle restaurierten. Da war eine bleierne Atmosphäre über Leipzig. Es lag wirklich eine Wolke von Angst über dieser Stadt. Es war alles wie in Watte gewickelt und dann, genau auf diesem Marktplatz habe ich gesagt: „S. und N., ich habe Angst. Ich habe Knie, wie Pudding". Und da haben die beiden gesagt: „Was meinst Du denn, wie es uns geht?".

Dann sind wir weitergegangen und in die Kirche rein. Da waren schon haufenweise Leute. Aber wir, gleich links am Mittelgang, an der großen Säule noch eine ganze kleine Reihe – das war so eine verkürzte Reihe durch die Säule – haben wir noch eine Reihe für uns gekriegt. Erst später kamen dann noch Leute. Das war eine ganz besondere Atmosphäre in dieser Kirche. Die Angst fiel eigentlich in dem Augenblick von mir ab, als ich saß und als ich oben in das schöne Gewölbe guckte, in das Netzgewölbe. Und das habe ich den anderen gesagt. Ich habe gesagt: „Wisst Ihr was, ich fühle mich behütet". Das hängt natürlich auch damit zusammen, dass ich gläubig bin. Zwar nicht im Kirchensinne – ich bin zahlendes Mitglied immer gewesen – aber ich habe immer an so etwas wie ein göttliches Prinzip geglaubt. Das habe ich auch nie aufgegeben. Jedenfalls fühlte ich mich irgendwie behütet. Ich habe gesagt: „Okay, jetzt sind wir hier und wir haben das getan, dass wir mit diesem, unserem Hiersein dieses Zeichen gesetzt haben. Und nun sind wir hier und nun werden wir sehen, was wird". Und an Weiteres habe ich überhaupt nicht gedacht in diesem Augenblick. Man lebte so von einem Augenblick zum anderen.

Und das wurden immer mehr Leute. Es dauerte nicht lange, dann ist schon der – ich glaube, Fischer[77] hieß der von der Thomaskirche der Pfarrer, ist vorgegangen, ist auf die Kanzel gestiegen und hat uns gebeten, dass wir enger zusammenrücken und hat gesagt: „Es stehen hunderte draußen". Ich weiß noch, dass die N. und der S. sich jeweils – das sind immer so Klappsitze – dass die sich dann nur auf das Brett dazwischen gesetzt haben. Mir haben sie aber zugebilligt, dass ich auf so einem Klappsitz sitzenbleiben konnte.

Und dann hatten die eine Musikgruppe aus Altenburg oder so ähnlich. Jedenfalls irgendwo südlich von Leipzig. Die haben zwischendurch Musik gemacht, damit es nicht so lange dauerte bis um vier. Dann um vier Uhr, haben sie mit uns geübt „Dona nobis pacem". Da haben sie uns gleich eingeteilt in Gruppen. Dann haben sie das mit uns x-Mal durchgesungen „Dona nobis pacem". Und dann haben wir das als Kanon gesungen. Das hat irgendwie auch die Spannung genommen. Und dann hatten sie auf jeden Platz das Lied gelegt, was später immer wieder gesungen wurde. Ich weiß jetzt nicht mehr, wie das hieß, aber die Melodie hab ich voll im Kopf. Ja, ich hab es neulich bei einer katholischen Feier gehört. Da war es mir klar, dass es die Katholiken auch immer gesungen hatten. Das war dann unser Lied geworden. Das war ein Lied, das von der Zusammengehörigkeit sprach. Aber das eigentlich wichtige für mich ist dieses „Dona nobis pacem" gewesen, weil das eigentlich alle vereinigt hat, obwohl das ja eigentlich ein sehr kirchliches Lied ist „Herr, gib uns Frieden". Ich habe das in dem Augenblick als für uns alle betrachtet, auch für die, die nun nicht gerade christlich waren oder gläubig, die da drin waren. Irgendwie haben sie das alle mitgesungen, und das andere war doch ein sehr kirchliches Lied.

---

77 Pfarrer der Thomaskirche war zum damaligen Zeitpunkt Hans Wilhelm Ebeling, geboren am 15. Januar 1934 in Parchim. Er hielt Politik und Kirche für unvereinbar, ihm wurde eine loyale Haltung zum Staat nachgesagt. (vgl. http://www.mdr.de/damals/archiv/artikel90210. html) [Zugriff am 10.9.2015]. Es gab in Leipzig einen katholischen Priester, Hans-Friedrich Fischer, der Mitglied der Initiative Frieden und Menschenrechte in Leipzig war. (vgl. https://archive.org/stream/Leipziger-Menschenrechtsgruppen_1989_Blatt-9/Leipziger-Menschenrechtsgruppen-1989_Blatt-9_1999_Aufl3-99_22S_djvu.txt). [Zugriff am 10.9.2015].

Vor uns, das werde ich auch nie vergessen, saß so ein kleines altes Pärchen, die habe ich nie von vorne gesehen. Aber so wie sie von hinten aussahen, waren es bestimmt alte Genossen, Genossen und mindestens seit 1925, ich kannte die ja. Die standen nebeneinander, weil wir dann aufstanden, während des eigentlichen Friedensgebets. Da standen die auf und hielten die sich an der Hand und sangen dieses „Dona nobis pacem". Da habe ich das erste Mal geheult, weil ich empfand, dass da zwei Leute, die eigentlich nie etwas mit Gott zu tun hatten, die sicher ganz überzeugte Kommunisten waren, dass die da vor uns standen und wie die beiden diese Zusammengehörigkeit, die sich darin äußerte, dass sie sich so an der Hand hielten – eigentlich hielten wir uns ja alle an der Hand –, aber bei denen da sah das so besonders rührend aus, und dass zwei alte Kommunisten in die Kirche gegangen waren, weil sie es auch nicht mehr aushielten. Also diese beiden Alten, dieses Bild, dieser graue Kopf und diese beiden sehr in die Breite gegangenen, dicklichen Leutchen da, wo man aber am Rücken sah, wie sie zueinander gehörten, war für mich ein ganz besonderes Erlebnis.

Als es dann eigentlich losging, da wurde uns gesagt, dass Hempel[78] gekommen sei aus Dresden, unser Landesbischof. Das war auch ein ganz bedeutsames Zeichen für uns. Er hat gesprochen und er hat etwas sehr Wesentliches gesagt. Er hat das erste Mal, es war das erste Mal in meinem Leben, dass ich das erlebte, dass jemand öffentlich etwas wagte zu sagen, ganz öffentlich. Er hat nämlich angefangen – was mich etwas frustrierte – dass wir ruhig sein sollen und friedvoll und und und. Ich war gar nicht so schrecklich auf Frieden eingestimmt. Ich hätte an dem Abend – ich war so zornig – ich hätte an dem Abend mindestens mit einem Stein geschmissen, wenn ich einen gehabt hätte. Und er hat uns gemahnt und eigentlich war ich sehr ungehorsam. Ich habe gebockt innerlich. Ich habe gedacht: „Das ist doch das alte Lied: wieder ducken, sich unterdrücken, sich unterordnen und es wird schon alles". Und auf einmal, auf einmal schwoll seine Stimme an und er sprach von diesem Treffen. Nein, es war kein Treffen. Es war eine Forderung, die die Kirche gestellt hatte Ende Juni. Er hat uns die Punkte verlesen und seine Stimme wurde laut und zornig. Und er sagte: „Unsere Geduld ist zu Ende, wir haben diese Forderungen". Es waren ganz, ganz menschliche und normale Forderungen. Ich erinnere mich an die Forderung der öffentlichen Anerkennung der Verweigerung des Wehrdienstes und der Möglichkeit, dafür

---

78 Johannes Hempel wurde am 23. 3.1929 in Zittau geboren. Von 1947-1950 studierte er Germanistik, Geschichte und Philosophie und danach Theologie. Seine Studienorte waren Tübingen, Heidelberg, Berlin und Leipzig. 1956 wurde er ordiniert und 1960 promoviert. Nach verschiedenen Stationen seines kirchlichen Wirkens wurde er 1971 zum Landesbischof gewählt. 1991 wurde er zum stellvertretenden Vorsitzenden des Rats der EKD gewählt, 1994 ging er in den Ruhestand. Er unterstützte den politischen und gesellschaftlichen Umbruch in der DDR (vgl. Müller-Enbergs/Wielgohs/Hoffmann 2000).

Dienst in sozialen Anstalten zu machen, eventuell auch in kirchlichen Ein-
richtungen, wenn dem Menschen so war, wenn er kirchlich gebunden war[79].
Und wie er es gesagt hat und er hat mit der Faust auf den Tisch geschlagen
und da habe ich gedacht: Das ist der richtige Mann doch. Ich habe später
gehört, dass er in dieser ganzen schlimmen Stunde in allen vier offenen Kirchen gewesen ist und offensichtlich in allen vier Kirchen das Gleiche gesagt
hat. Denn ich muss dazu sagen, es war an diesem Abend nicht nur die Niko-
lai-, es war auch die Lukaskirche offen, die schon am 2. Oktober das Frie-

79 Bischof Hempel hatte bei einem Treffen mit Erich Honecker am 11. 2.1985 die Forderung
der kirchlichen Friedensgruppen nach Anerkennung des Rechts auf Wehrdienstverweige-
rung und die Einführung eines sozialen Friedendienstes unterstützt (vgl. Müller-
Enbergs/Wielgohs/Hoffmann 2000). Der Bischof der Evangelisch-lutherischen Landeskir-
che Sachsen hielt in den vier Kirchen des Stadtzentrums Leipzig (Nikolai-, Thomas-; Mi-
chaelis und Reformierte Kirche) je eine kurze Ansprache: „Liebe Brüder und Schwestern,
wieder einmal in Leipzig. Ich möchte an sich in allen vier Kirchen sein und das ist in 45
Minuten schwer zu machen. Deshalb schalte ich hier voraus, was ich gerne sagen möchte.
Zunächst noch etwas Persönliches: Sie würden mir heute Abend etwas Gutes tun, nur für
den Fall der Fälle meine ich, wenn Sie nicht klatschen würden. Ich bin das nämlich nicht
gewöhnt und möchte um jeden Preis einen kühlen Kopf behalten. Das ist für mich so wichtig. Ich habe zwei Dinge zu sagen. Das erste: Es hat viele Gespräche, wie Sie bereits lange
wissen, zwischen Vertretern des Staates und Vertretern der Kirche gegeben. Ich habe dabei
oft gesagt, und ich sage es heute öffentlich, nach meiner Überzeugung muß es in der ge-
genwärtigen Stunde unseres Landes Gespräche geben, zwischen Vertretern des Staates und
den jungen Erwachsenen zum Beispiel, die jetzt auf die Straße gehen und ihre Schmerzen
und ihre Bitterkeit anzeigen. Es muß Gespräche geben, und die Gespräche mit uns Kirchen-
leuten sind nicht mehr das Richtige. Bei diesen Gesprächen müssen die jungen Erwachsenen, müssen Sie, soweit Sie dazugehören, angehört werden, und zwar bis Sie fertig sind,
und es müssen Lösungen gesucht werden; jetzt, in diesem Augenblick, in diesen Wochen
verstehe ich darunter besonders Gespräche über die Freilassung der Inhaftierten, sofern sie
sich nicht der nachweisbaren Körperverletzung schuldig gemacht haben. Zum Beispiel verstehe ich darunter den Verzicht des Staates aus schematisierende und abwertende Bezeich-
nungen der Demonstrierenden. Sie alle sind Bürger und Menschen, also nicht Rowdys. Ich
möchte noch erwähnen, daß seit kurzem ein Angebot des Rates des Bezirkes zu Gesprächen
mit jungen Erwachsenen besteht. Wie man das am gescheitesten und im Sinne der Betroffenen realisiert, weiß ich noch nicht. Das ist das eine. Das zweite ist: Ich könnte mit
denken, daß nicht alle von Ihnen Christen sind. Aber ich kann auch nicht davon absehen,
daß ich einer zu sein versuche. Und deshalb ist das zweite, was ich sagen muß, daß Gott
genau wahrnimmt, was in der DDR passiert. Und daß er ein kräftiges Wort mitredet bei
dem, wie die Dinge weitergehen. Um dieser meiner Glaubensüberzeugung willen, ob Sie
sie teilen oder nicht, und gegen meine eigenen Gefühle bitte ich Sie um einen kühlen Kopf,
um Besonnenheit und unbedingte Gewaltlosigkeit. Gewalt zerstört alles, was uns teuer ist,
und der höchste Wert ist das Leben. Ich meine auch das leibliche Leben. Damit nicht Blut
vergossen wird, bitte ich Sie um Gewaltlosigkeit. Das ist da zweite. Als letztes noch: Heute
früh bat mich Bischof Reinelt, der katholische Bischof der Diözese Meißen/Dresden, der
mich von sich aus besuchte, heute Sie in seinem Namen zu grüßen und auszurichten, daß er
genauso denkt wie ich. Das habe ich hiermit getan. Ich wünsche Ihnen gutes Durchkom-
men. Amen." (https://archive.org/stream/Leipziger-Menschenrechtsgruppen_1989_Blatt-
9/Leipziger-Menschenrechtsgruppen-1989_Blatt-9_1999_Aufl3-99_22S_djvu.txt) [Zugriff
am 10.9.2015].

densgebet hatte, die Thomaskirche, was ich wusste, weshalb ich die Thomaskirche ausgewählt hatte, und dann war noch die Kirche am Nordplatz. Es waren also vier Kirchen, vier innerstädtische Kirchen. Und er war in allen vieren. Und er ist zu Fuß gegangen. Der Pfarrer selbst hat dann uns gebeten, dass wir nicht klatschen möchten. Das hat er eigentlich, nein, das hatte er schon vorher gesagt, bevor Hempel auf die Kanzel stieg. Da wussten wir, dass irgendetwas kommen würde, was uns zum Beifall hinreißen würde. Aber ich ahnte nicht, was es sein würde.

Ich kannte diese Friedensgebete nicht. Ich muss gestehen, dass ich vorher niemals da war, weil ich einfach nicht den Mut gehabt hätte, allein einen Ausreiseantrag zu stellen. Es war Feigheit. Ich habe gedacht, ich schaff das nicht alleine, alleine in eine fremde Welt zu gehen. Wenn ich einen Menschen gefunden hätte, der mitgegangen wäre, dann hätte ich es vielleicht getan. Dann dachte ich, ich kann nicht in so ein Friedensgebet gehen, wo vorrangig die sind, die einen Ausreiseantrag gestellt haben, das ist wie reindrängen, wie reindrängen in eine Gemeinschaft, die einen sehr entscheidenden, sehr mutigen Schritt getan hat, und ich kann mir nicht einfach diesen Lorbeerkranz umhängen und einfach mit dazu gehen. Also war ich noch nie dabei gewesen und nun erlebte ich das, und das war für mich, es war für mich ein ungeheuer bewegendes Ereignis. Diese Bitten, die da öffentlich vorgetragen wurden. Dieser Mut, der aus den Menschen sprach, und doch auch diese Friedfertigkeit. Das war ein bisschen fremd für mich auch, weil ich nicht so friedfertig bin. Aber ich habe sie bewundert. Und dann – wie gesagt – dieses spontane Aufstehen „Dona nobis pacem", das An-der-Hand-Halten. Ich habe gesehen, dass viele Menschen geweint haben. Ich habe in diesem Augenblick vielleicht das allererste Mal mich mit Leipzig identifizieren können, weil ich mit Leipzig nie viel am Hut hatte, aber in diesem Augenblick war es, habe ich gedacht: „Aha, das sind doch richtige Menschen, alle die hier in der Kirche sind und alle die, die in den anderen Kirchen sind und alle die, die jetzt draußen auf der Straße sind. Ach, das ist was Wunderbares. Ich könnte die alle umarmen".

Und ich hatte plötzlich ein Gefühl, was ich ganz, ganz selten nur in meinem Leben gehabt habe, dazuzugehören! Das war eigentlich bei diesem „Dona nobis pacem". Dann hat uns der Superintendent von Thomas erzählt, dass an diesem Morgen alle Pastoren der innerstädtischen Kirchen – und ich weiß nicht, ob es auch die anderen betraf, aber ich weiß es mit Sicherheit von den innerstädtischen – dass die an diesem Morgen zu Kampfgruppen-Kommandeuren gegangen waren und mit denen lange Gespräche geführt hatten. Und er zumindest, er hatte es erreicht, dass dieser Kampfgruppenkommandeur ihm versprochen hatte, dass er keinen Schießbefehl geben würde, wenn er käme, sich dem nicht beugen würde, dass er also seine Leute nicht schießen lassen würde auf die Bürger. Er sagte, er wüsste nicht, was die anderen ausgerichtet haben, aber er zumindest hätte es geschafft. Er hat uns dringend ermahnt, nicht in die Innenstadt zu gehen, sondern nach Beendigung des Friedensgebets das innerstädtische Areal über den Ring oder die Gottschedstraße zu verlassen. Und falls wir auf Bürgerwehren, also auf Kampfgruppen träfen, nicht von uns aus zu provozieren. Das war eigentlich der Tenor der ganzen Veranstaltung: Seid friedlich! Seid friedlich! Zeigt, dass ihr nicht mehr gewillt seid, das zu ertragen, aber seid friedlich!

Ja und dann, dann wurde der Aufruf verlesen, der Aufruf von Masur[80], von, wie hießen die, Lange, Zimmermann, Pommert, Meyer und Wötzel, fünf waren es, nein sechs, ich hatte nur gedacht, fünf. Auf alle Fälle Masur und Lange ist sofort in meinen Kopf reingegangen, und das andere habe ich irgendwie – das war wie ein Taumel. Es brach ein unbeschreiblicher Jubel los in der Kirche und sie haben doch geklatscht. Es war wie, wie, ich kann das nicht beschreiben. Es war wie eine Befreiung, und das ist für mich der Tag, nein, der Augenblick der eigentlichen Wende, als ich zum ersten Mal diesen Aufruf vernommen habe. Das war ungefähr, ungefähr dreiviertel sechs. Es war also kurz vor Beendigung des Friedensgebets. Es war so unbeschreiblich und wir haben uns mit leuchtenden Augen angeguckt und die Leute haben sich in den Armen gelegen und viele haben wieder geweint. Irgendwie haben wir gewusst: Das ist es! Das war es. Und darum ist für mich grundsätzlich immer wieder der 9. Oktober der Tag der Wende, nicht etwa der 9. November als die Grenze geöffnet wurde, nein, das war nur eine Folge.

Die Wende hat sich in dem Augenblick vollzogen, als führende Persönlichkeiten es wirklich gewagt haben, öffentlich für das Volk einzutreten und öffentlich zu sagen, dass wir keine Rowdys sind, dass wir das Volk sind, keine Rowdys. Dass wir nur unser Recht wollen und dass die da oben sich doch endlich bitte mal einen Kopf machen sollen und uns nicht einfach nur kriminalisieren sollten.

---

80 Der von den „Leipziger Sechs" verfasste Aufruf wurde am Abend des 9. Oktober in den Kirchen, über den Stadtfunk und den Sender Leipzig verlesen. Der Gewandhauskapellmeister Kurt Masur hatte sich am Nachmittag mit dem Theologen Dr. Peter Zimmermann, dem Kabarettisten Bernd-Lutz Lange und den Sekretären der SED-Bezirksleitung Leipzig Dr. Kurt Meyer, Jochen Pommert und Dr. Roland Wötzel zusammengefunden und den Appell für einen friedlichen Ablauf des Geschehens verfasst:
„Unsere gemeinsame Sorge und Verantwortung haben uns heute zusammengeführt. Wir sind von der Entwicklung in unserer Stadt betroffen und suchen nach einer Lösung. Wir alle brauchen einen freien Meinungsaustausch über die Weiterführung des Sozialismus in unserem Land. Deshalb versprechen die Genannten heute allen Bürgern, ihre ganze Kraft und Autorität dafür einzusetzen, dass dieser Dialog nicht nur im Bezirk Leipzig, sondern auch mit unserer Regierung geführt wird. Wir bitten Sie dringend um Besonnenheit, damit der friedliche Dialog möglich wird." (vgl. Lindner 1998; Mählert 2004; Malycha/Winters; 2009, Winkler 2000).

Ich wusste, dass darauf was erfolgen würde, denn die haben uns sofort gesagt, es wird um sechs Uhr über Sender Leipzig kommen. Also wusste ich, dass es nicht nur diese fünf oder sechs sein würden, sondern ich wusste, dass noch mehr dahinterstehen würden, sonst könnte es nicht über Sender Leipzig kommen. Da musste noch, das musste eine Absprache sein, die weit größere Kreise gezogen hatte, um die Möglichkeit zu geben, wirklich über Sender Leipzig zu kommen.

Und dann danach war es bald zu Ende, und wir sind wirklich ganz folgsam da vorne rausgegangen zum eigentlichen Haupteingang, den ich nie gerne benutze, der ist mir irgendwie so fremd, zum Ring runter. Ich weiß noch, dass wir da auf den Stufen standen und dass wir so zögerlich waren und dass wir sagten: Sind wir nun gehorsam, sind wir nicht gehorsam? Dass wir drei uns anguckten und dass wir sagten: Wisst ihr was, wir gehen bloß mal gucken, weil wir ja gesagt gekriegt hatten, bitte nicht in die Innenstadt und bitte nicht an der Demo teilnehmen, um nicht zu provozieren. Weil es an diesem Abend ums Leben ging, das ist immer wieder gesagt worden.

Und da sind wir erst ein kleines Stück gegangen und auf einmal waren wir an der Ecke, am Markt. Das war genau an der Ecke, wo das Café da ist, wo früher die Stützen bloß waren, wo sie das Café drunter gebaut haben. Da war so ein alter Mann und der war betrunken und der hat fürchterlich rumgeschimpft, und da habe ich gedacht, der beschimpft uns. Weil ja die ganze Stadt voll war von schweigenden Gruppen und da habe ich gedacht, so ein alter, so ein Anti-Perestroika-Mann und habe mich mit dem angelegt. Der war betrunken und N. war es peinlich und S. war es peinlich, und da haben sie immer versucht, mich zu beruhigen. Ich konnte mich nicht beruhigen. Ich habe den angeschimpft und der hat mich angeschimpft und schließlich haben wir festgestellt, dass wir beide das Gleiche meinten, dass wir beide auf die gleiche Sache schimpfen. Und alle haben geguckt, weil eine unheimliche, gedrückte, schweigende Atmosphäre über der Stadt lag. Die Stadt war wirklich wie unter einer Aluminiumwolke oder so, aber unter so einer dröhnenden. Der ganze Markt war voll und nur von der Nikolaikirche her hörte man dieses Dröhnen. Und ich konnte, weil ich am 2. da war, konnte ich schon ausmachen, was dieser Rhythmus, was das bedeutete. Da hörte ich immer, dass sie schrien: Wir sind das Volk, dadadada, das hörte man dann, nicht die einzelnen Stimmen, nicht die einzelnen Worte.

Also man hörte nicht die einzelnen Worte, man hörte aber diesen Rhythmus. Ich wusste dann, ich hörte, wann sie „Gorbi" schrien, einfach aus dem Rhythmus und „Wir sind keine Rowdys! Wir sind keine Rowdys!" Das hörte man genau aus diesem Dröhnen, das war wie eine Melodie, die zu uns herüberschallte. Und da haben wir gesagt: „Da gehen wir aber nicht hin", aber jetzt gucken wir noch ein bisschen weiter. Dann sind wir weiter gegangen und da haben wir gesagt, wir warten bloß noch bis es genau um sechs ist, es muss ja kommen. Es war um sechs, auf dem Markt, da steht ja so eine Tonsäule[81] und da kam nichts. Da haben wir gesagt, da bleiben wir noch, wir müssen das hören. Da sind wir über den Markt gegangen, Schritt für Schritt, ganz zögerlich, denn wir sollten ja nicht, und dann waren wir plötzlich an den Arkaden und da waren wir plötzlich hinter den Arkaden, so zwischen dem Sportgeschäft, schon in Richtung Nikolaikirche. Der Sog war eindeutig. Und der Sog dahin, wo ich am 2. war, wo ich am 2. so allein gewesen war, und irgendwie wollte ich, ich wollte, dass ich da noch mal bin, mit den anderen. Ich habe zwar auch an N. gedacht und dass R. gesagt hatte: „Pass auf sie auf. Ich vertrau sie dir an". Ich wusste, dass es da am gefährlichsten war und trotzdem, trotzdem konnten wir drei uns dem Sog nicht entziehen.

Dann sind wir doch noch mal zum Stehen gekommen, da gibt es, da hinter der Börse, da an der Ecke, da war ein kleines Telefon, und da hat S. gesagt, er muss unbedingt seinen Freund anrufen, der krank zu Hause ist, der eigentlich mitkommen wollte und der sich große Sorgen um ihn macht. Da ist S. erst noch telefonieren gegangen. Da haben wir da gestanden und sahen, dass dem Sog also noch mehr unterlagen. Dass die alle langsam, langsam dahin so, so filtrierten, das war eine ganz eigenartige Geschichte. Die kamen wahrscheinlich so alle mehr oder weniger aus der Kirche, sie wollten alle nicht, aber wir kamen dorthin, und je näher wir dorthin kamen, desto stärker wurde die Konzentration. Und dann war das was ganz Eigenartiges. Da waren ja nun die ganzen Buden von diesem Oktobermarkt, von diesem Remmidemmi, was da die DDR noch mal veranstaltet hatte, um zu zeigen, wie herrlich und wie wunderbar alles in Ordnung sei. Es war relativ dunkel und da waren lauter so Kabel und plötzlich war so was wie ein Schuss. Wir waren kurz vorm Elefantenhaus und da drehten sich alle um und rasten weg. Es war im Bruchteil einer Sekunde eine riesige fliehende Menschenmasse und ich verlor schlagartig N. und S. Die waren natürlich schneller als ich und ich habe nach unten geguckt, damit ich ja nicht über so ein dämliches Kabel da stolpere. Die in ihrer Jugend denken an so was überhaupt nicht. Da fühlt man sich ja absolut unverwundbar und sie waren also weg und dahin.

Und plötzlich stellte sich heraus, dass das wahrscheinlich überhaupt kein Schuss gewesen ist, ich weiß bis heute nicht, was das war. Vielleicht hat sich irgendein Witzbold so was erlaubt oder es war ein Stasimann, der uns erschrecken wollte mit ich weiß nicht was. Alle blieben stehen und langsam filtrierte das wieder in die Richtung. Da tauchten auch, Gott sei Dank, N. und S. wieder auf und sie haben gesagt, sie lassen mich nie wieder allein und fassen mich nun an und lassen mich nicht los.

---

81 In der Leipziger Innenstadt standen Tonsäulen, über die als Stadtfunk aktuelle Informationen an die Bürger übermittelt wurden.

Da haben wir uns wieder angefasst und sie hatten mich in der Mitte, und dann haben wir uns angeguckt, und dann haben wir dahin geguckt, wo die Nikolaikirche war und wo ein Hexenkessel tobte. Wo die großen jungen Männer in den Jeansanzügen waren, die ich vorher, am 2. Oktober so intensiv erlebt hatte, vor denen ich fast Angst gekriegt hatte. Die füllten also wieder die ganze Straße und da standen wieder die Polizisten am Rand. Da habe ich gesagt: „Wisst ihr was? Wir gehen jetzt mal so rund herum, um diesen innersten Kern", und da waren sie beide auch dafür. Da habe ich in dem Augenblick auf die Uhr geguckt, das weiß ich noch, da waren wir also in dieser Straße, wo das Elefantenhaus ist und wo auf der rechten Seite dann später Benetton und wo später Waffen-Moritz war, in dieser Straße waren wir. Ich weiß nicht, wie die heißt, in dieser Straße sind wir auch gelaufen, und da war es genau 18.08 Uhr nach meiner Uhr. In diesem Augenblick, als wir vorne an dem großen Kaufhaus waren, was sie jetzt wieder so herrlich restauriert haben, in dem Augenblick – da stand eine Tonsäule – da kam dieser berühmte Ton oder was sie da immer gemacht haben, dieses Signal, dass was kommt. Wir blieben stehen und sagten: „Jetzt kommt's! Jetzt kommt's!" Es kam und es kam und es war ein Jubel, das werde ich nie vergessen. Männer haben ihre Kinder in die Luft geschmissen. Wildfremde Menschen haben sich umarmt. Alte Leute haben geweint. Alle haben gejubelt. Alle haben geschrien. Dazwischen standen lauter Gruppen von Männern, und zwar mal dreie, mal zweie, mal fünfe, die sagten gar nichts. Das waren an der Ecke ganz besonders viele, und wir guckten uns die an und begriffen schlagartig, wer das war, und die waren natürlich nun total verunsichert. Dann sah N. einen, das war so eine Art Punk, der war ganz in Schwarz und sie schrie los. Ich bewunderte ihren Mut, aber sie war mutig, sicher in dem Augenblick auch durch diese Lösung, dass nun endlich das ganze Volk doch mitgekriegt hatte, was bisher nur in den Kirchen gesagt worden war, dass sich jemand an unsere Spitze gestellt hatte und was für jemand. Da schrie sie: „Iii, guckt mal, was der hat!" Da guckte ich runter und da hatte der unten in seinem Punkanzug einen Gummiknüppel in so einer Seitentasche, da war so eine Seitentasche rechts am Schienbein, da hatte der einen Gummiknüppel drinstecken. Das war also ein Stasimann, der auf Punk getrimmt war und sich unters Volk gemischt hatte. Und sie schrie: „Iii oder guck mal" oder vielleicht hat sie auch gesagt „Stasi", das weiß ich nicht. Sie zeigte drauf und schrie, und das wurde von anderen aufgenommen und mehrere zeigten und guckten. Und der machte nichts, gar nichts, der hat uns nicht verhaftet, der hat nicht mit dem Knüppel auf uns eingeschlagen, der stand nur da und war verdattert. Das war das Zeichen für mich, dass diese Macht am Ende war. Dann sagte S., er muss mal. Das kann ich auch verstehen, und da musste N. auch mal und da habe ich gesagt: „Ich komm mit." Und dann sind wir quer durch die Massen durch in „Auerbachs

Keller" gerannt. Haben bei „Auerbachs Keller" geklopft, und da wurde uns sofort aufgetan und die dachten, wir flüchten, und das war so lieb, solche Solidarität, die sich da kundtat. „Kommt rein, kommt rein. Schnell, schnell, schnell". Da haben wir gesagt: „Wir fliehen gar nicht. Wir wollen bloß bei euch aufs Örtchen". „Was ist denn los draußen?" Da haben wir das erzählt und da haben die sich auch gefreut. Die saßen da also da unten und warteten ab. Dass sie uns aufnehmen wollten, war ja das Zeichen, dass sie auch für uns waren.

Ich hatte gehört, dass am 7. Oktober – meine Nachbarin ist Köchin gewesen im „Deutschland", das hieß damals noch Hotel „Am Ring" –, dass die also ihre Türen geöffnet hatten und die Fliehenden aufgenommen hatten. Und ich habe auch am 7. abends von meiner Schwester gehört, die damals abends in Leipzig ankam und gesehen hatte, wie eine Phalanx von Polizisten fliehende Leute auf der Straße von der Post runter, am Feinkost vorbei runter zum Bahnhof zu, vor sich her trieben, die da rannten, dass ihre Straßenbahn, die da umgeleitet wurde, die Straßenbahn abrupt stehenblieb, die Türen sich öffneten, Leute reinließen und die Türen sich dann wieder schlossen, der Fahrer weiterfuhr und die Polizei eben doof guckte. Die waren dann weg, die waren in der Straßenbahn. Und so hatte ich das Gefühl auch, als wir an dem Abend in den Auerbach-Keller kamen.

Und wir gingen dann wieder raus und inzwischen war etwas ganz Komisches passiert. Nämlich, die Stadt war leer. Während wir da drinnen waren, das waren vielleicht zehn Minuten oder eine Viertelstunde, weil wir denen das nun erzählt hatten, was draußen los ist und von dem Aufruf. Und wir kamen raus und die Stadt war leer. Da sind wir die Leute suchen gegangen. Das heißt, erst sind wir das Auto suchen gegangen, was uns nach Hause fahren wollte. Das war auch ein Freund von Stefan (S.), den hatten wir verloren, der war alleine losgetrieben und wir hatten gesagt, wir treffen uns dann da hinten wieder, an der Csarda, da war nix. Und dann hörten wir irgendwo immer Sprechchöre, aber wir konnten nicht orten, wo die sind. Dann sind wir durch die Petersstraße, kein Mensch. Dann sind wir am Gewandhaus hinten rumgekommen, da trafen wir ein Ehepaar, und da haben wir gesagt, wissen sie schon, was los ist? Ja, wir haben es eben grade gehört und da ging es schon wieder los, die haben das also alle fünf oder zehn Minuten durch alle Tonsäulen gebracht, und plötzlich haben wir mitgekriegt, was war. Wir haben die Demo verpasst. Die war inzwischen weg und wir haben dann nur noch den Rest von der Demo mitgekriegt, als wir wieder das Auto suchen gingen, da haben wir den Rest von der Demo mitgekriegt. Da war die Spitze von der Demo unten schon fast am Neuen Rathaus, hinter der Thomaskirche. Da sind wir noch dazu gegangen und haben uns das angeguckt. Dann sind sie rumgelaufen, und da sind wir am Rand mitgelaufen und es gingen also viele, viele

Leute und schrien und brüllten. Da muss ich sagen, dass mich das damals, irgendwie, weil ich nun so eingestimmt war von der Kirche her, das hat mich irgendwie negativ berührt, diese, diese Demo. Die waren so, die schrien so, die haben uns so ein bisschen angepöbelt. Die schrien: „Reiht euch ein, reiht euch ein!" Ich fand, die Hauptsache war passiert, für mich war in dem Augenblick die Hauptsache passiert, wo sich Masur und Co. an unsere Spitze gestellt haben und ich wusste, dass jetzt etwas kommen wird. Dann sind wir irgendwie nach Hause gekommen. Im Haus habe ich überall geklingelt, bei allen, die ich kenne und war also völlig aus dem Häuschen, habe das erzählt und habe dazwischen geheult. Die müssen mich alle für halbverrückt gehalten haben, denn die hatten inzwischen ganz schön sanft mit Hausschuhen zu Hause gesessen und hatten Abendbrot gegessen und hatten aber schon im Fernsehen mitgekriegt, dass da was war.

Ich wusste, dass mir hätte passieren können, dass ich zum Krüppel geschossen werde und schlimmstenfalls, dass ich mein Leben geben muss. Ich hatte das im Hinterkopf. Ich hatte das aber als 1:1000 im Hinterkopf. Ich habe aber gedacht, ganz egal. Lieber bist du tot, als so weiterleben. So ging es nicht mehr. Ich war nur noch verbittert, ich war nur noch zornig, ich war nur noch wütend. Ich war überhaupt nicht mehr ich selbst. Ich bin eigentlich lebhaft und früher war ich immer mit einem Lied auf den Lippen, habe immer gelacht und gern Witze gemacht. Das alles hatte ich im Laufe der Zeit verloren. Ich war nur noch ein Bündel Aggression und Wut.

Die kam daher, dass ich sah, dass dieses Leben hier total entmenscht war. Das heißt, es wurde uns gesagt, wie wir zu leben hätten. Wir wurden gelebt, wir lebten nicht. Es griff bis in meine Privatsphäre hinein und nicht nur in meine, eigentlich in die aller, auch in die der Stasileute. Meine Wut kam unter anderem auch daher, dass sich dieses Volk nicht auf die Hinterbeine stellte und sagte, verdammt noch mal, wir wollen über unser eigenes Leben selbst entscheiden. Ich will mir nicht sagen lassen: Also hört mal zu – wenn ich jetzt an die Reisefreiheit denke – unser eigenes Land ist so wunderschön, wieso soll ich da in ein anderes Land fahren, wo wir doch die herrliche Ostsee haben und den Thüringer Wald und das so herrliche Erzgebirge, wo die Bäume sterben, was natürlich nur immer angeblich eine Lüge vom Klassenfeind war. Es war ja immer angeblich alles in Ordnung. Dieses hasste ich. Ich hasste es, dass mir dieses Hotel Merkur vor die Nase gesetzt wurde, wo ja keiner irgendwie aufbegehrt hat. Da habe ich gesagt: „Kinder, das ist doch ein Angriff auf meine Würde, dass mir gleich gesagt wird, in diesem Hotel darfst du zwei Restaurants benutzen". Am Anfang waren es genau zwei, das

Arabeske und das Milano, und ansonsten ist dieses Hotel für dich tabu[82]. Und da haben die anderen zu mir gesagt: „Das kostet uns doch sowieso so viel und da gehst doch sowieso nicht hin". Da habe ich gesagt: „Hört mal zu, das ist eine Frage der Würde. Ich will selbst entscheiden, ob ich dahin gehe". Wenn ich so verrückt bin, dass ich bereit bin, einen ganzen Monatsverdienst für einmal in der Schwimmhalle schwimmen und einmal in so einem Zimmer wohnen zu bezahlen, dann soll man mir das überlassen, dann soll bitte nicht irgendjemand, den ich noch nie gesehen habe, es sei denn auf dem Bildschirm, darüber entscheiden, was für mich gut ist und was für mich nicht gut ist.

Das Wegnehmen der Selbstbestimmung, ist absolut „entmenscht", absolut würdelos. Man hat mir ja auch gesagt, was ich zu lesen hätte. Als ich nach Rumänien gefahren bin, mit meiner Stiefmama, die war damals schon 69, und wir sind also los nur mit einem – sie hatte so ein Altdamengefährt da, mit einer Tasche drauf – wir wussten noch nicht, wo wir wohnen würden und gar nichts. Ich hatte so eine vage Reiseroute im Kopf und es war September. Es war ein herrlicher September und es war eine Traumreise, und sie ist jetzt 88 und erinnert sich immer noch gern daran. Und als ich dorthin wollte, habe ich mich natürlich vorbereitet. Ich habe ein bisschen rumänisch gelernt, wie ich das immer gemacht habe, und vor allen Dingen wollt ich mich kunsthistorisch und landeskundlich vorbereiten. Und da bin ich in die DB (Deutsche Bücherei) gegangen und da habe ich mir alles rausgesucht und unter anderem über die Kirchenburgen, und da war das alles Blaukreuz[83]. Das ist doch ein Irrsinn, wenn man sich das vorstellt, nicht mal über Kirchenburgen, bloß weil da die alten deutschen Namen da drinnen vorkamen oder weil da vielleicht einer geschrieben hat, da haben vorrangig Deutsche gewohnt oder so. Das war doch ein reiner Blödsinn.

Man hat mir ja auch vorgeschrieben, wie unser Geschichtsbild auszusehen hat. Ich war immer sehr an Geschichte interessiert und es war vor allen Dingen – ich weiß nicht, woher das kam – ich war immer auch an nationalen Splittergruppen interessiert. Ich war immer davon fasziniert, dass es eine Gruppe von Auslandspolen gibt, die sich in Polonia zusammengeschlossen

---

82 Das Hotel Merkur, das zu den bekanntesten Hotels in der DDR gehörte, wurde 1982 zur Leipziger Frühjahrsmesse eröffnet, wurde von Interhotel betrieben und war vor allem für Gäste aus dem Westen gedacht.

83 Literatur in den Bibliotheken, deren Benutzung eingeschränkt war, wurde in der DDR mit einem Blaukreuz versehen. Blaukreuzliteratur konnte zur wissenschaftlichen Verwendung nach Absprache mit dem Leiter der Einrichtung in den Lesesaal ausgeliehen werden. Die Genehmigung dafür hing häufig von dem Wohlwollen der Mitarbeiter oder der aktuellen politischen Stimmung ab (vgl. Walther, Karl Klaus: Lektüre- und Leserkontrolle in der DDR. BFP, Vol. 35, pp. 197-202, Juli 2011. http://www.degruyter.com/view/j/bfup.2011. 35.issue-2/bfup.2011.026/bfup.2011.026.pdf). [Zugriff: 25.4.2014].

hatten, dass die über 10 Millionen sind. Genauso habe ich mich für die Splittergruppen Deutschlands interessiert. Das war überhaupt nicht chauvinistisch von mir gedacht. Auf einmal sollt ich nix mehr vom Memelland wissen, ich sollte nicht wissen, was die Russen '45 mit Moldawien gemacht haben, dass das ein ganz zusammengeklautes Ding war. Tschernowitz, Tschernowitz war eine phantastische Stadt, wo sich Juden, Griechen, Rumänen, Russen, Ukrainer, Polen, Ungarn, Deutsche trafen. Das war eine Stadt mit einer ganz, ganz hohen Kultur. Ich wusste das. Das wussten nur noch die Leute, die damals schon lebten und dann so paar Verrückte wie ich, die dran interessiert waren. Ansonsten wurde so was in der DDR totgeschwiegen und man kam an die Literatur überhaupt nicht ran.

Und mich hat eigentlich vielleicht deshalb, weil ich sprachinteressiert bin und weil mich andere Kulturen und Völker interessieren, immer die Kultur interessiert, also die, die auf engem Raum entstehende Mischkultur. Das heißt, so was wie im Elsass oder so was wie in Łódź, das ist ja für mich ein Thema, dieses Łódź. Immer da, wo Leute verschiedenen Glaubens und verschiedener Nationalität aufeinander treffen, weil das eigentlich die Schmelztiegel sind, aus denen hervor dann ganz bedeutende und besondere Leute kommen. Und das waren ja die Stellen, wo Deutsche im Ausland wohnten und mit anderen zusammentrafen, wo da nicht nur die Deutschen wohnten. Als ich das Glück hatte, das Glück musste man damals sagen, nach Jugoslawien zu reisen, als ich da in der Batschka war, das hat mich fasziniert. Da bin ich hingegangen und habe die Leute ausgefragt und habe da mitgekriegt, dass in manchen Dörfern Slowaken angesiedelt worden waren, in den anderen sogenannte Ruthenen, das waren also die aus dem Karpatenbogen. Dann wieder die Dörfer, wo noch die deutschen Namen dranstanden und in manchen Dörfern waren auf dem Dorfplatz vier Kirchen, die waren zu. Da war nur noch eine offen, weil jetzt bloß noch Serben da waren, und da habe ich erst mal gefragt, wer da alles gewohnt hat.

Das sind diese Dinge, die eigentlich doch früher diese Karte Europa bunt und vielfältig gemacht haben, und die hat dieser verdammte, unselige Sozialismus alle plattgewalzt, alle kaputt gemacht, alle dahin gemordet. Du durftest nicht mal was davon wissen, du konntest dich nicht mal darüber informieren, das war alles Blaukreuz in der Bibliothek. Ich habe das Buch gelesen von Wolfgang Leonhard, heimlich unterm Ladentisch „Die Revolution entlässt ihre Kinder", da habe ich mir natürlich auch mein Bild gemacht. Warum war so was nicht erlaubt? Ich meine, das war natürlich dagegen, wenn es so falsch gewesen wäre, hätten sie es rausgeben können und gleich ein Anti-Buch dazu. Das verstehe ich unter Demokratie. Ich tue mich natürlich jetzt mit der Demokratie etwas schwer, weil ich mich oft ein bisschen über die PDS aufrege, muss ich ehrlich sagen, und da sag ich mir immer: „Renate, bleib ruhig! Du wolltest die Demokratie und das ist sie. Du musst den anderen Stimme geben". Also ich bin auch ein bisschen angekränkelt von früher.

4.15.2 Die Wende

Durch die Wende habe ich gewonnen. Nun ja, mein Preis ist diese blöde Arbeitslosigkeit, aber die trag ich gerne, sehr gerne. Das, was ich gewonnen habe, ist viel, viel mehr. Die Freiheit. Das Reisen-Können, wie soll ich das sagen. Ich habe wahnsinnig gelitten und ich wundere mich eigentlich jetzt, dass ich nicht mehr reise. Ich habe wahnsinnig gelitten. Es ist bis zu Wunschträumen gekommen. Ich habe des Öfteren einen Traum gehabt, der sich eigentlich ständig wiederholte, mit Variationen. Ich steh auf dem Ku'Damm, den kannte ich noch, und rings um mich stehen ganz viele Leute und sagen: „Wie sind Sie denn hergekommen?" Und ich sage: „Ich weiß nicht, ich weiß nicht. Ich war auf einmal hier". „Und was machen Sie denn nun? Gehen sie zurück oder bleiben Sie?" Und dass ich auf diese Frage niemals antworten konnte, weil ich wusste, wenn ich mich entscheide, zu bleiben, da, wo der Ku'Damm ist, dann entscheide ich mich nicht gegen mein Land. Ich habe mich nicht sehr stark identifizieren können. Ich habe mich nie, auch im Ausland nie als DDR-Bürgerin bezeichnet, wenn man mich fragte, wo ich herkomme. Ich war ja nun, Gott sei Dank, immer in Besitz verschiedener Fremdsprachen, die ich handhaben konnte. Ich habe gesagt: „Raten Sie" und ich war selig und glücklich, wenn sie mich nicht als DDR-Bürgerin einschätzten, weil die DDR-Bürger auch als Sprachmuffel bekannt waren und als sehr arrogant und als sehr abgekapselt von der übrigen Welt, auch von der östlichen Welt. Und ich war sehr froh, weil ich wusste, ich wusste, was meine Polen über die Deutschen dachten, über uns, was die Tschechen über uns dachten, weil ich ja zufällig immer ein bisschen verstehen konnte.

Darum denke ich, dass dieser Traum, der immer wieder kam, meine Sehnsucht, meine Sehnsucht über meine Ortsbefindlichkeit, über meine jeweilige geographische Befindlichkeit selbst zu entscheiden, zum Grund hatte, dass mir das auch weggenommen war. Und ich habe gedacht, ich würde wie eine Verrückte reisen und das habe ich auch erst getan. Aber im Augenblick ist es so, dass ich kann und es gar nicht so ausnutze, wie ich gedacht habe, ich würde es tun. Nein, diese Reisefreiheit war eine Facette, war die Facette, die vielleicht am schmerzhaftesten auffiel und ins Auge sprang. Es war eine Facette dieser gesamten Unmündigkeit. Dieses, dass über mich bestimmt wurde. Es wurde also auch darüber bestimmt, in welchem geographischen Umkreis ich mich zu bewegen hätte. Und ich habe schon immer versucht, ein bisschen mehr und ein bisschen was Ausgefalleneres zu machen. Ich bin zum Beispiel nie mit diesem blöden Reisebüro gefahren, das habe ich nur gemacht im Falle der Sowjetunion, weil es da keine andere Möglichkeit gab. Oder als ich Polenverbot hatte, da habe ich denen wieder ein Schnippchen geschlagen; dabei habe ich gedacht, sie holen mich noch aus dem Flugzeug raus, als ich mit dieser Reisegruppe fuhr, mit dem Reiseleiter, der hundert mal weniger von Polen wusste als ich und wo ich dann einsprang an seiner Stelle. Das heißt also, diese Dinge, dieses Reisebüro-reisen, wo also ganz stark an der Hand genommen wurde, das habe ich absolut abgelehnt. Ich habe also versucht, so weit wie möglich, meine eigene Entscheidung und meine Freiheit innerhalb dieses Systems zu behalten.

Ich habe die Wende sehr begrüßt. Mein Selbstverständnis hat sich ganz entscheidend geändert. Ich hatte vorher eine ausgesprochene Außenseiterposition. Ich hatte mich eigentlich arrangiert, nein, das hatte ich nicht. Aber weil ich seit langem das Gefühl des Bevormundet-Seins hatte, das immer stärker wurde, habe ich mich auch immer stärker über mein Volk, nein, nicht mein Volk, das war damals nicht mehr mein Volk, ich habe mich immer über die, wie habe ich gesagt, die niedrigstirnigen Specknacken und Fettärsche geärgert, die korrumpiert waren mit einem Trabi, mit einer Neubauwohnung, mit einer Schrankwand und mit einem Farbfernseher. Die sich damit geistig irgendwie zur Ruhe gesetzt hatten, und die zwar allgemein rumnölten, dass es mal wieder kein Fleisch gab, was ich nebensächlich fand, dass es dies nicht gab und jenes nicht gab. Natürlich habe ich da auch ein bisschen gemeckert, aber das war nicht der eigentlich hopsende Punkt. Wenn ich Freiheit gehabt hätte, wär das mir egal gewesen. Verhungert ist keiner, wir waren bloß alle falsch ernährt, waren alle zu fett, haben alle falsches Essen gegessen. Womit ich nicht sagen kann, dass ich nun abgenommen hätte, leider nicht, aber das sind nun einfach die Verlockungen. Die werde ich eines Tages auch überwunden haben.

Also mein Selbstbewusstsein musste ich mir immer mühsam aufbauen in Polen, weil ich das Gefühl hatte, ich war hier in der DDR so allein. Ich habe manchmal wirklich an mir gezweifelt, und wenn ich ein dreiviertel oder ein ganzes Jahr nicht in Polen war und auf Ereignisse immer anders reagierte als meine Umwelt, was mich total fertigmachte, mich aufrieb, dann hatte ich wirklich das Gefühl, ich bin nicht ganz normal. Und dieses Gefühl wurde mir teilweise auch von meinen Kollegen vermittelt – ich bin ausgesprochene Cholerikerin – wenn ich also zornig war und Türen knallte. Ich habe immer nebenher gearbeitet, wenn ich z.B. meine Steuerrückerstattung von der Steuer holen wollte. Und jedes Mal, wenn ich hinkam, hatten sie sich was Neues ausgedacht. Solche verrückten und irren Sachen, wenn einem gesagt wurde: „Wir" – immer dieser Pluralis Majestatis – also diese dicke DFD-Tante, die da saß, die mit dieser Niedrigstirn und Fettarsch, aber von einem ungeheuren Selbstbewusstsein geprägt, sprach immer im Pluralis Majestatis, d.h. die hat sich so identifiziert, dass sie sich gar nicht als Frau Müller, Meier, Schulze, Lehmann betrachtete, sondern als ein Teil dieses Staates – „Wir wollen ja nicht, dass Sie nun noch nebenher große Reichtümer anhäufen, sondern wir wollen, dass das Leute machen, die das wirklich studiert haben". Statt dass sie zu mir sagt: „Das ist aber schön, dass Sie geistig so beweglich sind, dass sie auf verschiedenen Strecken arbeiten können" – genau diese Sache, die ich von der freien Marktwirtschaft immer schon wusste – nein, hier war es ganz anders, jeder möge bitte engstirnig zwischen seinen beiden Mauern dahintraben und ja nicht über die Mauer gucken, in keinem Fall, auch bitte nicht beruflich.

Wenn ich dann wieder in den Betrieb kam, dann habe ich mit Türen geschmissen, dann war ich wütend, dann habe ich den Nächsten angeschrien und dann hieß es: „Ach, die verrückte Böning." Oder wenn, wie z.B. damals mit Prag, als sie in Prag einmarschiert sind, ich bin fast ausgeflippt, da haben die sich alle an die Stirn getippt und gesagt, das darf nicht wahr sein. Ich war nicht da, also ich war in Polen, und als ich wiederkam und ich kam nun so mit dem Bewusstsein, wie ich es in Polen erlebt hatte, wie ich es dort offen hatte sagen können, auf der Straße und überall, und ich komme hierher und mache das hier auch. Da ziehen die sich vor mir zurück und da legen die den Finger auf den Mund und sagen: „Um Gottes willen, und willst du im Gefängnis landen, so was darf man denken, aber wir denken so was natürlich nicht". Ich denke, das ist so weit gegangen, das manche gedacht haben, weil ich immer provoziert habe, dass ich ein Stasimitarbeiter bin, weil sie es von niemand gewöhnt waren, dass es jemand gewagt hat, so seine Meinung zu sagen, und da habe ich ein ungeheures Defizit gehabt, was mein Selbstbewusstsein anbelangte. Ich habe manchmal wirklich an mir gezweifelt, weil Leute, von denen ich viel hielt, auch Duckmäuser waren.

Jetzt habe ich unheimlich an Selbstbewusstsein gewonnen, trotz Arbeitslosigkeit und ich glaube, dass mein Handicap vor allen Dingen mein Alter ist. Das kann eine fromme Selbsttäuschung sein, aber ich glaube, das ist es nicht. Denn es ist mir ja schon gelungen, bei Wessis ab und an ein bisschen einzusteigen mit meiner Übersetzerei. Also bin ich nicht schlecht, obwohl ich es nicht studiert habe. Also bin ich flexibel und könnte ich was machen.

Mein Weltbild hat sich nicht verändert und ich habe nie ein Feindbild gegenüber dem Westen aufgebaut. Ich hatte meine Großeltern drüben, bei denen bin ich gewesen alle zwei Jahre bis 1960. Ich habe gesehen, dass das eigentlich mehr meine Welt war als hier bis 1960, und als ich nicht mehr fahren durfte, ich hatte den 13. August 1961 nur heulend verbracht. Ich war zelten in Prerow und ich wusste vorher, dass dieser Tag kommen würde. Wir hatten einen Bekannten, der war mit Sicherheit bei der Stasi und der war bis hoch oben mit dem ZK versippt und verschwägert. Er war wirklich ein Kapitalistenfresser und ich habe mich gehütet, ihn jemals in mein Inneres gucken zu lassen, und ich war bei allem Mut, den ich oft hatte, war ich an dieser Stelle sehr vorsichtig, weil ich wusste, dass der Mann sofort die Möglichkeit gehabt hätte, mich abwandern zu lassen hinter Schwedische Gardinen. Der hat das also nie in dem Maße gewusst, den habe ich ja auch nur während meines Studiums erlebt und dann leider noch ein bisschen danach, da war ich Assistentin, nein, ich war noch Aspirantin. Und da hat er Anfang August , das war der 6. August – ich wollte am nächsten Morgen losfahren nach Prerow zum Zelten, wo ich immer war, FKK und wunderbar und eben auch ein Stück Freiheit und alle politisch so wie ich und ach, was wir dort gemacht haben abends an den Lagerfeuern, phantastisch die Diskussionen – und da hat er irgendwie sich aus der Hand gegeben und war wütend und hat über irgendjemand geschimpft und er hat gesagt: „Und eines Tages und der Tag wird nicht mehr fern sein, da werden die Westberliner aufwachen und da werden sie sich wundern und da wird nämlich ein Stacheldraht rings um sie herum sein". Und da ich wusste, was er für Kontakte hatte, da wusste ich, dass das kommen würde. Außerdem wusste ich, ich hörte doch immer Westrundfunk und die gaben doch immer die Flüchtlingszahlen an, ich wusste, dass die Flüchtlingszahlen horrende angestiegen waren, dass das so nicht weitergehen konnte. Ich hatte ja schließlich gesunden Menschenverstand, und da bin ich zu meinen Eltern gefahren, bei denen war ich am 7. August: „Ich fahr nicht nach Prerow, ich geh nach Westberlin, ich halt es nicht aus". Da hat mein Vater, der war Professor an der Uni in Rostock, der hat gesagt: „Um Gottes willen, das ist wie bei den Nazis, das ist doch hier Sippenhaft und denk an mich und was soll denn aus mir werden und, und, und". Jedenfalls habe ich mich breit schlagen lassen. Ich bin nach Prerow gefahren und habe gebangt, als es am 13. früh überall an die Zelte klopfte und als die Leute schrien und ihre Zelte einpackten und losdonnerten mit ihren Motorrädern in Richtung Berlin. „Vielleicht kommen wir doch noch raus". Und als der Rest wie ein Häufchen Unglück auf diesem völlig geplünderten Zeltplatz saß, bin ich in mein Zelt gegangen und habe ununterbrochen geheult. Die einzigen Kommunisten, die wir hatten – das waren ganz nette Leute, die waren aber sehr isoliert gewesen, aber weil sie so nett waren, da haben wir gesagt: „Ach das sind arme alte Irre" – die kamen und haben mich gestreichelt und haben gesagt: „Renate, das ist doch nun der Anfang von einem blühenden Leben", und ich habe nur gesagt: „Das ist das Ende, das ist das Ende von dem Stück Freiheit, was wir noch hatten. Jetzt geht es los" und ich hatte Recht.

Ich habe dann Folgendes versucht: Ich hatte um die Zeit also die Verwandten drüben und noch niemand weiter. Durch die zweite Frau meines Vaters hatte ich Kontakt zu einigen älteren Damen, aber nicht eigentlich selber Kontakt außer zu meinen Großeltern, und dann ging es los. Dann habe ich – nicht gezielt, das hat sich ergeben, weil ich immer anders war – hatte ich immer die Möglichkeit, wenn wir irgendwo waren – ich weiß ja nicht, wo ich Englisch gelernt habe, aber ich konnte dann auf einmal Englisch – ich hatte dann immer die Möglichkeit, wenn wir irgendwo waren, wenn wir in Prag waren oder in Warschau waren und ich war mit einer Gruppe und wir trafen irgendwelche Ausländer, wer musste ran, wer musste reden und die Kommunikation machen mit denen, das war immer ich. Und dadurch habe ich haufenweise Adressen gesammelt und mit denen korrespondiert. Die haben mich dann gefragt, ob sie mich besuchen könnten, dann haben die wieder ihre Freunde mitgeschleppt, d.h. ich habe haufenweise Besuche gehabt. Sicher hatte ich deshalb schon sehr bald eine Akte bei der Stasi. Ich hatte ja nur ein Zimmer und ich habe manchmal vier Mann in diesen 9m^2 irgendwie untergebracht mit Luftmatratze und Schlafsack, ich weiß nicht wie, das war phantastisch. Ich habe immer Kontakte gehabt, und es hat sich ständig erweitert.

Und auch als sie mich dann nach Jugoslawien fahren ließen, da habe ich eine meiner besten Freundinnen kennengelernt. Das ist nun 20 Jahre her. Wir sind eine verschworene Gemeinschaft. Ich war natürlich nach der Wende sofort das erste Mal bei ihr. Vorher kamen die alle zu mir. Also pro Jahr habe ich meine Busenfreundin aus München, meine Busenfreundin aus Aachen, meine Busenfreundin aus Tübingen bei mir gehabt, die kamen mit Sicherheit. Dann kam noch eine Münchnerin dazu, die hatte ich durch meine Nachbarin kennengelernt, die war dann immer hier als Guide für Amerikaner. Dann haben sie mich mit reingeschmuggelt, weil ich so schön Englisch sprach, untergehakt und mit rein in die Hütte, wo ich sonst nicht rein durfte als DDR-Bürgerin. Ich habe also ständig Kontakte gehabt und habe ständig gesehen, was das für prima Leute waren, was das für Leute waren, die überhaupt nicht vernagelt waren, die geistig dem Durchschnitts-DDR-Bürger total überlegen waren, nicht, weil sie klüger waren a priori, sondern weil sie mehr auf der Welt gesehen hatten.

Dann hat es mir sogar eine Russin bestätigt. Eine Russin, die hat bei dem großen Professor Awdijew[84] studiert gehabt, dem Awdijew, und die hat mir erzählt, sie war im Prado und hat das und das gesehen und da fiel ich beinah auf den Rücken und habe gesagt: „Wie bitte, Prado, wie können Sie denn und die Russen dürfen doch auch nicht". Und da hat sie gesagt: „Nein, das ist nicht ganz so". Die Wissenschaftler haben sie immer fahren lassen, und da hat sich auch Awdijew für eingesetzt und Awdijew hat gesagt: „Man kann sein eignes Land, seine eigne Kultur, seine eigne Kunst, seine eigene Litera-

---

84 Prof. V.I. Awdijew hatte in Moskau einen Lehrstuhl für alte Geschichte mit Schwerpunkt Orient.

tur nur im Kontext mit den anderen richtig einschätzen". Und das aus dem Munde einer Russin, die Mitglied der Akademie der Wissenschaften war, und das habe ich dann immer wieder gesagt, wenn ich mit irgendwelchen fürchterlichen Bürokraten hier irgendwelche Gefechte ausfechten musste.

Insofern hat sich mein Weltbild überhaupt nicht geändert. Ich habe gewusst, dass der Kapitalismus seine harten Seiten hat. Ich war natürlich manchmal konsterniert, dass er dann wirklich so hart war, wie es mir alle angedroht hatten, meine Freunde aus dem Westen. Es waren ja meistens linke Leute, sonst hätten sie erst gar nicht mit mir Kontakt gesucht, mit einer, die hier im Osten wohnt. Aber sie waren ja immer ganz entsetzt und sagten, das ist nicht der Kommunismus, den wir uns vorgestellt haben, und so ist es ja nun nicht. Sie haben mir immer gesagt, das ist eine Diktatur anderer Art, aber auf keinen Fall dürft Ihr Euch Sozialismus oder Kommunismus nennen. Das ist eine Überheblichkeit. Ich hatte ja auch Kontakt mit der RAF nahestehenden Leuten, das habe ich erst hinterher richtig mitgekriegt. Ich war eigentlich immer offen für die andere Seite und dadurch hat sich mein Weltbild gar nicht verändern müssen, sondern ich bin eigentlich in meinem Weltbild bestätigt worden. Weil ich 40 Jahre lang eigentlich nichts weiter getan habe, als darauf gewartet, dass dieser sogenannte Sozialismus nun endlich mal zu Ende geht. Und nun ist er zu Ende.

Meine Vorstellungen von gerechter oder ungerechter Gesellschaft haben sich nicht verändert mit der Wende. Ich weiß, dass es keine gerechte Gesellschaft geben kann. Ich habe immer gesagt – das würde auch die Mutti von N. bestätigen können – ich habe immer so ein paar ständige Redewendungen draufgehabt und eine derjenigen war: Utopia kann es nicht geben! Es gibt keine gerechte Gesellschaft, das geht nicht.

Ich hatte zwar mal solche naiven Vorstellungen, ich finde, dass das eine naive Vorstellung ist, wenn man daran glaubt, dass man das Paradies auf Erden aufbauen kann. Das geht nicht, denn der Mensch an sich ist nicht dafür geschaffen. Und diese Geschichte, die in der Bibel vorkommt, mit der Erbsünde, hat irgendetwas damit zu tun. Ich bin nicht klug genug, um das näher zu erläutern, aber ich habe neulich einen sehr interessanten Mann kennengelernt. Das war der polnische Dichter Jacek Bochenski, der hat dazu ein interessantes Buch geschrieben – was natürlich in der DDR auch nicht erscheinen durfte, es durfte ja viele polnische Literatur hier nicht erscheinen –, das heißt „Tabu"[85] und das geht um diese Sündigkeit des Menschen, das ist ja auch sehr einschichtig, und das ist ja nur fürs Volk gedacht, in der Kirche mit Erbsünde und so. Es ist irgendetwas dran, dass der Mensch an sich sehr vielschichtig ist und durchaus nicht nur gut. Und ich muss sagen, dass ich es wunderbar finde, dass er nicht nur gut ist. Ich könnte es nicht aushalten zwi-

85 Bochenski 1966.

120

schen lauter Engeln, da würde ich vor lauter Langeweile eingehen. Und wenn, und da habe ich immer gesagt, wenn diese Vorstellung von der Kirche stimmen würde, dass wir hinterher alle auf der Wolke sitzen und Harfe spielen und alle sind sie lieb miteinander, da schlaf ich denn lieber die ganze Zeit. Meine Beziehungen zu Freunden und Kollegen haben sich nicht sehr verändert, da gab es keine Brüche. Es gibt einige leichte Verstimmungen, die gehen von mir aus, das ist aber eine gewisse Intoleranz von mir, was ich noch abbauen muss, weil nicht alle mit dem gleichen Hurra das Ende der DDR begrüßt haben. Weil viele, nicht viele, weil einige dieser DDR an bestimmten Stellen hinterher weinen, was ich überhaupt nicht begreifen kann, Weil ich weiß, dass das nur Sand-in-die-Augen-Streuen war, z.B. diese sozialen Maßnahmen, wo sogar der Schabowski, nach einem Jahr – in der Zeitung habe ich das gelesen – gesagt hat, dass wir diese sozialen Maßnahmen nicht mehr hätten durchhalten können, dass u.a. diese sozialen Maßnahmen zum Niedergang der DDR, zum wirtschaftlichen Niedergang der DDR geführt haben. Natürlich und davon bin ich auch nicht frei, war ich immer zornig und wütend und neidisch, dass diese sozialen Maßnahmen stets die anderen trafen und niemals mich. Ich hatte ja von diesen ganzen sozialen Maßnahmen nur den Haushaltstag und den erst seit dem 42. Geburtstag, und das war es. Dafür aber hatte ich ganz wenig Urlaub und diesen verdammten Haushaltstag musste ich immer in dem entsprechenden Monat nehmen und konnte ihn nicht mit rüber nehmen in den nächsten Monat. Also hatte ich eigentlich auch nicht viel gekonnt, außer einmal Ausschlafen im Monat. Das war mein Ganzes, was ich hatte, alles andere habe ich mir erkämpft: Beide Wohnungen. Wenn ich an diese Gasheizungsgeschichte denke, wie sie mich gedemütigt haben. Die Frau Dr. ist wohl zu fein, sich die Fingerchen mit Kohle schmutzig zu machen, und lauter solche Sachen. Also nein, ich habe von den sozialen Maßnahmen nie was gehabt. Da sitz ich natürlich nun auf einem hohen Ross und sage, „Na Ihr, mit Euern sozialen Maßnahmen, Ihr wisst wohl gar nicht, was das gekostet hat, und dass sich das der Staat eigentlich nicht leisten konnte und dass der Staat das machen musste, bloß damit ihr weiter kusch gemacht habt. Ihr wisst wohl gar nicht, was mit der Stasi los war." Wenn ich dann höre: Ach der BND. Also der BND ist natürlich da und ich unterschätze den auch nicht, aber ein solches System von Überwachung und Bespitzelung gegenseitig, ich glaube, das war einmalig in der Welt. Und das habe ich die ganze Zeit gespürt.

Im Freundeskreis hatte ich nicht das Gefühl der Bespitzelung, aber im Kollegenkreis. Wir waren ja fast eine elitäre Gruppe dort, wir waren sehr rausgehoben aus dem DDR-Alltag. Wir saßen ein bisschen im Elfenbeinturm. Das hing auch mit unserem Chef zusammen, der uns gewisse Vorzüge und einige Möglichkeiten erkämpft hatte, also ich hatte mit Politik an meiner

Arbeitsstelle fast nichts zu tun gehabt. Ich bin auch einfach niemals irgendwohin gegangen, nachdem ich die Schule der sozialistischen Arbeit[86], wo ich verantwortlich war, endlich von mir abgewimmelt hatte, wo es mir aber gelungen war, in den letzten Jahren sehr kritische Leute heranzuholen. Es gab einen Prof. K. oder so hieß der, von den Wirtschaftswissenschaftern. Ich habe nur die geholt, die nicht erzählten, es ist alles gut, sondern die kritischen. Und da hatte ich auch wieder Zulauf. Aber nachdem ich das endlich von mir hatte, da habe ich mit Politik überhaupt nichts mehr am Hut gehabt, habe mich überhaupt nicht mehr drum gekümmert. Offiziell bin ich also nicht mehr zu Versammlungen gegangen. Das war alles weg von mir. Das war weg von uns, aber natürlich wussten wir, dass wir mindestens zwei hatten. Die eine war klar, die war absolut klar. Und der andere, wer ist der andere? Und da bin ich mir heute noch nicht im Klaren, darum habe ich auch diesen Antrag auf Stasi-Akten-Einsicht gestellt. Ich will es wissen. Ich will wissen, wer mir meine Dienstreisen ins Ausland vermasselt hat. Meine Dienstreisen nach Polen und damit auch meine Privatreisen nach Polen, die für mich lebensnotwendig waren.

Das unterschwellige Wissen, da könnte jemand spitzeln, das hat die Beziehungen im Kollegenkreis belastet. Das trifft nicht nur auf mich zu, auch auf andere. Denn wir waren einige wenige, die ganz frei miteinander sprachen und wir haben uns öfter Gedanken gemacht. Wir haben gesagt, mein Gott, hören wir damit auf, das ist ein Wahnsinn, aber immer wieder kam was vor, wo eine Information plötzlich bei unserem –, bei unserm Verlagsleiter angekommen war, die nur aus dem internen Kreis hatte kommen können, also musste es jemand sein. Es hat eine große Rolle gespielt

Im Freundeskreis hatte ich keine Angst, niemals. Da habe ich jetzt Angst, da habe ich jetzt Angst, wo ich jetzt merke, dass so viele dieses Neue nur schlecht sehen, vorurteilslos schlecht, dass es mich geradezu graust. Ich kann ein kleines Beispiel erzählen, die Geschichte mit dem Gaspreis. Da sind sie wütend. Da sagen sie: Bis 600 Mark kostet das weniger und über 600 Mark kostet das mehr, das ist doch wieder typisch kapitalistisch gedacht. Da kann ich sofort sagen, warum das so ist. Das ist, damit die Heizgasverbraucher nicht ganz so schrecklich viel brauchen und so denke ich, dass sich vieles auflöst, was einfach falsch ankommt. Die sind aber so verbiestert, die wittern hinter jeder Maßnahme erst mal das Schlechte, wie ich es früher gemacht

---

86 Die Schule der sozialistischen Arbeit war eine Kernform der gewerkschaftspolitischen Massenarbeit des Freien Deutschen Gewerkschaftsbundes. Sie richtete sich an alle Werktätigen und diente der Popularisierung des Marxismus-Leninismus als Weltanschauung (vgl. FDGB-Lexikon 2009: Funktion, Struktur, Kader und Entwicklung einer Massenorganisation der SED (1945-1990), hg. von Dieter Dowe, Karlheinz Kuba, Manfred Wilke, bearb. von Michael Kubina Berlin. http://library.fes.de/FDGB-Lexikon/texte/sachteil/s/Schule_der_sozialistischen_Arbeit.html). [Zugriff: 1.4.2014].

habe. Also weiß ich aus meiner eigenen Erfahrung, dass sie erst mal contra sind. Da bin ich jetzt misstrauisch und habe Angst, dass ich deren Namen, wenn ich meine Akte bekomme, finde, und dann weiß ich nicht, wie ich mich verhalte, ich weiß es nicht. Ich weiß nicht, ob ich die Charakterstärke habe, hinzugehen und zu sagen, hört mal zu, ihr seid meine Freunde gewesen und das war es nun.

Ich habe keine Angst, sie zu verlieren, wenn sich dieser Verdacht, der da so hochkommt mit Stasi und so, zerschlägt, weil die Meinungen zu dieser neuen Gesellschaft zu weit auseinandergehen. Das schreib ich auch immer. Das eine ist meine sehr, sehr gute Freundin vom ersten Studientag an.. Diese sehr gute Freundin von mir hat also jetzt politisch eine ganz andere Meinung als ich, obwohl wir beide Bündnis 90 gewählt haben und trotzdem divergieren wir sehr. Da mach ich Folgendes, ich schreib es ihr und sie schreibt es mir und wir reden nicht drüber, Dann verkraften wir die Meinungen so. Und ich schreib es immer wieder.

Ich will ja, ich will Toleranz lernen. Ich weiß, dass zur Demokratie Toleranz gehört, und das ist etwas, was mir wirklich, worunter ich wirklich gelitten habe. Ich meine, wir sind alle geschädigt durch das, durch die vergangenen 40 Jahre und mein Schaden ist die mangelnde Toleranzbreite. Ich habe hassen gelernt, aber ich habe nicht tolerieren gelernt. Sie haben mich hassen gelehrt durch ihr eigenes Dasein. Ich habe sie gehasst. Sie wollten, dass ich sie liebe, und sie haben erreicht, dass ich sie hasse. Sie haben mich nicht gelehrt, dabei die Meinung des anderen stehenzulassen und zu tolerieren und das ist mein Lernprozess, den ich jetzt mühsam absolviere, ganz allein, weil ich ja nun raus bin aus dem Arbeitsleben. Aber ich weiß es, ich bin mir dessen bewusst und ich glaube, das ist schon der erste Schritt.

Mein Verhältnis zu Kunst und Literatur hat sich nach der Wende vertieft. Ich habe voller Freude festgestellt, dass ich jetzt Kunstwerke zu sehen bekomme, von denen ich früher nur träumen konnte, die ich das allererste Mal in meinem Leben in Jugoslawien gesehen hatte, in Belgrad. Wo ich also ein ungeheures seelisches Erlebnis hatte. Oder wenn es denn mal hier in Berlin eine Ausstellung gab, aber meistens auch nur wieder die Westberliner rüberkamen und die DDR-Bürger wieder nicht. Ich erinnere nur an die Ausstellung „Von Delacroix bis Picasso". Es war beschämend: 80% Westdeutsche, 20% DDR-Bürger. So habe ich jetzt erstmalig die Gelegenheit, mit Kunst und Kultur in Berührung zu kommen, die uns durch all diese Jahre versagt geblieben ist, und ich stelle also bei mir auch ein großes Defizit fest. Ich stehe oft ganz hilflos da, und da schaffe ich die Toleranzbreite aber sehr schnell. Da sag ich mir, es liegt an mir. Ich bin in meiner Kunstrezeption wie eine Harfe, die viele Saiten hat, und diese Saiten sind noch nie angeschlagen worden und wenn ich die das erste Mal anschlage, geben die einen Misston von sich. Ich muss das lernen. Ich muss lernen, dass auch eine Rauminstallation Kunst ist. Da gehe ich immer wieder hin und immer wieder hin und jedes Mal schaffe ich ein Stückchen mehr. Und es gibt auch solche Dinge, die mich einfach umwerfen, zum Beispiel die Horst Janssen -Ausstellung im Museum, die ist so was Phantastisches, das war vorher nicht möglich gewesen

Die Preise, so hoch sind die noch nicht, so hoch sind sie noch nicht. Da muss ich sagen: „Ihr lieben Ex-DDR-Bürger, ihr habt etwas nicht zu schätzen gewusst und ihr habt es minder geschätzt, was sehr billig war und ich finde es richtig, die Preise, wie sie jetzt sind". Wenn sie noch höher gehen, finde ich es sehr bedauerlich, dann werde ich mich ein bisschen einschränken müssen, aber jetzt ist es so, dass ich sage, wenn ich mir einen schönen Pullover kaufe, dann bin ich auch bereit, dafür eine gewisse Summe hinzulegen. Warum soll ich nicht für ein gutes Theatererlebnis, für ein gutes Opernerlebnis, nun wo wir endlich die Stars alle haben, auch einen entsprechenden Preis hinblättern. Ich habe nämlich gelernt, das haben mich diese vergangenen 40 Jahre gelehrt, dass man Dinge, die billig sind, missachtet, auch wenn man es weiß.

Ich war in der DDR alles andere als reich. Ich war eigentlich sogar ziemlich mickerig. Ich würde nicht gerade sagen, ich war arm, aber es war ziemlich mickerig, weil ich nämlich auch keine Beziehungen hatte und es gab ja dieses wunderschöne Wort: Was ist die Hauptstrafe in der DDR? Sechs Jahre ohne Beziehungen. Und so war es bei mir. Ich habe zwei Wohnungen hintereinander ausgebaut, und ich habe das nur können, weil ich nebenher gearbeitet habe: Ich habe 10 Jahre lang als Redakteurin an diesem Lexikon 710 Mark auf die Hand gehabt als Alleinlebende. Mit Ausbauen der Wohnung, wo ein Klempner locker für zwei Tage 2000 Mark verlangte und wo ich als alleinstehende Frau natürlich keine Neubauwohnung kriegte, sondern eine ganz alte Kabutze, wo natürlich niemals eine Wanne oder so was drin gewesen ist, wo ich also alles so was erst einbauen musste. D. h. ich war niemals auf Rosen gebettet in der DDR, ich habe nur immer zugeguckt, wie die Faulpelze, die an der richtigen Stelle katzbuckeln konnten, wie die zu Amt und Würden und wie die zu Einkommen kamen.

Das heißt, ich war überhaupt nicht auf Rosen gebettet und ich hatte eine Vorstellung, die ist nun allerdings zerschlagen. Ich habe gedacht, das ist die ungerechte Gesellschaft, der Sozialismus, der gibt seinen Leuten, die ihm nach dem Munde reden, die irdischen Güter und die, die dagegen sind, die sind sehr hart gebettet und es geht alles andere als nach Leistung. Und die kapitalistische Gesellschaft ist zwar hart, aber da geht es nach Leistung und da bin ich auf die Nase gefallen. Ich habe begriffen, dass es auch in der anderen Gesellschaft nicht nach Leistung, sondern auch nach Nase geht. Und wie sich nun meine Situation verändert hat, ist folgendermaßen: Ich bekomme weniger Geld als vorher und kann trotzdem nicht sagen, dass es mir schlechter geht, komischerweise, denn ich lebe viel bewusster mit diesem Geld. Ich würde sagen, mit diesem Geld kann ich viel mehr anfangen. Ich habe ein ganz anderes Verhältnis zum Geld gekriegt. Das Geld ist in meinen Augen wirklich etwas wert. Und ich habe begriffen, dass diese so hart erkämpfte Wohnung etwas wert ist. Ich sehe diese Wohnung nun mit ganz anderen Augen an. Ich habe sie immer geliebt. Ich habe sie mir ja hart erkämpft. Also ich habe ein anderes Verhältnis zum Geld gekriegt. Ich kaufe sehr bewusst und insofern kann ich nicht sagen, dass es mir schlechter geht.

Ich habe doch ein bisschen das Gefühl von Wohlstand. Das ist einfach so, dass ich mir jetzt ganz einfach materielle Dinge leisten kann, die früher für mich absolut nicht erreichbar waren. Zum Beispiel dieses berühmte Status-symbol aus der DDR, Farbfernseher. Ich hatte einen Farbfernseher. Wie habe ich den gekriegt? Das war einer, der war mit nach dem Westen gegangen, dann haben wir den zurückgeschmuggelt, das durfte man ja nicht. Der durfte nicht wieder in die DDR, der war legal ausgereist mit jemand, ging drüben nicht, weil er bloß SECAM hatte und kein PAL und durfte nicht zurück, und der ist dann im Bus, bei GIs ist der mit eingereist. Und vorm Merkur haben wir ihn in einen Trabi umgeladen – das steht sicher auch in meiner Akte – und da habe ich später noch das PAL reinbauen lassen. Ja und der hatte nun seinen Geist aufgegeben. Früher wäre das für mich eine nationale Katastro-phe gewesen, denn ich hatte mich an den Farbfernseher gewöhnt. Ich hätte niemals wieder 4.500 Mark zusammengekriegt. Das war einfach nicht drin oder 4.900. Ich hätte dann entweder ganz auf den Fernseher verzichtet oder den kleinen Robotron hervorgeholt. Das nächste, die Waschmaschine, Dinge, die einfach zum modernen Komfort dazugehören, die in der DDR ein ge-meinsam arbeitendes Ehepaar sich leisten konnte, aber ein Alleinstehender sehr schwer, vor allen Dingen ein Alleinstehender mit meinem Gehalt und mit zwei ausgebauten Wohnungen. Das sind Dinge, die das Leben für mich doch erschwert haben, dass ich solche Dinge nicht haben durfte und nicht haben konnte, obwohl ich immer nebenher gearbeitet habe. Ich habe bis zu 16 Stunden am Tag gearbeitet und diese Dinge, dass die mir jetzt einfach so ins Haus flattern, dass das für mich überhaupt kein Problem ist. Für ein paar hundert Mark einen Farbfernseher zu kaufen oder eine Waschmaschine zu kaufen oder wenn mein Kühlschrank kaputt wäre, du liebe Zeit. Damals habe ich mir den kleinen Kühlschrank gekauft und die kleine Kühlbox – ach da habe ich, glaube ich, noch 20 Mark West gegeben, damit ich sie überhaupt kriegte –, wie war das schlimm, und das war auch nicht vom normalen Geld, das war auch für mich nicht ersparbar, da habe ich ein großes Buch übersetzt und da habe ich so was gekriegt. Wenn ich mir das vorstelle, wo ich meine Arbeitskraft hin verschleudert habe, weil ich jetzt weiß, was man für eine Übersetzung bekommt, ach, das ist einfach nicht zu sagen. Nein, dass ich mir

Dinge leisten kann, trotz meines eingeschränkten Einkommens, die ich mir früher nicht leisten konnte, gibt mir ein gewisses Gefühl von Behaglichkeit, gebe ich ganz ehrlich zu, ich bin davon nicht frei. Ich bin davon nicht frei, dass es mich freut, dass ich mir jetzt Blumen kaufen kann, wann immer ich will, dass ich mir – ich bin davon nicht frei –, dass ich mir Apfelsinen und Bananen kaufen kann und mich darüber zu freuen, und ich kann es. Ich bin vor allen Dingen auch nicht davon frei, mich darüber zu freuen, dass ich mir einen richtig hübschen Pullover kaufen kann und nicht bloß den, den die Exquisitverkäuferin von irgendwo herholt, weil ihn eine andere nicht wollte, und der trotzdem paar hundert und zwanzig Mark kostet, und entweder du nimmst ihn oder du nimmst ihn nicht. Und diese Dinge, dieses farbiger gewordene Leben, gibt mir, einfach was mein ästhetisches Empfinden anbelangt, Freude und Behaglichkeit

Was ich mir für die Zukunft wünsche? Also für die Welt wünsche ich mir sehr viel mehr Einsicht: Ozonloch, Autos usw. in ökologischer Hinsicht und für mich selbst wünsche ich mir, dass ich gesund bleibe und toi, toi, toi, dass ich doch wieder Aufgaben bekomme, vor allen Dingen in Richtung Übersetzung, das wünsch ich mir sehr. Dass ich wieder gebraucht werde, das brauch ich. Ich hab jetzt lauter Krücken, aber ich will auch ohne diese Krücken laufen können.

4.16 Lebenssituation 1994

Interviewerin: Ich möchte anknüpfen an das Interview von 1992 und Sie heute fragen, wie Sie die Wende mit dem Abstand der zwei Jahre für sich bewerten, was sie Ihnen gebracht hat. [87]

R. B.: Also konkret, die Wende, hat sich für mich nicht verändert, würde ich sagen, die Wende an sich, aber meine jetzige Situation schätz ich anders ein als vor zwei Jahren. Ich glaube aber, dass das bei mir persönliche Gründe hat. Ich habe also im vorigen Jahr, im Herbst, die erste echte Depression in meinem Leben gehabt. Das hängt aber nicht ursächlich mit der Wende zusammen. Es hängt insofern doch ursächlich mit der Wende zusammen, als ich eben entlassen worden bin und keine Arbeit mehr habe. Ich glaube mein Problem ist das Gefühl, das sich aber irgendwann herauskristallisiert hat, was ich vor zwei Jahren noch nicht so bemerkt habe, dass ich jetzt auf einmal alt

---

[87] Die folgenden Ausführungen sind Inhalte aus dem zweiten Interview von 1994. In diesem Teil werden die Fragen der Interviewerin mitveröffentlicht, die sehr stark die Antworten und somit den Inhalt strukturieren.

bin, dass ich überhaupt nicht mehr dazugehöre, dass eigentlich nun nichts mehr kommt und das habe ich wahrscheinlich im vorigen Sommer begriffen. Zunächst war es schön gewesen, so ohne Arbeit und irgendwie frei zu sein und über sich selbst bestimmen zu können.

Die finanziellen Möglichkeiten haben sich ja dann durch die Erhöhungen des Altersübergangsgeldes auch immer mehr verbessert. Ich muss sagen, was die Finanzen anbetrifft, ist es mir noch nie so gut gegangen wie heute. Ich habe jetzt fünfzehnhundert, und das ist für mich eine sagenhafte Summe. Ich habe in der DDR nie so viel Geld verdient, also das ist nicht das Problem.

Das Problem ist dieses Gefühl, überhaupt nicht mehr dazuzugehören. Und wenn ich darüber nachdenke, dann ist es, weil ich alt bin. Und das, das hat eigentlich mit der Wende zu tun, denn wenn jetzt die Wende nicht gekommen wär, dann hätt ich ja noch Arbeit, dann hätt ich in anderthalb Jahren auch keine Arbeit mehr, weil ich dann 60 bin, aber ich hätte mich darauf vorbereiten können. Es war mir einfach zu abrupt. Ich habe neulich im Radio so eine Sendung gehört, übers Älterwerden und da hatte ich mich auch eingeschaltet. Und sonst haben sie mich auch immer auf Sendung genommen im Deutschlandfunk, und da haben sie mich nicht genommen, weil ich die Sache vielleicht politisiert habe, weil ich die Erfahrung einbringen wollte, die ich habe, die wahrscheinlich wahnsinnig viele von den über 55jährigen in der Ex–DDR haben, dieses abrupte Raus-Geschmissen-Werden.

Wir hatten keine Zeit, uns darauf vorzubereiten, wir hatten keine Zeit zu sagen: So, gut, okay jetzt sind es noch 12 Monate, jetzt sind es noch 10 Monate, jetzt sind es noch acht Monate. Ich muss langsam mal anfangen zu planen, wie läuft das hinterher, was mach ich hinterher, wie geht das. Eventuell, mach ich doch noch was weiter und sie hätten mich ja auch noch brauchen können, aber dieses abrupte von heute auf morgen zum alten Eisen geworfen zu werden, ohne jede Vorbereitung, das hat mich doch belastet, das habe ich jetzt erst erkannt. Und das ist mein persönliches Problem mit der Wende, aber ich sage, das ist ein persönliches Problem, weil ich alt bin. Obwohl ich mich eigentlich gar nicht alt fühle. Aber ich bin einfach da reingedrängt worden. Und ich kann mir vorstellen, um das nun mal zu verallgemeinern, dass Leute, die über 40 sind und die dann Schwierigkeiten haben, wenn sie in die Arbeitslosigkeit fallen, einen neuen Job zu finden, dass die also ähnliche Gefühle haben. Darum sehe ich das heute anders als ich es früher aus der Sicht des DDR-Bürgers gesehen habe, wo ich immer gesagt habe: Die vielen da drüben, die arbeitslos sind, die wollen ja bloß nicht arbeiten. Es gibt genug Arbeit. Inzwischen weiß ich, dass das ein sehr uneinsichtiger Standpunkt war und dass man das alles eigentlich gar nicht verallgemeinern kann, dass man das immer im konkreten Fall sehen muss, im konkreten Zusammenhang und dass es natürlich so was gibt. Das ist nun meine, wenn man so will, meine veränderte Sicht auf die Wende. Im Laufe dieser letzten zwei Jahre.

Interviewerin: Ich meine, Sie sind ja nicht alt. Sie arbeiten ja auch. Sie sind geistig agil. Sie sind körperlich agil. Also kann man doch nicht sagen, Sie sind alt –

R. B.: Ich bin in der Rolle und damit kann ich mich nicht abfinden!

Interviewerin: Vielleicht kann man das noch ein bisschen unterlegen. Was fehlt denn eigentlich? Ist es die Arbeitsaufgabe an sich oder ist es doch etwas, was darum gelagert war?

R. B.: Ich glaube doch, was darum gelagert war. Ich glaube auch dieses Eingebettet-Sein in ein soziales Umfeld. Ich habe ja das ganze soziale Umfeld verloren. Ich bin alleinstehend. Ich habe also niemand mehr. Also ich arbeite ja noch, ich mache Übersetzungen und da habe ich eigentlich genug zu tun. Ich könnte aus dem Altersübergangsgeld rausgehen und könnte freischaffend tätig sein. Dann würde es zwar sehr viel weniger werden, weil ich sehr miserabel bezahlt werde, habe ich jetzt auch in der Zeitung gelesen, das geht fast allen so, die freischaffend übersetzen, obwohl die zehn Mark pro Seite mehr kriegen als ich, aber das ist auch eine einsame Arbeit. Das hat neulich die Roswitha Buschmann[88] gesagt, das ist eine ziemlich bedeutende Übersetzerin, die hat als erste Polnisch-Übersetzerin aus dem Osten einen Preis be-

---

88 Roswitha Matwin-Buschmann wurde 1939 in Trier geboren. Sie wuchs in Ostdeutschland auf und studierte Slawistik. Danach arbeitete sie als Übersetzerin und Verlagslektorin. Ab 1970 übersetzte sie freiberuflich neben Tätigkeiten als Redakteurin und Gutachterin. Von 1991 bis 2004 war sie Angestellte des Goethe-Instituts in Warschau. Sie erhielt mehrere Preise, u.a. wurde sie 1993 mit dem Johann-Heinrich-Voß-Preis ausgezeichnet (vgl. Goethe-Institut 2012: Übersetzer im Gespräch: Roswitha Matwin-Buschmann. http://www.goethe.de/ins/pl/lp/kul/dup/uwe/ueb/de9568563.htm). [Zugriff: 9. 3. 2015].

kommen auf Vorschlag von Dr. Dedecius[89], den ich ja sehr verehre, vom Deutschen Poleninstitut in Darmstadt. Die hat in ihrer Dankesrede, einer ungeheuer intelligenten Rede, die habe ich hier in der Medienzeitschrift gelesen – weil ich noch in der IG Medien bin und da geh ich auch nicht raus – und die habe ich ausgeschnitten und find das toll, was sie da gesagt hat. Und die hat gesagt: Es ist eine sehr einsame Arbeit, die Arbeit als Übersetzer.

Man kämpft alleine. Und man hat eigentlich überhaupt kein soziales Umfeld. Die paar Telefongespräche, die man da mit dem Verleger führt oder da den einen Brief, den man da mal am Anfang bekommt oder am Ende und den einen Scheck, den man da bekommt, das ist für mich kein soziales Umfeld. Und ich weiß jetzt, im Lexikon, bei allem Krach und Bum, den wir da hatten und bei allen Schwierigkeiten, dass ich da eigentlich so ein bisschen im Zustand des Paradieses war. Mit diesen wunderbaren Kollegen, die ich hatte. Es waren nicht alle wunderbar, aber die meisten waren wunderbar.

Zum Beispiel A.. Ich habe mit A. in einem Zimmer gesessen und ich weiß heute, dass ich da eigentlich das große Los gezogen hatte. Es war so schön. Man musste ja nicht ununterbrochen miteinander reden. Alleine das Gefühl, jemand im Rücken sitzen zu haben, mit dem man reden könnte, dem man sagen könnte: „Heute geht mir es dreckig" oder „Hör mal zu, das und das ist passiert". Das, das war so wunderbar. Und jetzt kann ich es aber immerhin durch das Telefon.

Man hat ja noch die Kontakte. Ich habe neue. Ich habe neue aufgebaut. Ich habe ja auch immer gesagt, das ist mein schönes neues Leben jetzt. Ich habe viele neue Leute kennengelernt, interessante neue Leute. Je länger die Zeit dauert, die mich von diesen Tagen trennt, von diesen 22 Jahren in der Redaktion, desto mehr denk ich nicht mehr dran, desto mehr wachse ich in dieses andere Leben rein, desto mehr werden mir auch diese neuen Bekann-

89 Karl Dedecius wurde geboren am 20. Mai 1921 in Łódź. Er ist ein deutscher Übersetzer polnischer und russischer Literatur. 1979 initiierte er das Deutsche Polen-Institut in Darmstadt, dessen Direktor er bis Ende 1997 blieb. Im Jahre 1999 war er der erste Preisträger des damals aus der Taufe gehobenen Viadrina-Preises, der jährlich an deutsche und polnische Persönlichkeiten verliehen wird, die sich in besonderer Weise um die deutsch-polnische Verständigung verdient gemacht haben. Dedecius ist zudem Träger zahlreicher in- und ausländischer Auszeichnungen.
Die Robert Bosch Stiftung und das Deutsche Polen-Institut verleihen seit 2003 alle zwei Jahre den Karl-Dedecius-Preis für polnische Übersetzer deutschsprachiger Literatur und deutsche Übersetzer polnischer Literatur. Mit diesem Preis werden die Übersetzer für ihren sprachlichen Brückenbau zwischen Deutschen und Polen mit je 10.000 Euro honoriert und unterstützt (vgl. Robert Bosch Stiftung 2014: Karl-Dedecius-Preis. http://www.boschstiftung.de/content/language1/html/1096.asp. [Zugriff: 1.4.2014]; Europa-Universität Viadrina Frankfurt (Oder) 2014: Veranstaltungen: http://www.ub.europa-uni.de/de/ueber_uns/projekte/kda/veranstaltung/de/index.html. [Zugriff: 1.4.2014]; Europa-Universität Viadrina Frankfurt (Oder) 2014. Viadrina Preisträger. http://www.europa-uni.de/de/ueber_uns/portrait/persoenlichkeiten/viadrinapreistraeger/index.html). [Zugriff: 1.4.2014].

ten vertraut. Aber es ist irgendwie anders dadurch, dass diese Art Frühkapitalismus bei uns herrscht, dass alle die, die Arbeit haben, ja nicht nur acht Stunden arbeiten, sondern zehn oder zwölf oder sogar noch mehr Stunden. Und dann dermaßen geschlaucht sind, dass sie keine sozialen Kontakte halten können, dass sie sogar so angestrengt sind, dass sie abends nicht mal mehr telefonieren können. Da sind die Kontakte, die ich nun habe, nicht so intensiv wie früher und darunter leide ich, muss ich ganz ehrlich sagen. Das ist mein Pro-blem, was ich vielleicht vor zwei Jahren, ich weiß es nicht mehr so genau, noch nicht gesehen habe, nicht so genau artikulieren konnte. Das ist ein echtes Problem für mich.

Die gewonnene Freiheit

Interviewerin: In dem letzten Interview hatten Sie gesagt, dass Sie die gewonnene Freiheit ungeheuer hoch bewerten. Das gehört nun ja auch zu dieser Freiheit. Differenziert sich das für Sie jetzt?

R. B.: Doch, jetzt differenziert sich das. Ja.

Interviewerin: Würden Sie immer noch sagen, dass Sie froh und glücklich sind, trotz allem?

R. B.: Ja. Ja. Immer. Ich würde es festmachen daran, dass ich wirklich alleine verantwortlich bin für mein Leben und dass es keinen Übervater mehr gibt. Weil ich unter dem Übervater gelitten habe und ich zu meinem Erstaunen feststelle, das es ja nicht allen so gegangen ist. Die wünschen sich ja den Übervater zurück, weil der Übervater ihnen ja auch Sicherheit gegeben hat. Das heißt, sie sind irgendwie in einem künstlich infantilen Zustand verblieben und das begreife ich irgendwie nicht. Das ist mir unverständlich. Ich weiß, dass ich diese Schwierigkeiten habe, weil ich zu spät entlassen worden bin von diesem Übervater in die Freiheit, dass es mir wahrscheinlich leichter gefallen wäre, mit 18 oder mit 20 entlassen zu werden, mit 30 noch. Schon mit 40 wird es schwierig, denk ich, weil der Mensch ja auch ein Gewohnheitstier ist. Und immer einen zu haben, der einem sagt, was richtig ist und was man zu tun hat, was man zu lassen hat, ist ja auch bequem. Es war sogar für mich bequem, die ich ja immer „wider den Stachel gelöckt" habe, denn im Grunde war das bei mir ja auch schon gewohnt und eingefahren, bei jeder Anordnung, die neu rauskam, nach dem Pferdefuß zu suchen, den dann natürlich auch sofort zu finden und zu sagen: Ach, die Bösen! Und jetzt ist das weg. Das heißt, das ist ein Loch. Und damit muss ich auch fertig werden, dass nichts mehr da ist, auf dieser Strecke, worüber ich mich aufregen kann. Diese neue Art, sich aufzuregen, dieses Gejammer und das Gestöhne, das ich in meinem Bekanntenkreis ununterbrochen erlebe, das piept mich an, weil es oft um zweitrangige Dinge geht, weil ich finde, das es uns nicht zukommt, über finanzielle Probleme zu jammern, wenn wir nicht wirklich echt am Hungertuche nagen, wenn es uns einigermaßen gut geht. Wenn ich dann nämlich nachfrage, dann haben sie beide Arbeit, dann haben sie zwei Autos, dann haben sie eine große Urlaubsreise gemacht. Gejammert wird, weil sie nun plötzlich für ihr Haus eine Straßensteuer bezahlen müssen oder irgendeine andere Abgabe auf sie zukommt, was doch eigentlich mit existentieller Bedrohung nichts zu tun hat. Was nur eine kleine finanzielle Erschwernis ist. Sie sehen, ich komme schon wieder vom Hölzel aufs Stöckel.

Reisefreiheit

Interviewerin: Und diese Reisesachen, was auch persönliche Freiheit ausmacht?

R.B.: Na. Die Reisesachen, die sind natürlich super. Die habe ich gar nicht genannt eben, weil das für mich so was Traumhaftes ist und weil ich ja auch mein ganzes Leben darauf hingelebt habe, dass ich das irgendwann und irgendwie mal kann. Dass ich mir das aber nie habe träumen lassen, dass ich das in diesem Maße kann mit meinem eigenen Geld zu reisen. Dass ich jetzt wirklich, wenn ich im Elsass bin, nicht kraft irgendeines Geschenkes einer Tante da bin, die ich im Westen besuche, wenn ich Rentner bin in der DDR mit meinen 15 Mark und wo sie dann sagen: Komm, setz dich mal ins Auto und zeigen wir dir das mal! Dann laden sie einen zum Essen ein. Nein, ich kann jetzt selber entscheiden, ob ich jetzt so viel Geld habe, dass ich diese Quiche Lorraine esse oder ob ich zu McDonalds gehe oder ob ich das Schnittchen esse, das ich mir gemacht habe. Ich kann selber entscheiden, ob ich in das Museum gehe, ob ich mir das leiste, oder ob ich mir das nicht leiste. Ich kann das alles selbst entscheiden, denn jetzt habe ich das Geld in der Hand. Jetzt kann ich das. Und das hätte ich mir nicht träumen lassen, dass auch diese Freiheit auf mich zukommt, denn das ist, das ist auch was, was mit Würde zu tun hat.

Das habe ich mir früher nie überlegt, wenn ich die Rentner da mit Neidaugen betrachtet habe, die in die Züge nach dem Westen stiegen und die konnten und durften, die zurückkamen und sagten: Du, stell dir das nicht so schön vor. Du musst ja nach allem fragen und wenn du mal zur Toilette musst, dann überlegst du dir das, ob du zur Toilette gehst oder ob du das noch drei Stunden aushältst, bis du wieder zu Hause bist, denn es kostet alles Geld. In Wirklichkeit hast du nur diese 15 verdammten Mark, die du von der DDR gekriegt hast und dann noch irgend so eine Art Begrüßungsgeld und das war es. Da möchtest du auch noch Geschenke mitbringen. Das, was wir jetzt können, dass wir herumschlendern, Eis essen gehen, dass wir Ansichtskarten kaufen, dass man sich Bücher kauft über die entsprechenden Städte, wo man ist, dass ich mir einen Museumsführer kaufen kann, das hätte ich als Rentner niemals gekonnt. Also wäre diese Rentnerfreiheit ja auch nur eine Scheinfreiheit gewesen, und jetzt habe ich die echte.

„Selbstaufwertung"

Interviewerin: Ist das auch eine Selbstaufwertung für Sie?

R.B: Ja. Denn ich habe mich ja immer als Mensch dritter Klasse gefühlt, wenn ich früher in der Sowjetunion mit westdeutschen Reisegruppen zusammen in einem Hotel saß und die durften alles und wir durften nichts. Und wir sahen, was die zu essen kriegten, und wir sahen, was wir zu essen kriegten, und wir sahen, was die für Zimmer hatten und was wir für Zimmer hatten. Als ich dahin fuhr, da waren die Hotels noch nicht getrennt, da saßen wir noch in schönen alten Hotels zusammen und das war für mich ein Schlüsselerlebnis, dass ich dort nicht in die Bar durfte. Natürlich bin ich damals in die Bar gegangen und habe mich dann von Finnen einladen lassen zu einem Drink. Das war aber für mich demütigend. Mein Geld galt nichts. Und in Jugoslawien, als ich da zweimal hindurfte, galt mein Geld auch nichts. Wenn ich nicht unsere DDR beschissen hätte und wenn ich nicht was gemacht hätte, was ich nicht hätte machen dürfen, nämlich mit Trick 17 über Westdeutschland jemand in Westdeutschland gebeten hätte, Geld nach Jugoslawien an den Bruder meines Lehrers zu schicken, und der mir das dann auf der Post lagernd geschickt hätte in den Ort, in dem ich den Sommerferienkurs hatte, das war Dubrovnik, und ich aber dann lügen musste, meinem Delegationsleiter gegenüber sagen musste: „Ja. Das habe ich mit meinem Lehrer gemacht. Ich habe dem DDR-Geld gegeben und dafür habe ich nun von dessen Bruder dieses Geld".

Das war ja alles nicht erlaubt. Das war so demütigend. Und das war damals in Jugoslawien nicht mal genug, dass ich mir eine Limonade kaufen konnte. Wir waren in Vollverpflegung ohne Trinken, und ich weiß noch, wie ich damals gelitten habe. Ich habe ständig Durst gehabt. Heimlich haben dann mal, damit unser Delegationsleiter das nicht mitkriegte, die Westdeutschen in der Ruhezeit, nach Tisch, da haben sie mir Limonade gebracht in mein Zimmer. Und das sind demütigende Erlebnisse. Oder, wenn ich abends mit denen nicht mit dem Schiff rausfahren konnte und die dann sagten: Na gut, wir sammeln unter den Weststudenten und laden alle Oststudenten ein, damit wir für die das Schiff mitbezahlen. So war es doch. Das ist nun alles nicht mehr. Jetzt bin ich auf der Strecke vollwertig.

Identifikation mit der DDR

Interviewerin: In dem ersten Interview hatten Sie gesagt, dass Sie sich auch kaum mit der DDR identifiziert haben. Lag das auch an solchen Erlebnissen?

R.B.: Ja. Ja.

Interviewerin: Und würden Sie sagen, dass sich diese Identifikation bzw. die fehlende Identifikation genauso relativiert hat wie die Sicht auf das Heute? Oder würden Sie sagen, das ist so geblieben? Mit der möchte ich auch im Nachhinein nichts zu tun haben oder gibt es auch Dinge, die im Nachhinein-

R.B.: Im Nachhinein würde ich sagen, werte ich unsere Kulturszene, die wir hatten, auf. Ich habe im Nachhinein begriffen, dass vielleicht gerade deshalb, weil wir so ausgehungert waren und weil wir so das Gefühl hatten, getrennt zu sein von der übrigen Welt, dass sich bei uns doch was ganz Besonderes entwickelt hatte.

Wenn dann mal ein Film durchkam, der gut war, oder wenn mal eine Band kam, wenn dann mal eine Sängerin kam, wie damals Juliette Gréco, dass das dann die ganz großen Erlebnisse waren, die man nie wieder vergisst, und dass diese Erlebnisse ja nicht nur bei mir angekommen sind, sondern auch bei anderen. Dass die so reflektiert wurden, dass eigentlich bei uns die Rezeption tiefer ging als im Westen. Ich möchte bloß an dieses – wie hieß es – „Die neuen Leiden des jungen W."[90] erinnern, da wo diese Passage über die Jeans ist. Bei uns waren Jeans damals fast verboten, die galten als dekadent und als Bekenntnis zum Westen und eigentlich, die eigentliche Beschreibung dieser, dieser Lebensform, die mit den Jeans verbunden ist, ist aus dem Osten gekommen und nicht aus dem Westen. Das hat mich damals schon verblüfft. Und im Nachhinein muss ich sagen: Das war nicht das einzige. Es hat so viele Dinge gegeben, die wir, nicht wir, sondern unsere Antennen, also die Künstler, viel klarer und viel deutlicher analysieren konnten als im Westen. Deshalb bin ich jetzt stolz auf das, was da war.

90 Plenzdorf 1976

Dieses Stück Kultur, was wir gehabt haben, da habe ich jetzt doch irgendwie eine Identifikation damit. Und außerdem würde ich auch niemals mehr dieses Land verlassen. Ich habe meinen Standort hier gefunden. Ich widerstehe allen, allen Versuchungen, die an mich herangetragen werden, meine lieben Westfreunde, die da für mich schon eine Wohnung haben und eine Wohnung ausbauen wollen, ihnen widersteh ich, weil ich sage, da will ich nicht hin. Das ist für mich fremd. Ich gehöre hierher. Hier sind meine Wurzeln, aber das hängt nicht mit der politischen Staatsform zusammen, die früher hier war, sondern mit der anderen Lebensform, mit dieser besonderen Lebensform DDR, die wir doch entwickelt hatten, die eigentlich mit Sozialismus nichts zu tun hatte, sondern die aus der Not heraus geboren war und die doch etwas Gutes hervorgebracht hat.

Ich meine damit nicht die billigen Kindergärten oder diese Dinge, die von staatlicher Seite her verordnet waren oder uns geschenkt wurden, sondern das, was wir als Menschen in der DDR geschaffen hatten. Wir hatten eine besondere Lebensweise, würde ich sagen. Und da bin ich traurig, dass die den Bach runtergegangen ist. Aber da sind wir selber daran schuld. Wir hätten sie uns erhalten können, gegen dieses Übergestülpt-Werden und so weiter. Es liegt in unserer Hand, uns das zu erhalten. Es gibt noch Reste davon. Eindeutig. Also ich habe im Freundeskreis wenig verloren, da läuft es noch so weiter. Aber im Grunde ist das andere alles, das weitere Umfeld ist weg. Das was hier die Besonderheiten der Kultur waren, also wie haben wir uns über bestimmte Cafés gefreut. Wie haben wir uns über das Teehaus gefreut, über alles, was da dazugehört. Das ist nun alles weg. Und ich hatte gedacht, dass es interessanter würde, unser Leben und irgendjemand, ich glaube, es war Volker Braun[91], hat mal gesagt, die DDR ist das langweiligste Land der Welt. Und ich muss nun sagen, das habe ich auch schon öfter verbal ausgedrückt, das hat nicht gestimmt. Das schien nur so. Das schien vielleicht dem, der von draußen kam so, weil alles so grau war. Meine Tante hat ja mal gesagt: Der liebe Gott hat sein großes graues Staubtuch über der DDR ausgeschüttelt. Aber, wenn man hineinkam in die Privatkreise und wenn man mitkriegte, was da lief, dann kann man nicht sagen, dass es langweilig war. Das war es wahrhaftig nicht. Es war eine besondere Atmosphäre und die ist total dahin. Und auf die schau ich ein bisschen mit Nostalgie, das muss ich sagen.

---

91   Volker Braun, geboren 7. Mai 1939 in Dresden-Rochwitz, ist ein Schriftsteller (vgl. Müller-Enbergs/Wielgohs/Hoffmann 2000).

Verbindung zu Polen nach der Wende

Interviewerin: Im ersten Interview hatten Sie gesagt, dass Sie oft aus der DDR geflohen sind, zum Beispiel nach Polen. Wie ist Ihre Verbindung zu Polen heute?

R. B.: Oh, da muss ich mich schämen. Da muss ich mich furchtbar schämen. Da haben Sie den Finger in eine offene Wunde gelegt. Ich bin seit der Wende immer wieder in Polen gewesen, aber ich war auf eine faultierhafte Art in Polen. Ich bin also nicht mit dem Zug gefahren und alleine wie früher. Es hat also nicht mehr dieser Drang dahintergesteckt, sondern ich bin viel bequemer gereist. Ich bin also mit meinem Patenjungen gefahren. Es werden jetzt im Sommer zwei Jahre, nach Breslau, der hatte dort einen Job bei einer deutschen Firma, wo er mich unbedingt als Dolmetscherin unterbringen wollte. Und da hatte ich dort ein schönes Hotel und habe im Hotel gesessen und war sehr, sehr entsetzt über Breslau, über die Tristesse dort, die sehr schlimm war. Ich hatte das Glück mit meinem Patenjungen dann, als er mich als Dolmetscherin mitnahm, nach Nowy Sącz zu fahren. Einer der arbeitsreichsten Tage meines Lebens. Tausend Kilometer hin, tausend, nicht tausend Kilometer, wir sind tausendsechshundert an dem Tag gefahren und außerdem noch fünf Stunden dolmetschen mit dem Woiwoden[92] über Wirtschaftsdinge, und da war ich völlig fertig. Weil das auch eine Fachsprache war, die ich nicht kannte, und ich musste immer nachfragen und ich habe mich so geschämt. War halt nicht zu ändern, ich bin auch keine ausgebildete Dolmetscherin. Das war die eine Reise.

Die andere Reise war wieder mit dem Auto in die Gegend hinter Görlitz in ein altes Dorf, wo von einer anderen Bekannten von mir noch Freunde lebten, Kindheitserinnerungen, die ist '46 da rausgeschmissen worden.

Und dann war ich natürlich mit der Deutsch-Polnischen Gesellschaft da zu einer ganz exquisiten Reise in Krakau. Und bei Pendereckis eingeladen, auf deren Landgut. Krzystof Penderecki[93], der Komponist und seine Frau lebten u.a. dort, und er war nicht da. Es war nur sie da. Das war eine der beeindruckendsten Frauen meines Lebens. Unwahrscheinlich!

Also, das alles war doch sehr bequem im Verhältnis zu dem, wenn ich daran denke, was ich früher gemacht habe. Es hat mir überhaupt nichts ausge-

---

92 In Polen wird als Woiwode der oberste Chef der Verwaltung einer Woiwodschaft, eines obersten Verwaltungsbezirks, bezeichnet.

93 Krzysztof Penderecki wurde am 23. November 1933 in Dębica (Polen) geboren. Als Dirigent eigener und fremder Werke gewann er weltweite Anerkennung und gehört zu den am häufigsten geehrten Musikern seiner Generation (vgl. Schott 2014: Komponisten und Autoren. Krzystof Pendereckihttp://www.schott-musik.de/shop/persons/featured/14696/). [Zugriff: 1.4.2014].

macht, da viele, viele Stunden sitzend, nachts im Zug. Bloß um nach Polen zu kommen. Und ich muss gestehen, dass ich seit der Wende nicht in Warschau war. Dass meine Freunde dort sehr traurig sind, dass ich noch nicht gekommen bin. Aber das hat private Gründe.

Aber, ich bin irgendwie träge geworden. Ich denke, dass das nur zu einem geringen Teil mit meinem nunmehr fortgeschrittenen Alter zu tun hat. Das hat zu tun mit diesem leichteren Leben im Kapitalismus. Ich fahre auch im Gebiet der Ex-DDR sehr ungern jetzt mit dem Zug, obwohl das jetzt alles so schön ist mit Glastüren und so weiter. Ich versuche immer, dass mich jemand mit dem Auto mitnimmt, weil es so einen Spaß macht und so schön bequem ist.

Interviewerin: Hat dieser Wegfall des Drangs nach Polen vielleicht etwas damit zu tun, dass man nun etwas nicht mehr kompensieren braucht?

R.B.: Ja. Da haben Sie voll Recht. Das hat sehr viel damit zu tun. Ich muss dieses nicht mehr kompensieren, ich muss nicht mehr die andere Kulturwelt, die hinterm Eisernen Vorhang, im Osten suchen. Ich habe ja immer gesagt, das war für mich das Fensterchen nach dem Westen, dieser Blick nach Osten. Es ist jetzt hier und komischerweise, ja komischerweise nehme ich jetzt nicht so stark am Kulturleben teil, wie ich es früher getan habe, als es verboten war. Das ist auch für mich ein ganz eigenartiges Phänomen. Ich weiß nicht, ob das anderen auch so geht. Ich müsste doch jetzt eigentlich pausenlos lesen, ja? Früher habe ich mir, wie habe ich mir die Bücher beschafft? Wie sind die unterm Ladentisch kursiert also unter, nicht unterm Ladentisch, das ist falsch ausgedrückt. Also man gab sie von Hand zu Hand, all die verbotenen Sachen. Jetzt kann ich sie kaufen, jetzt kann ich sie mir von anderen pumpen, jetzt lese ich sie nicht. Das heißt, der Reiz des Verbotenen ist weggefallen. Das ist eigentlich auch was zum Schämen. Vielleicht hängt es aber auch damit zusammen, dass ich ziemlich viel Arbeit hab.

Interviewerin: Vielleicht sind die Bücher auch unverbindlicher geworden?

R. B.: Das kann sein. Ja. Sie sind ja auch nicht mehr politisiert, dadurch, dass ja auch für den Westen der Feind im Osten weggefallen ist, muss es ja ein genauso großes Loch geben wie für uns. Ich stell mir vor, dass das für einen politisch denkenden Menschen auch eine Verunsicherung mit sich gebracht hat, dieser Wegfall des Feindbildes. Der Wegfall dieser anderen Alternative, an die man entweder geglaubt hat oder die man gehasst hat, zu der man doch irgendwie eine Art Verhältnis hatte. Die hat sich jetzt plötzlich in Luft aufgelöst. Und was nun? Das heißt, diese ganze Problematik ist weg.

Ich habe eine Zeitlang einen sehr interessanten Briefwechsel gehabt mit der Freundin, mit der Lebenskameradin von Wolfgang Hilbig[94]. Das war Natascha Wodin[95]. Das war dann wieder so lustig, dass die dann wieder mit Wolfgang Hilbig zusammenlebte, den ich hier erlebt habe, in der Kirche nur lesend. Ein Buch von ihr, „Die gläserne Stadt", was sich also mit Moskau und mit der Situation in den 80er Jahren in Moskau in Intellektuellenkreisen beschäftigte, das ich also verschlungen habe, nach der Wende, was ich aber gar nicht wegen der politischen Bezogenheit bekommen hatte, geschenkt bekommen hatte aus dem Westen, sondern von einer Freundin von mir, die sich mit Frauenliteratur beschäftigt, in Richtung Frauenliteratur, aber ich habe das gar nicht rausgelesen. Ich habe was ganz anderes rausgelesen. Das Buch war für mich ein ausgesprochen politisches Buch und hat mich bis in die tiefste Seele hinein getroffen. Weil diese Frau, diese Natascha Wodin – im Grunde heißt sie Wdomin, aber sie durfte sich nicht so nennen, weil diese Frau russischer Abstammung, '45 geboren in Nürnberg in einem Lager, immer das Russenkind war und dann Slawistik studiert hat und als Westdeutsche mit westdeutschem Pass als Dolmetscherin mit Delegationen nach Moskau geflogen ist und dann durch die Liaison mit einem Freund von Okudschawa[96] illegal in Moskau lebend, dieses Leben zwischen den Fronten kennengelernt hat. Vor allen Dingen, wie ganz intensiv und hautnah dieses Leben war, was wir in der DDR im Grunde genauso geführt haben, dieses Nischenleben und sie war bezaubert von diesem Nischenleben. Sie hat sich aber auch immer wieder draußen gefühlt, weil sie ja das Westgeld hatte, weil sie diejenige war, die den Leuten dann eben mal ein Brillenglas mitbringen konnte oder eine Arznei oder mal einen Pullover oder ein Paar Stiefel im Winter. Aber eben doch nicht genug Geld hatte, um alle versorgen zu können, und sich also immer geschämt hat, auch wegen ihres anderen Aussehens, wegen ihrer schöneren Kleidung. Eben doch immer der bunte Schwan geblieben ist zwischen den grauen Schwänen.

Das Buch hat mich so fasziniert, weil ich da eigentlich begriffen habe, dass diese Nischenkultur, die man uns in der DDR ja nachgesagt hat, dass die

94 Wolfgang Hilbig, geboren am 31. August 1941 in Meuselwitz, gestorben am 2. Juni 2007 in Berlin war ein Dichter und Schriftsteller. Er lebte bis 1985 in der DDR und reiste dann in die BRD aus (vgl. Müller-Enbergs/Wielgohs/Hoffmann 2000).

95 Natascha Wodin wurde geboren am 8. Dezember 1945 in Fürth. Sie ist eine deutschsprachige Schriftstellerin und Übersetzerin ukrainisch-russischer Abstammung. Von 1994 bis 2002 war sie mit Wolfgang Hilbig verheiratet (vgl. LiteraturPort 2015: Zeitgenössische Autoren. Natascha Wodin. http://www.literaturport.de/Natascha.Wodin/). [Zugriff: 9.3.2015].

96 Bulat Schalwowitsch Okudschawa wurde am 9. Mai 1924 in Moskau geboren und starb am 12. Juni 1997 in Paris. Er war ein russischer Dichter und Chansonnier (vgl. Brockhaus Wissensservice 2015: https://uni-oldenburg-brockhaus-wissensservice-com.proxy01.bis.uni-oldenburg.de/brockhaus/okudschawa-bulat-schalwowitsch). [Zugriff: 9.3.2015].

nicht nur bei uns war, sondern dass die wahrscheinlich in allen Ostländern mehr oder weniger existiert hat. Dass das doch was Besonderes war und dass es eigentlich schade ist, dass das nun so völlig dahin ist, dass das in den Ostländern in völligem Chaos ertrunken ist und bei uns in Geschäftigkeit und Ellenbogengesellschaft. Das ist also meine Art von Nostalgie.

Beziehungen zu den Freunden in der Bundesrepublik

Interviewerin: In dem ersten Interview hatten Sie auch gesagt, Sie hatten Freunde in der Bundesrepublik. Wie haben sich die Beziehungen zu denen entwickelt?

R. B.: Da muss ich sagen, dass ich also keine Negativerfahrung gemacht habe. Ich weiß von sehr vielen Leuten, dass sie negative Erfahrungen gemacht haben. Bei mir überhaupt nicht. Die haben mich sofort eingeladen. Ich bin bei allen gewesen, ich bin bei allen jetzt mehrfach gewesen. Diese Spannung und dieser Jubel vom ersten Besuch ist natürlich nun nicht mehr da. Es sind jetzt genau solche Freunde wie hier. Wir besuchen uns hin und her. Zum Beispiel meine Freundin in Aachen ist im März hier gewesen. Ich war jetzt bei ihr und sie kommt jetzt im Juni wieder hierher.

Und wir haben jetzt andere Themen. Wir haben nicht mehr dieses ewige Politische, das, was vielleicht meinen Westleuten im Grunde auf den Wecker gegangen ist. Dass, wenn wir uns trafen im Ausland, in Prag oder in Budapest oder dann auch hier, wo ich dann immer auch Angst hatte, ob ich keine Wanzen hatte, dieses, dass bei uns wie, wie wenn der Himmel weggebrochen war, wo alles aus uns rausspülte, ich bis in die Nächte hinein die vollredete mit unseren Problemen, mit unseren, mit dem „Ich kann nicht mehr! Ich geh kaputt! Ich halt das nicht mehr aus!"

Die saßen da, die hatten dem eigentlich nichts entgegenzusetzen, weil sie aus dieser völlig anderen, oft ganz unpolitischen Welt kamen, wo es um allgemeinmenschliche Dinge ging, was ich damals als naiv und blauäugig fast empfunden habe. Jetzt habe ich das Gefühl, ich versteh sie viel besser, weil sie ja in dieser Welt immer gelebt haben, die eigentlich nicht dazu anregt, politisch zu sein. Es sei denn, man ist im konkreten Fall betroffen. Da meine Leute alle Hochschulabsolventen sind und alle einen Job haben, also alle unter Gutverdienende fallen und niemals in dieser Richtung eine existentielle Bedrohung erlebt haben, sind sie im Grunde – es ist kein CDU-Wähler dabei, würde ich sagen, nehme ich nicht an, ist also mein Gefühl –, sie tendieren also oft zu Grün und sind ökologisch unheimlich interessiert. Die eine geht immer in Asylbewerberheime und bringt da Plätzchen hin und Strickwolle.

Die versuchen ebenso irgendwie etwas zu tun. Ich möchte nicht sagen, die sind unpolitisch, dass sie nicht lebhaft Anteil an allem Geschehen nehmen und dass sie nicht auch versuchen, in Jugoslawien zu helfen mit dem, was sie können. Sie haben ja oft auch jugoslawische Freunde und weil einige meiner Bekannten ja durch diese Jugoslawienaufenthalte von mir entstanden sind, da sind dann natürlich auch Freundschaften nach Jugoslawien entstanden. Nein, das nicht, sondern die sind irgendwie lockerer und nicht so verbissen. Das war ja bei uns irgendwie auch verbissen und wir konnten ja auch schon gar nicht mehr lachen. Ich habe mich immer gewundert, worüber die immer lachten. Das wirkte auf mich wie naiv. Und jetzt ist es eigentlich eine Sache des Anstrengens und das Verstehen-Wollen bei mir.

Ich muss lernen und ich lerne jeden Tag mehr, weil ich ja jetzt in ähnlichen Gegebenheiten lebe, wie deren vergangene 40 Jahre oder 30 Jahre, je nachdem, wie alt sie sind, ausgesehen haben. Und dass die gar nicht anders konnten und ich kann, wenn ich jetzt zu ihnen komme, kann ich sie nicht mit meiner Ostproblematik überschwemmen, was ich ja nun auch wieder könnte mit: Schon wieder ein Werk geschlossen, schon wieder mehr Arbeitslose und stell dir vor und die Stadt Leipzig ist fast bankrott. Nun haben sie schon wieder ein Orchester gestrichen und dies und das. Ich bemühe mich, nur wenn sie mich danach fragen, mit diesen Dingen anzufangen, denn ich weiß jetzt selbst, wie schnell man in diesem alltäglichen unbedrohten Leben doch wenig Verständnis aufbringt und wenig sensibel wird gegenüber diesen existentiellen Bedrohtheiten.

Denn ich selber bin ja nicht existentiell bedroht. Ich habe ja mein Altersübergangsgeld, was nicht hoch ist, aber mit dem ich richtig gut leben kann. Das habe ich ja vorhin schon mal gesagt. Ich bin also aus dieser existentiellen Bedrohung rausgenommen. Und ich habe das Gefühl, dass diese existentielle Bedrohung im Westen nur bei ganz geringen Bevölkerungsanteilen besteht, also wenn mal im Ruhrgebiet eine große Hütte zumacht oder ein Eisenwerk zumacht und auf einen Schlag 1.000 oder 2.000 Leute arbeitslos werden, dann fangen die gleich an zu schreien. Das wundert mich, denn bei uns geht es ja um ganz andere Zahlen. Das heißt, wir haben wieder den schwarzen Peter. Aber ich darf es einfach die Westleute nicht ausbaden lassen, indem ich wieder als problemgeladene Renate erscheine und wieder alles loslasse und rauslasse bei denen. Das tue ich nur, wenn sie mich danach fragen. Sie fragen immer, aber sie fragen nicht gleich. Und sie leben ja ein völlig anderes, viel ruhigeres Leben und ich darf einfach nicht erwarten, dass sie alles ganz verstehen, was eigentlich hier so los ist. Ich finde es toll, dass wir weiterhin Freunde sind, und ich darf, ich muss eben meinen Teil dazu beitragen. Und das ist das, dass ich nicht mehr wie früher bin und die Probleme alle rauslasse. Und ich denke, dass bei diesen vielen Freundschaften, die kaputtgegangen sind, dass da nicht nur die „arroganten Wessis" dran schuld sind, sondern teilweise auch wirklich die „Jammerossis".

Ich habe das vorhin schon mal gesagt, ich finde, es wird bei uns von Leuten gejammert, die es nicht nötig haben. Wenn jemand, der keinen Job hat und der auch wahrscheinlich keinen Job mehr kriegt, wenn der jammert oder wenn jemand Wohnungsprobleme hat, wenn der jammert, das akzeptiere ich voll, und dann sehe ich das ein und dann versuche ich auch zu helfen. Viele wissen ja einfach auch mit den Ämtern nicht Bescheid und ich verfolge das in der Presse, ich schreib das auf und kann Auskunft geben und kann sagen: Ihr müsst dorthin gehen und zu dem Amt und der kann helfen. Heute zum Beispiel habe ich die Wohnhilfe mir aufgeschrieben. Ich hoffe, dass ich sie nie brauche, aber wenn einer in meiner Bekanntschaft das braucht, ich weiß, dass es also möglich ist, sich zu wehren.

Jetzige Lebenssituation

Interviewerin: Könnte man sagen, dass Sie jetzt mit ihrer Lebenssituation zufriedener sind als vor der Wende? Am Anfang klang das so ein bisschen nach „Nein".

R. B.: Nein. Aber das würde ich sagen, das wäre mir in der DDR mit 60 und mit dem Ruhestand genauso passiert, ja.

Interviewerin: Das ist nicht wendegeschuldet, sondern hängt mit dem Ausscheiden aus dem Berufsleben zusammen, versteh ich Sie so richtig?

R. B.: Genau, genau. Ja, ja. Also das ist für mich so ein harter Schlag, dass ich es überhaupt nicht beschreiben kann. Ich habe oft darüber nachgedacht, warum mir das nun so passiert. Nicht das Ausscheiden, sondern dieses so schlecht damit Fertigwerden und ich glaube, dass wir in der DDR doch sehr stark auf Leistung getrimmt worden sind. Dass ich das verinnerlicht habe, dass ein Mensch nur solange etwas gilt, solange er im Arbeitsprozess ist. Das war ja ganz deutlich. Zum Beispiel Rentner kriegten keine Kuren mehr und so weiter. Und die Stellung der Rentner überhaupt, unsere Omas und Opas. Das was die eine Seite und die andere Seite, dass ich also auch im familiären Bereich auf Leistung getrimmt worden bin. Dass ich ein schwarzes Gewissen hatte, schon früher, wenn ich mal einen Tag nichts gemacht habe. Und das ist doch eigentlich hirnverbrannt. Ich kann es bis heute nicht. Ich habe, das ist doch schon wieder so was Blödes, ich führe seit über zwei Jahren eine Art Tagebuch. Das heißt, ich habe das alte Notizbuch beibehalten, das ich zu

DDR-Zeiten hatte, den Stenoblock, den habe ich also über 10 Jahre aufgehoben. Da kann ich nachgucken, wann ich Urlaub hatte usw. Früher waren da bloß immer die Termine drin. Seit der Wende schreib ich da rein, was ich jeden Tag gemacht habe. Ist das nicht blöd? Einfach um vor mir selber zu beweisen, dass ich den Tag nicht ins Blaue guckend verbracht habe.

Interviewerin: Könnte es nicht auch sein, dass Sie das tun, um sich zu vergewissern, wo die Zeit geblieben ist? Ich meine, sie läuft ja auch, wenn man nichts tut, und das ist so: Ich kann etwas festhalten. Und wenn ich auch nicht mehr weiß, wo die Zeit geblieben ist, dann kann ich nachlesen.

R. B.: Sie haben sicher Recht. Darüber habe ich noch gar nicht nachgedacht, denn ich habe noch was ganz Blödes gemacht, ich habe plötzlich aufgeschrieben, einfach, einfach um Ordnung in mein Leben zu kriegen, wann ich wo im Urlaub war. Sozusagen vom Urschleim an, von Studentenzeiten an. Habe ich alles aufgeschrieben und ich habe es noch zusammengekriegt, auch wenn ich drei-viermal wo gewesen bin, im Ausland. Ich war sogar zu DDR-Zeiten manchmal bis zu fünfmal im Ausland, bloß insgesamt durfte es nicht mehr als ein Monat sein. Mit der CSSR, da konnte man das machen, mal hin und her, aber nach Bulgarien oder Ungarn, wo man diese Ausreisegenehmigung hatte, war es dann ein Monat. Und vielleicht ist es das. Ich fange an zu dokumentieren und das ist vielleicht auch dieses Fest-Halten-Wollen, das kann sein.

Zukunftswünsche und -perspektiven

Interviewerin: Da bietet sich eigentlich die nächste Frage geradezu an. Was würden Sie sich für die Zukunft wünschen?

R. B.: Ja, Zukunft. Ich kann mir gar keine Zukunft vorstellen. Das habe ich neulich im Radio gesagt. Ich hatte es vorhin schon mal angesprochen, das ist auch so ein neues Hobby von mir, der Deutschlandfunk, den ich andauernd höre. Die haben solche Sendungen, die teilweise sehr interessant sind, wo man sich einschalten kann. Da war ich damals die allererste, die vom Osten angerufen hatte bei der Polenproblematik, und neulich hatten sie Ossi-Wessi-Problematik. Ich war bei beiden, da haben sie mich reingenommen auf Sendung und das habe ich schon gesagt, das ist für mich ein völlig unerklärliches Gefühl. Ich habe ein Endzeitgefühl. Ich kann mir nicht vorstellen, dass die Welt weitergeht. Und das ist, das ist so was Irres. Ich weiß nicht, warum. '89, als wir auf der Straße waren, das war für mich die tollste Zeit meines Lebens.

Ich weiß jetzt, warum es die tollste Zeit war. Ich habe, ich hatte solche Zukunftserwartungen wie niemals vorher und jetzt schon gar nicht mehr. Ich habe gedacht, nun wird alles gut. Und jetzt ist überhaupt nichts gut geworden, wenn ich in der Welt rumgucke. Ich meine jetzt nicht die DDR, sondern ich meine die gesamte Weltsituation. Statt dass nun, wo die große Feindsituation weggefallen ist, statt dass nun Friede, Freude, Eierkuchen herrscht, nein, jetzt brechen diese blöden alten Zwistigkeiten wieder auf, die ich mir überhaupt nicht erklären kann und die ich – vielleicht ist das ein bisschen zu primitiv – einfach aus mangelnder Bildung heraus erkläre. Ich kann mir nicht vorstellen, dass ein Mensch, der sehr klug ist, dass der fanatisch sein kann. Ich kann es mir einfach nicht vorstellen.

Ich denke, dass diese fanatisierten Massen doch alle relativ ungebildet sind. Denn Ausländerhass und Hass auf das Fremdartige überhaupt, aus dem heraus ja diese Kämpfe entstehen, wie z.B. auch in Ruanda, das ist ja einfach das Gefühl des Anders-Sein und das Andere muss weggebissen und totgemacht werden. Das entsteht ja dadurch, dass man das Andere nicht kennt, das heißt, aus einem gewissen Ungebildet-Sein. Das entsteht nicht so sehr aus konkreten schlechten Erfahrungen. Ich habe schlechte Erfahrungen mit Ausländern noch und noch gemacht, und ich habe meine Haltung gegenüber Asylbewerbern etwas differenziert, indem ich sage, da ist sehr viel Schlechtes mit herübergespült worden, Aber ich würde niemals in meinem Leben in Richtung rechts, in Richtung Ausländerhass, abdriften. Alle in meinem Bekanntenkreis, die dies nun tun, sind, wenn ich mit ihnen spreche, erschreckend ungebildet. Das hört sich sehr arrogant an, aber ich glaube, es ist was dran.

Interviewerin: Ich möchte noch mal auf Ihre Zukunftsperspektive zurückkommen. Man kann ja das Gefühl haben, es ist Endzeit und eben deshalb sich sagen, weil Endzeit ist, da leb ich jetzt aber aus dem Vollen, Aktivismus entfalten-

R. B.: Nein, nein, gar nicht. Ich wundere mich im Gegenteil, wenn jemand kleine Kinder kriegt. Jedes Mal, wenn irgendwo ein Kind geboren ist, wundere ich mich. Und zwar wundere ich mich nicht im Kopf, sondern irgendwo im Unterbewusstsein. Ich habe dann so ein Unbehagensgefühl, und dann denke ich, warum freust du dich nicht. Ich freue mich nicht, sondern ich sage mir, welche Verantwortungslosigkeit, in diese Welt ein Kind zu setzen, solche Dusseligkeit in diese Welt ein Kind zu setzen. In eine Welt, in die morgen der Schirinowski die Atombombe werfen kann, wo übermorgen vielleicht keine grünen Bäume mehr wachsen. Ich kann es mir nicht vorstellen, dass jemand bloß so an sein eigenes kleines Glück denkt, dass er da nun

Kinder in die Welt setzt. Und ich denke immer, das war ja in der DDR, dieses Kinderkriegen, so unheimlich, dass das so zurückgegangen ist, denke ich immer, weil die denken wie ich. Nein, aber ich habe festgestellt in Westdeutschland, das habe ich neulich auch gesagt im Radiointerview, jetzt in dem Bekanntenkreis meiner Freundin in Aachen – da muss ich sagen, dass die zehn Jahre jünger ist – dass da ein großer jüngerer Bekanntenkreis existiert und dass jetzt pausenlos jüngere Geschwisterchen geboren werden. Jedes Mal, wenn ich das höre, bin ich immer verblüfft und dann sag ich mir, ja, für die hat sich ja eigentlich dieses Endzeitgefühl überhaupt noch nicht eingestellt, weil sie dieses einschneidende Erlebnis '89, was uns zu diesem Endzeitgefühl hingetrieben hat, gar nicht gehabt haben. Für die hat sich ja überhaupt nichts verändert. Für die ist alles so geblieben, wie es war. Mir hat neulich eine amerikanische Bekannte gesagt, die neulich hier war, die hat mir gesagt, weil wir nun dauernd diese politischen Gespräche geführt haben, sie hat mir gesagt – das war eine sehr kluge Sache – ihr seid Immigranten im eigenen Land, ihr seid in der Situation von Immigranten, ohne Ortsveränderung. Und das ergibt ein sehr großes Unsicherheitsgefühl und dann die allgemeine Weltsituation dazu, ergibt wahrscheinlich dieses Endzeitgefühl. Darum gibt es für mich das Wort Zukunft überhaupt nicht mehr. Es ist so sehr ausgeprägt, dass ich mich nicht mal auf den Urlaub im September freuen kann, den wir in Portugal machen wollen mit dem Leihwagen, weil ich mir das einfach nicht vorstellen kann. Ich lebe nur noch heute. Das ist nie vorher gewesen. Es kann aber auch sein, das hängt mit meiner konkreten Situation des plötzlichen Alt-Geworden-Seins zusammen, zum alten Eisen geschmissen zu sein. Ich weiß es nicht. Ich habe Angst davor, darüber nachzudenken, weil da vielleicht ganz schlimme Sachen zutage kämen, und dann rutsche ich wieder in die Depression, das will ich nicht.

4.17 Nach der Wende – aus der Sicht von 2012

Nach der Wende hat sich bei mir alles verändert.[97] Alles, alles, alles, alles, alles. Also zum ersten Mal konnte ich sagen, dass ich die DDR gehasst habe. Jetzt tue ich es nicht mehr, wegen der vielen Hartz IV-Leute. Denn ich habe auch viele jüngere Freunde, also die noch im Arbeitsprozess stehen, denn ich bin ja schon jenseits von Gut und Böse, mich kann das ja nicht mehr interessieren, aber meine jüngeren Freunde. Das war das allererste. Das zweite war, dass meine äußeren Lebensumstände sich ganz entscheidend verändert haben. Denn 1996 ist dieses Haus hier modernisiert worden. Ich habe zwar mehrere Monate auf einer Baustelle gelebt, das war ziemlich unbeschreiblich – also alleine wie mein Bad aussah – aber ich habe jetzt eine Heizung in der ganzen Wohnung. Ich stehe im Winter, wenn draußen zwanzig Grad minus sind, hinter dem Fenster und da ist die Heizung und es kommt warm raus, und es sind sogar blühende Blumen da und früher, früher bei zwanzig Grad minus, das war die Hölle. Da wusste man nicht, ob die Straßenbahnen überhaupt fuhren, ob der Bus fuhr und mein Gott, was ich da alles durchgemacht habe. Und jetzt habe ich es warm und dann kann ich ins Badezimmer gehen, das ist gefliest und da kann ich die Dusche aufmachen und es kommt warmes Wasser raus. Ich bin natürlich in erster Linie wegen der geistigen Freiheit erfreut, aber ich bin nicht so edel, dass ich da nicht mich auch drüber freue, dass ich eine warme Wohnung habe und dass mich das überhaupt nicht mehr interessiert, ob es vierundzwanzig Grad minus sind oder achtzehn Grad minus in der Nacht. Dass ich früh ins Bad gehen kann und mich warm duschen kann und dabei Radio höre, das Westradio, ohne dass ich Angst haben muss, dass einer mich verpfeift.

Im Sommer gleich nach der Wende habe ich angefangen zu reisen. Ich bin gereist, wie verrückt bin ich gereist. Ich bin bis Hongkong gewesen, alles was ich nur machen konnte, habe ich gemacht. Und wir sind gleich am allerersten freien Sonntag in Westberlin gewesen. Ich habe immerzu geweint, ich habe immerzu geweint. Am 19. Februar 1990 bin ich in Paris gewesen, eine Nacht hin, die nächste Nacht zurück. Da habe ich die hundert Mark dafür

---

97 Hier wird das lebensgeschichtliche Interview von 2012 weitergeführt. Es ist unterbrochen worden, als die Erzählerin mit ihrer Darstellung zeitlich im Jahr 1989 angelangt war, dann wurde die Schilderung zu den Ereignisses des 9. Oktober 1989 aus dem ersten Interview von 1992 eingefügt und die Erörterungen zu der Wendezeit bis zum Jahr 1994 (erstes und zweites Interview 1994).

ausgegeben, die ich geschenkt gekriegt hatte[98]. Mein Vater hat während der Nazi-Zeit ein Jahr mindestens in Paris gelebt und er hat immer gesagt – er liebte Frankreich so und er sprach fließend Französisch – er hat während des Krieges immer zu uns gesagt: „Wenn der Krieg zu Ende ist, ziehen wir nach Frankreich". Er hat ein ganzes Schubfach voller Ansichtskarten von Paris gehabt und da war Paris, genauso wie Danzig, wo er studiert hatte, war für mich eine Traumstadt und da musste ich einfach hin, da sind wir hingefahren. Als wir an jenem ersten Sonntag, als wir fahren durften, nach Westberlin reinkamen – ich konnte kaum gucken, weil ich immerzu bloß heulte – da kamen wir an einem Reisebüro vorbei und da stand „1 Tag Paris, 100 Euro", Mark damals noch. Und da habe ich meine Schwester angefasst, und habe gesagt – N. war übrigens dabei, N. war meine Compañera bei der Demo und war auch dabei als ich das erste Mal nach Westberlin gefahren bin - und da habe ich – meine Schwester heißt Gesche – habe ich Gesche angefasst und habe gesagt: „Hör zu, wenn du siehst, dass ich heut auch nur einen Pfenning ausgeben will, sag bitte nur ein Wort ‚Paris'. Wir geben nichts aus. Wir fahren nach Paris". Da war weder von dem einheitlichen Deutschland die Rede, das war ja im November, da war nicht die Rede, dass wir jemals Westgeld hätten oder so, aber hundert Westmark, Paris, und da hat Gesche gesagt: „Bitte halt du mich auch fest".

Dann haben wir mitgekriegt, dass wir in Westberlin Essen für umsonst kriegten, dass wir für umsonst mit der S-Bahn fahren konnten. Wir brauchten überhaupt kein Geld auszugeben, wir kriegten sogar Kakao für umsonst auf den Plätzen. Da waren die Westdeutschen, die Westberliner, so was von lieb zu uns. Ich habe für umsonst einen großen Plan von Berlin gekriegt und wir sind überall in die Kaufhäuser rein. Ich habe diese schönen Sachen alle angefasst, wie fasste sich das alles schön an, wenn man immer bloß Mist hier hatte. Ich bin eine Frau und da war mir so was doch auch wichtig, aber ich habe nichts gekauft, nicht das Geringste. Dann sind wir abends wieder zurückgefahren mit dem Trabbi meiner Schwester, der draußen stand, wo lauter Trabbis standen.

---

98 Im Jahre 1970 hatte die Bundesrepublik Deutschland das Begrüßungsgeld eingeführt, dass jedem DDR-Bürger, der in die BRD einreiste, gewährt wurde. Zunächst betrug es 30 D-Mark und konnte zweimal jährlich beantragt werden, ab 1988 wurde es bei nur noch einmal jährlicher Gewährung auf 100 D-Mark erhöht. Nach der Grenzöffnung im November 1989 holten sich fast alle einreisenden DDR-Bürger die 100 DM. Den Geldinstituten war es kaum möglich, den Ansturm zu bewältigen, ebenso erging es den Kommunen in den Grenzgebieten. Nachdem westdeutsche Stellen seit dem 10. November 1989 gut zwei Milliarden DM ausgegeben hatten, stellte die Bundesregierung am 31. Dezember 1989 die Zahlung des Begrüßungsgeldes ein (vgl. Lindner 1998; Bundeszentrale für Politische Bildung 2013: Deutschland Archiv. Der andere Mauerfall-Die Öffnung der innerdeutschen Grenze 1989 (von Astrid M Eckert). http://www.bpb.de/geschichte/zeitgeschichte/deutschlandarchiv/158899/der-andere-mauerfall). [Zugriff:5.3.2014].

Gleich nach der Wende hatte ich erst noch Arbeit. Dann haben sie sogar unser Einkommen sozusagen erhöht, aber es war ja alles noch DDR-Geld. Also da wurde ich hochgesetzt auf 1.250 Brutto, das war ein Traum. Da konnten wir ja nun noch nicht reisen in den Westen, aber ich hatte Verwandtschaft im Westen. Ich hatte einen Cousin, das heißt, den habe ich immer noch, in Hamburg, der ist aber wesentlich jünger als ich. Der war Direktor von so einer berufsweiterbildenden Schule oder so. Der hat lauter Immigranten in Hamburg als Schüler in seiner Schule, da in so einem Brennpunkt. Der ist sehr, sehr, sehr sozial eingestellt und ich glaube, der hat sich diesen Beruf und diese Schule richtig gesucht. Jetzt ist er im Grunde aber auch erst seit einem Jahr „in Pension", sagt man ja im Westen. Wir sagen immer noch „in Rente". Wir hatten seit dem Tod unseres Vaters wieder Kontakt mit ihm. Er war auch zweimal mit seiner Frau und seinen kleinen Kindern hier gewesen, auf der Durchreise, sie hatten im Fichtengebirge einen Ferienplatz. Ich weiß nicht, ob das im Westen auch so hieß, bei uns hieß das immer, man hat einen Ferienplatz. Was ich nie hatte, doch ich habe ein- oder zweimal so einen Platz gehabt, aber sonst kam das für mich nicht in Frage, im November nach Niederkleinkleckersdorf. Sie sind durch die DDR gefahren, wir hatten für sie Einreisebewilligungen besorgt und dadurch kannten wir uns, und ich wusste, dass er uns bestimmt aufnehmen würde. Nachdem die Grenze nun offen war und ich dann ab 1. Juli sogar ein Telefon hatte.

Ich habe ja sechzehn Jahre gewartet auf das Telefon und wenn die Wende nicht gekommen wäre, hätte ich es nie gekriegt, dann würde ich heute noch kein Telefon haben. Ich frage mich oft, wie die DDR das verkraftet hätte, die Geschichte mit den Handys. Ich habe gehört, in Nordkorea gibt es keine, man kann diese Netzmöglichkeit abschalten, ich denke, dass die DDR das gemacht hätte. Es hätte also gar keinen Nutzen gehabt, wenn uns Westdeutsche heimlich hätten Handys zukommen lassen. Die hätten nicht funktioniert.

Also, unser Cousin hat uns gefragt, ob wir bei ihm Haus hüten würden, wenn sie in Urlaub fahren und den Hund betreuen, und das haben wir natürlich liebend gern gemacht. Da sind wir also in dieses klitzekleine Häuschen in den Walddörfern da gefahren, in Hamburg und haben den Hund betreut und haben in dieses Häuschen noch drei Leute dazu geholt und meine Schwester auch noch. Wir haben auf der Erde in Decken eingewickelt geschlafen, bloß damit wir ohne Geld in Hamburg sein konnten und Freunde von uns auch. Dass unser Cousin das gestatten würde, dessen waren wir sicher, weil er so sozial denkt.

Da waren wir also in Hamburg und in der Zeit, genau das war der 1. Juli, haben wir Westgeld gekriegt[99]. Da hatte ich das erste Westgeld und das waren achthundert – ich hatte inzwischen achthundert netto, wieso hatte ich achthundert? weiß ich nicht mehr – achthundertundfünf, wahrscheinlich weil ich auf zwölfhundert und so und so viel gestiegen war. Da habe ich das erste Mal so einen Schlussverkauf, so einen Sommerschlussverkauf miterlebt. Heute sehe ich das alles als normal an, aber damals, das war das reinste Paradies. Wir haben wochenlang jeden Abend, wenn wir zuhause waren – weil wir uns abends nicht mehr rausgetraut haben, weil wir das geglaubt haben mit der großen Kriminalität – auf dem Bauch auf der Erde gelegen und haben diese ganzen Kataloge angeguckt. Bader und Klingel und wie sie alle hießen, die die Frau von meinem Cousin sich hatte schicken lassen. Das war alles wie ein Traum und das Häuschen, das war alles so schön und es war einfach fantastisch.

Das war überhaupt nicht das erste Mal. Das erste Mal war ich Silvester dort und zwar habe ich eine um sieben Ecken rum angeheiratete Cousine. Aber jetzt ist der Kontakt leider abgerissen, vielleicht lebt sie auch nicht mehr. Die war sehr reich und die war geschieden und hatte einen, weil sie eine Pferdenärrin war, hatte sie einen Pferdehof gekauft in der Lüneburger Heide. Da hat sie mich zu Silvester eingeladen, weil sie wusste, dass – wir hatten auch nie Kontakt gehabt, nur durch die Verwandtschaft so von um sieben Ecken rum – dass ich Orientarchäologie studiert hatte und sie hatte nach der Scheidung noch Ägyptologie studiert. Da war sie aber bestimmt schon fünfzig Jahre alt und hatte auch noch promoviert in Hamburg. Die hat mich eingeladen und da bin ich wirklich hingefahren. Sie stand in Hamburg-Dammtor, als ich aus dem Zug stieg, kam sofort auf mich zu und sagte: „Renate?". Ich sagte „Ja". Dann bin ich mit ihr dahin gefahren auf ihrem Pferdehof und das war überhaupt ein Traum. Ein alter Bauernhof, das war für Westdeutsche normal, aber – für mich inzwischen auch, denn seit der Wende habe ich die ‚Schöner Wohnen' abonniert wegen dieser Sachen, wegen dieser Umbauten, was man aus alten Mühlen, aus alten Häfen machen kann, was für fantastische Wohnungen daraus entstehen, was für fantastische Wohnungen – ich kam damals aber völlig unvorbereitet, da wusste ich das ja noch nicht, in so einen umgebauten Bauernhof mit Fußbodenheizung. Ich habe die ganze Zeit nur auf dem Fußboden gesessen und mit den Pferden und mit dem Hund. Es war ein Traum. Abends hat sie mich in ihr schönes Auto gepackt und wir

99   Am 1. Juli 1990 trat die Währungsunion in Kraft und es gab mit der D-Mark nur noch ein gesetzliches Zahlungsmittel in Deutschland. Winkler (2000) bezeichnet dies „für die Ostdeutschen als ein ähnlich einschneidendes Erlebnis, wie es die Währungsreform vom 20. Juni 1948 für die Westdeutschen gewesen war (S. 574). An diesem Tag entfielen auch die Personenkontrollen an der innerdeutschen Grenze.

sind zum Griechen gefahren. Ich hatte doch noch nie in meinem Leben griechisch gegessen, so was gab es doch nicht hier, hier gab es unsere sozialistischen Druschba-Restaurants und Völkerfreundschaft und so weiter, solche Restaurants und das war es. Es war eine völlig fremde Welt und wir sind nach Lüneburg zum Einkaufen gefahren, und da hat sie mich immer gefragt, welche Marmelade ich wolle. Ich habe nur ganz verzückt die Gläser angeguckt, weil die Gläser schon so schön gestaltet waren, das Design war so schön. Es war alles eine Traumwelt.

Aber die Traumwelt war nicht lange. Ich war da noch im Jahr drauf – ne, wann war das? '90, '91, ja – wir haben noch ein ganzes Jahr gearbeitet und dadurch habe ich auch nicht so viel Zeit gehabt zu reisen. Ich war eben im Sommer in Hamburg, das Häuschen hüten und Hamburg vollkommen zu beschnarchen[100]. Wir sind sogar nachts auf die Reeperbahn gegangen, einfach weil wir das alles sehen wollten. Wir haben alles, alles was nur ging und was so wenig wie möglich kostete, mitgemacht. Und immer mit einem kleinen Trabbi.

Meine Schwester hatte einen Trabbi, aber nur über Genex[101]. Meine Schwester war bei der Scheidung unserer Eltern bei meiner Mutter geblieben und meine Mutter hatte im Westen dann Geld geerbt von irgendeiner Tante. Und da hat sie darüber ein Auto bekommen, über Genex, und das war dann dieser Trabbi. Der musste also voll in West-Geld bezahlt werden und den hat dann meine Schwester gefahren. Dadurch fährt meine Schwester heute noch Auto und ich habe es eben nie gelernt. Als ich genug Geld hatte ein Auto zu kaufen, war ich zu alt. Wenn wir jetzt unterwegs sind, muss sie immer fahren. Ich nie, ich lad sie dann immer zum Essen ein.

Also der Westen war für mich noch traumhaft und bei uns war dann Wild-West inzwischen. Wir haben hier ein Jahr richtig Wild-West erlebt in Leipzig. Es waren überall Stände auf der Straße, da gab es richtigen West-Mist und da haben wir unser letztes DDR-Geld dafür ausgegeben und das erste Westgeld dann. Wenn ich dran denke, was wir damals für einen Mist gekauft haben, da könnte ich heute noch schreien. Aber alle Leute haben das

---

100 Ansehen, betrachten (berlinerisch salopp).
101 Die „Geschenkdienst- und Kleinexport GmbH Genex" war ein Versandhandel, über den hochwertige Produkte aus der Bundesrepublik gegen West-Valuta erworben werden konnten. Vorrausetzung dafür war, dass man eine „Westverwandschaft" hatte oder auf eine andere Art und Weise an Westgeld herankam. Für das DDR-Regime war dies neben den Intershop-Läden eine wichtige Devisenquelle (vgl. Bundeszentrale für politische Bildung 2004: Informationen zur politischen Bildung: Deutschland in den 70er/80er Jahren. http://www.bpb.de/izpb/9766/ gesellschaft-und-alltag-in-der-ddr?p=all). [Zugriff: 6.3. 2015].

gemacht. Das war einfach, wenn man aus einem grauen Land kommt, wo es keinerlei Luxus gibt und plötzlich kommt dieser Pseudoluxus, dann fällt man drauf rein. In der Zeit war auch Jim da, das ist ein Autor von mir, aus Missoula/Montana, ein Künstler und der hat das hier also mit großem Kummer gesehen und hat gewusst, was kommen wird, denn er ist ausgesprochen links. Er hat damals auch viele Holzschnitte hier gemacht und das habe ich dann später hier arrangiert, dass seine Holzschnitte hier in einer Galerie ausgestellt wurden. Er hat ein Sabbatical gehabt. Also auch diese trüben Elemente, die aus dem Westen hier rüber schwappten, er konnte das erkennen, wir nicht. Und dann wie gesagt, ich hatte dann noch Geld, das Gehalt stieg dann aber nicht mehr, ich glaube bei achthundert ungefähr blieb ich stehen, netto. Da ich in Hamburg ja keine Übernachtungskosten brauchte, nur einmal haben wir uns was gegönnt für vierzig oder für zwanzig Mark sogar nach Amsterdam, einen Tag hin und zurück. Mit ganz schwarzem Gewissen, weil wir ja den Hund hüten sollten, und da haben wir den Hund frühmorgens um vier ausgeführt und abends dann nachts um zwölf, als wir wieder da waren. Aber er ist nicht gestorben, Gott sei Dank und das haben wir auch meinem Cousin nie erzählt, dass wir den Hund allein gelassen haben. Der hieß Dvořák, das war ein sehr schöner, so ein deutscher Schäferhund und irgendwas war da drin noch, und ich habe den Hund richtig gern gehabt und er hat mich auch gern gehabt, aber der ist längst, längst, längst nicht mehr. Und dann sind wir nach Amsterdam. Einfach so. Es ist immer noch Gänsehaut, ich glaube, ich habe das ganze Jahr noch Gänsehaut gehabt. Heute habe ich das leider überhaupt nicht mehr, heute hat sich das alles so normalisiert, dass ich richtig traurig bin.

Aber heute habe ich auch nicht mehr – seit dieser blöden Chemotherapie habe ich es nicht mehr – dieses Verlangen, in die Welt rauszufahren. Ich würde bloß gerne nochmal nach Portugal, wo es mir unheimlich gut gefallen hat und gerne nochmal nach Marokko. Wegen meiner arabischen Vorliebe. Ich habe da drüben in meinem zweiten Zimmer einen echten Gebetsteppich hängen. Den habe ich von einem Freund, von einem irakischen Freund, der jetzt in Schweden lebt, geschenkt gekriegt. Der wusste nicht, was er mir schenken sollte, und hat mir seinen Gebetsteppich geschenkt. Vorher hat er mir, als er noch in Libyen lebte, hat er mir dann einen anderen Teppich geschickt. Der ist nicht besonders schön, aber es war so lieb von ihm gemeint. Da ist die Kaaba[102] drauf und unten ein Mihrab[103] und auf dem Gebetsteppich ist auch bloß ein Mihrab. Also ich habe eine große Affinität nicht nur zu Polen, sondern auch zu arabischen Ländern, obwohl ich zu meinem großen

---

102 Die Kaaba, das zentrale Heiligtum des Islam, ist ein quaderförmiges Gebäude im Innenhof der Heiligen Moschee in Mekka.
103 Mihrāb ist die islamische Gebetsnische in Moscheen. Er zeigt die Gebetsrichtung an.

Kummer eben nur sagen kann „anā lā 'takallamu l-'arabiyyah", „Ich spreche kein Arabisch" heißt das. Aber ich weiß sehr viel über die arabischen Länder und da ich immer, immer gute Freunde hatte aus der Gegend und jetzt eben diese ganze Familie, die da in Schweden sitzt. Das Mädchen hat mal – also Mädchen, junge Frau, jetzt ist sie fast dreißig – eine Zeit lang mal bei mir gewohnt und wir verstehen uns unheimlich gut. Ja, da würde ich noch gerne hinfahren. Aber das andere habe ich eigentlich, Gott sei Dank, alles absolviert, bevor ich diese Schiet-Krankheit kriegte.

Die ersten Reisen sind diese Billigreisen gewesen. Vor allem musste das billig sein. Ich hatte ja nun eigentlich gar kein Geld, denn ich war ab 21. März 1991 arbeitslos. Ich habe dieses Jahr so hoch motiviert gearbeitet, dass ich einfach in der Redaktion sitzen geblieben bin, bis nachts um zehn. Früher zu DDR Zeiten wurden wir alle um vier rausgeschmissen. Da kam einer durch, der die Schlüsselgewalt hatte. Öffnete die Tür und klapperte mit dem Schlüssel, dann mussten wir die Redaktion verlassen, obwohl ich immer gesagt habe, das ist Quatsch. Nach dem Mittagessen hat man so einen Tiefpunkt und dann kriegt man die nächste Leistungsphase und wenn ich auf dem Höhepunkt der Leistungsphase war, war es um vier und ich musste weg. Das fand ich so dämlich, aber für meine Arbeit zuhause war es wieder gut. Nach der Wende durften wir jeder einen Schlüssel haben und durften solange bleiben, wie wir wollten. Und da war nun dieses Wild-West da unten, da haben wir uns dann dieses schöne Zeug geholt, was Pizza hieß, was wir vorher auch nicht kannten und haben das dann am Schreibtisch gegessen. Drei waren immer da, sodass man sich auch nicht fürchten musste, wenn man in den Riesenräumen da alleine war. Mein Chef hat mir dann also auch in meine Beurteilung reingeschrieben „von einem zähen Arbeitswillen bis zur Selbstaufgabe besessen". Das hat für dieses Jahr wirklich gestimmt, ich war so motiviert, dass ich es gar nicht sagen kann. Es war das gekommen, was ich wollte: die Freiheit.

Und dann hat mich diese Freiheit ausgespuckt und wollte mich nicht, weil ich zu alt war. Ich wurde also arbeitslos und meine jüngste Assistentin kriegte meinen Platz.. Mein Chef wurde auch entlassen, hat dann honorarmäßig weiter gearbeitet. Mir hat man auch Honorararbeit angeboten und da habe ich gesagt: „Dazu bin ich zu stolz, ich mache es nicht, ich arbeite nicht auf Honorarbasis. Nein, das habe ich nicht nötig." Und dann war ich Gott sei Dank so alt, ich war dann fünfundfünfzig. Wenn man fünfundfünfzig war, konnte man in den Vorruhestand gehen. Ich habe fünf oder sechs Bewerbungen geschrieben, wo ich dachte, die nehmen mich mit Kusshand. Das eine war beim Hanser-Verlag in München, wo ich dachte, das passt genau auf mich mit polnisch fließend, mit Verlagserfahrungen, mit, ich weiß nicht was. Ich habe nicht mal eine Antwort gekriegt. Und dann habe ich am letzten Tag, wo das noch möglich war, mich für den Vorruhestand entschieden. Vorher wollte ich es nicht, aber es war die einzige Möglichkeit.

Dann war ich im Vorruhestand und dann hätte ich noch einmal zurück-können, da hat mir der Direktor vom Polnischen Institut angeboten, dass ich bei ihm Mädchen für alles spiele. Ich habe immer freischaffend für ihn was gemacht, seit der Wende habe ich eine ganze Menge bei ihm verdient gehabt. Immer wenn er Übersetzungen ganz schnell brauchte, hat er mich angerufen – denn ich hatte dann ein Telefon, seit dem 1. Juli 1990, genau als wir das Geld hatten, habe ich ein Telefon gehabt. Ich war also anrufbar und da hat er gerufen, hat er mich angerufen: „Können Sie kommen?" Bin ich sofort hin, dann hat er mir ein Glas Cognac hingestellt, drei solche großen Wörterbücher und das ganze Zeug und dann habe ich das übersetzt. Das musste immer sofort von heute auf morgen sein oder von heute auf heute. Da habe ich ganz gut verdient, und da habe ich auch lauter Mist damit gemacht. Da bin ich dann hier zu dieser Strickfirma immer gegangen, wie heißt die denn, diese italienische mit den Pullovern, wie heißen die denn? Ach ist auch egal, eine ganz große, die waren sofort hier und da habe ich Pullover gekauft, die überhaupt nicht zu mir passten, einfach weil ich sie schön fand. Also im Grunde habe ich leider dieses Geld verquietscht, was ich da verdient habe, aber das war eben immer noch der Reiz des Neuen. Das habe ich dann alles nach Polen gegeben, insofern war es nicht für umsonst, ich habe es nach Polen und in die Ukraine gegeben. Es haben noch viele Leute gekriegt, die es wirklich brauchten. Wie heißen die denn? Die so ganz klein angefangen haben und so eine große Firma sind. Modefirma wo angeblich die Oma zuerst die Pullover gestrickt hat und die dann auf einmal so verschrien waren, weil sie so eine schreckliche Reklame gemacht hatten, mit Leuten im Stacheldraht hängend oder so. Ja, Benetton, bei denen bin ich dann immer wieder gelandet.

Dann kam, wie gesagt, der 31. März 1991, ich verlor meine Arbeit, ich versuchte händeringend anderswo was zu kriegen. Dachte, mit dem Zeugnis, was ich da hatte, eben dass ich bereit bin, alle möglichen Sprachen immer noch zu lernen, dass ich sprachbegabt wäre und dieser zähe Arbeitswille bis zur Selbstaufgabe, da habe ich gedacht, ich krieg Arbeit. Nichts war. Es war nur mein Geburtsdatum wichtig, nichts weiter und wie gesagt dann im Altersübergang und beinahe Depressionen. Völlig am Boden zerstört und zerknautscht.

Ja, was mache ich nun, ich kann nicht leben ohne Arbeit, ich kann nicht leben ohne richtige Aufgabe. Da bin ich also in viele Vereine reingerannt, wo ich mich heute drüber ärgere, aber ich kann auch nicht überall austreten. Deutsche Burgenvereinigung, mit denen habe ich überhaupt nichts mehr am Hut, weil meine entsprechende Stelle in Dresden sitzt und die haben immer abends Vorträge, wie komm ich abends nach Dresden? Und ihre Exkursionen, die sind wunderbar, aber die sind alle drauf angelegt, von Dresden aus zu fahren und mit Auto. Also für mich schon völlig sinnlos, ich bin nur noch zahlendes Mitglied und die sind im Augenblick ziemlich teuer geworden. Da habe ich auch nichts davon, dass mir bei jedem runden Geburtstag der oberste Chef, Fürst zu Sayn-Wittgenstein-Sayn, eine persönliche Gratulation schickt. Die kann ich mir dann vielleicht einrahmen und an die Wand hängen, Alexander Fürst zu Sayn-Wittgenstein-Sayn[104].

Dann bin ich in die Deutsch-Polnische Gesellschaft gegangen, auch in Dresden[105]. Aber da hatte ich dann immer doch jemand, der mich mitnehmen konnte von der Gesellschaft. Das war sehr schön, solange wie Elżbieta Zimmermann da war – das war eine polnische Baroness, geborene Holtorp, das ist ein polnischer Adel – das war die Frau von Udo Zimmermann[106]. Das ist ein ziemlich berühmter Komponist, der zu DDR-Zeiten sogar die Ausreise hatte und zwei oder drei Jahre in Bonn am Theater war und der Opern komponiert hat, die weiße Rose, dann der Schuhu und die fliegende Prinzessin, dann die wundersame Schusterfrau und so. Das ist ein Dresdner und der hatte die Elżbieta Zimmermann, also Elżbieta Holtrop geheiratet, zu tiefsten DDR-Zeiten. Die wohnten natürlich auch auf dem Weißen Hirsch, so wie die in „Der Turm". Elżbieta ist an Krebs gestorben und seitdem läuft in der Gesellschaft nicht mehr alles so wie es früher war. Also ich bin ausgetreten.

104 Alexander Fürst zu Sayn-Wittgenstein-Sayn, geboren am 22. November 1943 in Salzburg, war von 1986-2013 Präsident der Deutschen Burgenvereinigung, ab 2013 deren Ehrenpräsident und Vorsitzender der Stiftung der Deutschen Burgenvereinigung (vgl. Sayn 2014: Die Sayner Fürsten heute. http://www.sayn.de/fuerstenhaus/familie-aktuell). [Zugriff: 12.3.2014].

105 Die Deutsch-Polnische Gesellschaft Sachsen wurde am 15.01.1992 in Dresden gegründet. Initiatorin war Elżbieta Zimmermann, geboren am 14. Dezember 1943 in Warschau, gestorben 14. November 2007 in Dresden, Germanistin aus Warschau, die mit Udo Zimmermann verheiratet war. Elżbieta Zimmermann wurde zur Präsidentin der Gesellschaft gewählt. Dies Amt hatte sie bis 2001 inne. Die Gesellschaft hat ihren Sitz im Kraszewski-Museum in Dresden. (vgl. Friedrich Ebert Stiftung 2002: Maria Diersch. Deutsch-Polnische Gesellschaft Sachsen – Gesellschaft für Sächsisch-Polnische Zusammenarbeit e.V. http://library.fes.de/fulltext/asfo/01013006.htm). [Zugriff: 12.3.2014].

106 Udo Zimmermann, geboren am 6. Oktober 1943 in Dresden, ist ein Komponist, Dirigent und Intendant und lebt in Dresden. Er studierte an der Dresdner Musikhochschule. Die Stationen und Tätigkeiten seines Schaffens sind vielfältig. Er dirigierte berühmte Orchester und war an vielen Opernhäusern tätig. Er hat zahlreiche Kompositionen verfasst. Von 1970-2007 war er mit Elżbieta, geb. Holtorp verheiratet, mit der er zwei Söhne, Robert und Romeo Alexander, hat. (vgl. Freenet Lexikon: Udo Zimmermann. http://lexikon.freenet.de/Udo_Zimmermann). [Zugriff: 9.3.2015].

Wir haben jetzt hier aber in Leipzig unsere Extragesellschaft, Deutsch-Polnische Gesellschaft[107]. Deren Präsidentin Maria Diersch hat mir in vielen schlimmen Lebenssituationen sehr geholfen. Dann bin ich zahlendes Mitglied beim Freundeskreis Gohliser Schlösschen. Aus der Deutsch-Britischen Gesellschaft bin ich inzwischen auch wieder ausgetreten, zum Konversationszirkel gehe ich, auch ohne Mitglied zu sein. Und noch in so ein paar anderen Gesellschaften bin ich Mitglied. Das habe ich damals alles gemacht. Dann habe ich mir ein paar alte Damen gesucht, die ich betreut habe. Ich hatte also plötzlich lauter ehrenamtliche, soziale Aufgaben an der Backe.

Außerdem habe ich damals noch einen Verlag gefunden, für den ich überwiegend Wanderführer übersetzt habe. Ich habe zum Beispiel Pelplin übersetzt, das ist ein großes Kloster im Norden oben[108], ich habe Oliva[109] übersetzt, Zisterzienserkloster bei Danzig, diese wunderschöne Abtei dort und so weiter und so weiter.

Inzwischen habe ich dann ganz schön viel zu tun gehabt, ehrenamtlich bei der Betreuung vom Kinder- und Jugendaustausch mit Polen und mit den deutschstämmigen Kindern aus der Ukraine. Dann habe ich auch was gemacht für die Deutsche Gesellschaft wofür, nämlich, wenn die die Reisen nach Osten gemacht hat, vorrangig für Juristen. Dann waren das Juristen aus Westdeutschland und die hatten null Ahnung, auch wenn sie Präsident, Gerichtspräsident oder in ganz hohen Positionen waren. Wenn sie also nach Ostpreußen fuhren, hatten sie Null-Ahnung, und dann wurde ich eben von der Deutschen Gesellschaft gebeten, dass ich ihnen dann einiges zur Geschichte erzähle. Auf einer Reise nach Lemberg und dann Tschernowitz, da bin ich eingesprungen als Dolmetscherin bei Führungen, vor allem betreffs Architektur. Also ich hatte so mein Tun und zwischendurch immer meine alten Damen, ja, die sind dann beide gestorben, die alten Damen. Die anderen Sachen mache ich auch nicht mehr und jetzt bin ich ganz frei, jetzt mache ich nichts mehr. Diese ganzen vielen Tätigkeiten, auch Stadtführungen habe ich gemacht, aber alles ohne Geld, alles ehrenamtlich. Aber das hat mir geholfen zu überleben, denn dieser Abbruch, ich fühlte mich auf der Höhe meiner

---

107 Am 31. 3.1992 wurde im polnischen Institut in Leipzig die Leipziger Niederlassung der „Deutsch-Polnischen Gesellschaft-Sachsens gegründet. (vgl. Friedrich Ebert Stiftung 2002: Maria Diersch. Deutsch-Polnische Gesellschaft Sachsen – Gesellschaft für Sächsisch-Polnische Zusammenarbeit e.V. http://library.fes.de/fulltext/asfo/01013006.htm). [Zugriff: 12. 3.2014].). Am wurde am 3.Mai 2011 wurde im Europahaus Leipzig die Sächsisch-Polnische Gesellschaft Leipzig gegründet, deren Präsidentin Maria Diersch ist. (vgl. Sächsisch-Polnische-Gesellschaft Leipzig 2014: Wir über uns. www.snpl.de). [Zugriff: 25.4.2014].

108 Pelplin liegt in der Woiwodschaft Pommern südlich von Danzig in Polen. Es ist bekannt wegen seines Klosters, eine ehemalige Zisterzienserabtei.

109 Das Kloster Oliva ist ebenfalls ein Kloster des Zisterzienserordens, das in der Nähe von Danzig, heute Gdańsk, liegt.

Kraft mit fünfundfünfzig. Und mein Chef hat mal unter einen Artikel von mir geschrieben – wir mussten ja immer unsere Artikel, die wir geschrieben hatten, zum Lektorieren ihm geben – und da hat er unten drunter bei mir mal geschrieben „Du warst noch nie so gut wie jetzt". Und dann bums aus vorbei. Das Künstlerlexikon hat für eine Mark ein Herr Saur gekauft aus München und der hat nur die jungen Mitarbeiter genommen. Danach sind sie zwei-, dreimal verkauft worden, ich habe das dann gar nicht mehr verfolgt. De Gruyter hat es dann gehabt und de Gruyter war, glaube ich, der letzte Besitzer und vor einem Jahr oder vor zwei Jahren, das weiß ich schon nicht mehr, am 1. Juni, ist das ausgelaufen und alle sind entlassen worden. Meine damals jungen Kollegen tun mir leid. Die sind nun fast so alt, wie wir damals waren, und die sitzen da und haben nichts. Seit jenem 1. Juni vor einem oder vor zwei Jahren.

Ich habe damals eine Abfindung gekriegt, da habe ich mich auch gefreut wie ein Schneekönig. Weil ich am längsten da war, habe ich fünfzehntausend Westmark gekriegt. Die habe ich bis heute nicht angerührt, ich konnte es einfach nicht. Ich habe gedacht, es ist ungeheuer viel. Als ich dann gehört hatte, was im Westen die Leute für zweiundzwanzig Jahre – ich war zweiundzwanzig Jahre da – gekriegt haben, als Schweißer oder sogar am Band oder so, da wusste ich, dass das eigentlich ein Bettel war. Aber ich kann es trotzdem nicht anrühren, es liegt da und kriegt ein bisschen Junge.

Und die Reisen, wie habe ich die Reisen machen können. Ja, weil ich dann das Altersübergangsgeld hatte, das war nicht allzu viel, aber ich war immer gewöhnt, sehr sparsam zu leben. Ich lebe bis heute sehr sparsam und da habe ich es können, weil es auch Billigreisen waren. Also eine Woche für vierhundertneunundneunzig Mark damals noch, nach Capri und zurück und so. Überall natürlich die billigsten Hotels, und wir sind dann abends immer losgelaufen und haben uns Brot und Marmelade gekauft und haben das gegessen, aber wir waren dort. Wir haben versucht, keine Geldwerte auszugeben, die Hauptsache war dort zu sein. Ich weiß noch, die ersten Male, wenn ich über den Brenner gefahren bin, habe ich immer geweint. Dann habe ich immer an die deutsche Geschichte gedacht, dann habe ich an Oswald von Wolkenstein[110] gedacht und dann habe ich die armen Reiseleiter, die da waren, das waren Westdeutsche, die habe ich also damit belatschert, dass ich mein ganzes historisches Wissen vor denen ausgebreitet habe. Und immerzu bloß Gänsehaut und Heulen, es war unbeschreiblich, die ersten Jahre. Die

---

110 Oswald von Wolkenstein, geboren um 1377, vermutlich auf Burg Schöneck in Südtirol, gestorben am 2. August 1445 in Meran, war ein Sänger, Dichter, Komponist und Politiker. Er war auch bekannt wegen seines bewegten Reiselebens (vgl. Brockhaus Wissensservice 2015: https://uni-oldenburg-brockhaus-wissensservice-com.proxy01.bis.uni-oldenburg.de/brockhaus/oswald-von-wolkenstein). [Zugriff: 9.3.2015].

tollsten Reisen waren nicht China, also nicht Hongkong, da bin ich meiner Schwester zur Liebe mit, die tollsten Reisen waren Istanbul und Lissabon und Südportugal privat. Wir haben immer versucht privat zu reisen, wir waren auch in Hongkong privat, mit Englisch ging es ja.

Dann wollte ich nur noch sagen, seit der Wende geht es mir richtig gut. Ich kann ihnen sagen, was ich jetzt an Rente habe, ich habe 1228 Euro seit der letzten Erhöhung, und es ist mir finanziell noch nie so gut gegangen im Leben wie jetzt. Ja, es ist einfach wunderbar, ich kann sogar meiner Schwester helfen, die wesentlich weniger hat, obwohl sie zwei Hochschulabschlüsse hat.

5 Literatur

Benz, Wolfgang (2000): Geschichte des Dritten Reiches. München: Beck.

Bochenski, Jacek (1966): Tabu. München: Carl Hanser.

Friedländer, Saul (1998): Das Dritte Reich und die Juden. Die Jahre der Verfolgung 1933-1939. München: Beck.

Hurwitz, Harold (1997): Die Stalinisierung der SED: zum Verlust von Freiräumen und sozialdemokratischer Identität in den Vorständen 1946-1949. Opladen: Westdeutscher-Verlag.

Kleßmann, Christoph (1986): Die doppelte Staatsgründung. Deutsche Geschichte 1945-1955. Bonn: Vandenhoeck & Ruprecht.

Kleßmann, Christoph (1988): Zwei Staaten, eine Nation. Deutsche Geschichte 1955-1970. Bonn: Vandenhoeck & Ruprecht.

Leipziger Volkszeitung vom 4.4.2014 und 17.05.2014.

Lindner, Bernd (1998): Die demokratische Revolution in der DDR 1989/90. Bonn: Bundeszentrale für Politische Bildung.

Mählert, Ulrich (2004): Kleine Geschichte der DDR. München: Beck.

Mählert, Ulrich (2011): Geschichte der DDR. 1949-1990. Erfurt: Landeszentrale für Politische Bildung Thüringen.

Mählert, Ulrich/Stephan, Gerd Rüdiger (1996): Blaue Hemden – Rote Fahnen. Die Geschichte der Freien Deutschen Jugend. Opladen: Leske+Budrich.

Malycha, Andreas (2011): Geschichte der DDR. Informationen zur politischen Bildung 312, 3/2011. Bonn: Bundeszentrale für Politische Bildung.

Malycha, Andreas/Winters, Peter Jochen (2009): Geschichte der DDR. Von der Gründung bis zur Linkspartei. Bonn: Bundeszentrale für Politische Bildung.

Müller-Enbergs, Helmut/Wielgohs, Jan/Hoffmann, Dieter (Hrsg.) (2000): Wer war wer in der DDR? Ein biographisches Lexikon. Bonn: Bundeszentrale für Politische Bildung.

Plenzdorf, Ulrich (1976): Die neuen Leiden des jungen W.. Frankfurt a. M.: Suhrkamp.

Prokop, Siegfried/Zänker; Dieter (Hrsg.) (2010): Intellektuelle in den Wirren der Nachkriegszeit: Die soziale Schicht der Intelligenz der SBZ/DDR. Teil 1:1945-55. Berlin: Kai Homilius.

Prokop, Siegfried/Zänker; Dieter (Hrsg.) (2011): Intellektuelle in den Wirren der Nachkriegszeit: Die soziale Schicht der Intelligenz der SBZ/DDR. Teil 2:1956-65. Berlin: Kai Homilius.

Roginskij, Arsenij/ Rudolph, Jörg/ Drauschke, Frank/Kaminsky, Anne (Hrsg.) (2005): „Erschossen in Moskau ...“ Die deutschen Opfer des Stalinismus auf dem Moskauer Friedhof Donskoje 1950–1953. Berlin: Metropol.

Rudolph, Jörg/Drauschke, Frank/Sachse, Alexander (2006): Verurteilt zum Tode durch Erschießen Opfer des Stalinismus aus Sachsen-Anhalt, 1950 - 1953. Magdeburg: LStU in Sachsen-Anhalt.

Singer, Friedemann (2008): Als Lebende Reparation an der Wolga 1946 - 1950: Der Sohn eines Spezialisten für Strahltriebwerke berichtet aus dieser Zeit und von Jahren davor und danach. Norderstedt: Books on Demand.

Winkler, Heinrich August (2000): Der lange Weg nach Westen. Deutsche Geschichte vom „Dritten Reich" bis zur Wiedervereinigung. München: Beck

Wolle, Stefan (2011): Aufbruch nach Utopia. Alltag und Herrschaft in der DDR 1961-1971. Berlin: Christoph Links Verlag GmbH.

Zolling, Peter (2005): Deutsche Geschichte von 1871 bis zur Gegenwart. München/Wien: Hanser.

Internetquellen:

Archinform (2014): Hans-Joachim Mrusek. http://deu.archinform.net/arch/6322.htm [Zugriff: 9.3.2015].

Arthistoricum.net Fachinformationsdienst Kunst (2014): Heinrich Wölfflin. http://www.arthistoricum.net/themen/portale/gkg/quellen/woelfflin/ [Zugriff: 5.3.2014].

Brockhaus Wissensservice (2015): https://uni-oldenburg-brockhaus-wissensservice-com.proxy01.bis.uni-oldenburg.de/brockhaus/okudschawa-bulat-schalwowitsch [Zugriff: 9.3.2015].

Brockhaus Wissensservice (2015): https://uni-oldenburg-brockhaus-wissensservice-com.proxy01.bis.uni-oldenburg.de/brockhaus/oswald-von-wolkenstein [Zugriff: 9.3.2015].

Bundeszentrale für Politische Bildung (2013): Deutschland Archiv. Der andere Mauerfall-Die Öffnung der innerdeutschen Grenze 1989 (von Astrid M Eckert). http://www.bpb.de/geschichte/zeitgeschichte/deutschlandarchiv/158899/der-andere-mauerfall [Zugriff: 5.3.2014].

Bundeszentrale für politische Bildung (2004): Informationen zur politischen Bildung: Deutschland in den 70er/80er Jahren. http://www.bpb.de/izpb/9766/ gesellschaft-und-alltag-in-der-ddr?p=all [Zugriff: 6.3.2015].

Catalogus Professorum Halensis (2008): Kurt Aland. http://www.catalogus-professorum-halensis.de/alandkurt.html [Zugriff: 9.3.2015].

Das Bundesarchiv: „Akten der Reichskanzlei Weimarer Republik" online. Biographien: Pochhammer, Wilhelm von. http://www.bundesarchiv.de/aktenreichskanzlei/1919-1933/00a/adr/adrmr/kap1_4/para2_108.html [Zugriff: 5.3.2014].

De Gruyter: Allgemeines Künstlerlexikon (AKL).Die Bildenden Künstler aller Zeiten und Völker. http://www.degruyter.com/view/serial/35700 [Zugriff: 7.3 2014].

De Gruyter (2008): Allgemeines Künstlerlexikon - Das Projekt: Vom Thieme-Becker zur Künstlerdatenbank. Geschichte – Gegenwart – Zukunft. http://web.archive.

org/web/20081024133147/http://www.degruyter.de/cont/fb/km/akl/aklProjekt.cm [Zugriff: 5.3.2014].

Dehio-Vereinigung e.V. (2014): Georg Dehio. http://www.dehio.org/dehio/index.html [Zugriff: 5.3.2014].

Deutsche Botschaft Budapest (2015): Verdienstkreuz am Bande für Herrn Árpád Bella.http://www.budapest.diplo.de/Vertretung/budapest/de/04_20Pol /Verdienstkreuz__Bella__Arpad.html [Zugriff: 12.3.2014].

Deutsche Burgenvereinigung e.V. (2013): Deutsche Burgenvereinigung zur Erhaltung der historischen Wehr- und Wohnbauten e.V. http://www.deutsche-burgen.org/de/verein-startseite/startseite.html [Zugriff: 5.3.2014].

Deutsch-Polnische Gesellschaft Bundesverband e.V. (2008): Aufruf zur Erhaltung des Polnischen Instituts in Leipzig. http://www.dpg-bundesverband.de/informationen /1373629.html [Zugriff: 7.3.2014].

Die Welt (27.9. 2010): „Der Schatz am Silbersee". In Wolfen stand einst die größte Filmfabrik Europas. Nach 20 Jahren Marktwirtschaft geht es bei „Original Wolfen" steil bergauf. Eine deutsche Unternehmensgeschichte von Steffen Fründt. http://www.orwonet.de/index.php?id=87 [Zugriff: 9.3.2015].

Domradio.de (2014): Wolfgang Thierse erinnert sich an die Wende-Zeit vor 25 Jahren. „Unsere Nation muss auch eine Erinnerungsgemeinschaft sein". http://www.domradio.de/themen/kirche-und-politik/2014-10-27/wolfgang-thierse-erinnert-sich-die-wende-zeit-vor-25-jahren [Zugriff: 24.2.2015].

Dresden Weisser Hirsch (2014): Geschichte. http://www.dresden-weisser-hirsch.de/Geschichte/geschichte.html [Zugriff: 27.3.2014].

Dutch Studies on South Asia, Tibet and classical Southeast Asia (2014): Johanna Engelberta (Hanne) van Lohuizen-de Leeuw. http://dutchstudies-satsea.nl/auteur /14/JohannaEngelbertaHannevan-LohuizendeLeeuw.html [Zugriff: 4.3.2014].

Euromuse. net (2002): Faras - Kathedrale aus dem Wüstensand - Christliche Fresken aus Nubien. http://www.euromuse.net/de/ausstellungen/exhibition/view-e/faras-kathedrale-aus-dem-wuestens/content/de-1/ [Zugriff: 7.3.2014].

Europa-Universität Viadrina Frankfurt (Oder) (2014): Veranstaltungen. http://www.ub.europa-uni.de/de/ueber_uns/projekte/kda/veranstaltung-de/index.html [Zugriff: 1.4.2014].

Europa-Universität Viadrina Frankfurt (Oder) (2014). Viadrina Preisträger. http://www.europa-uni.de/de/ueber_uns/portrait/persoenlichkeiten/viadrinapreis traeger/index.html [Zugriff: 1.4.2014].

Fachhochschule Stralsund (2014): Personal. http://www.fh-stralsund.de/mitarbeiter/
powerslave,id,24,nodeid,75.html
[Zugriff: 5.3.2014].

FDGB-Lexikon (2009): Funktion, Struktur, Kader und Entwicklung einer Massenor-
ganisation der SED (1945-1990), hg. von Dieter Dowe, Karlheinz Kuba, Manfred
Wilke, bearb. von Michael Kubina Berlin. http://library.fes.de/FDGB-
Lexikon/texte/sachteil/s/Schule_der_sozialistischen_Arbeit.html
[Zugriff: 1.4.2014].

Flugzeug Lorenz: http://www.flugzeuglorenz.de/fileadmin/scripte/ validation/index.
php?id=67;
[Zugriff: 12.3.2014]

Freenet Lexikon: Udo Zimmermann. http://lexikon.freenet.de/Udo_Zimmermann
[Zugriff: 9.3.2015].

Friedrich Ebert Stiftung (2002): Maria Diersch. Deutsch-Polnische Gesellschaft Sachsen – Gesellschaft für Sächsisch-Polnische Zusammenarbeit e.V.
http://library.fes.de/fulltext/asfo/01013006.htm
[Zugriff: 12.3.2014].

Goethe-Institut (2012): Übersetzer im Gespräch: Roswitha Matwin-Buschmann.
http://www.goethe.de/ins/pl/lp/kul/dup/uwe/ueb/de9568563.htm
[Zugriff: 9.3.2015].

H-Arthist (2012): Allgemeines Künstlerlexikon. http://arthist.net/archive/3393
[Zugriff: 7.3 2014].

Junkers (2015). Flugzeuge. http://www.ju52archiv.de/geschichte.htm
[Zugriff: 5.3.2015].

LeipzigSeiten.de (2008): Polnisches Institut bleibt Leipzig erhalten. http://leipzig-
seiten.de/index.php/24-kultur-unterhaltung/kultur/3688-polnisches-institut-bleibt-
leipzig-erhalten
[Zugriff: 7.3.2014].

Leipziger Menschenrechtsgruppen 1989: Blatt 9/1999. Heute vor 10 Jahren. Oktober
1989. Tag der Entscheidung. https://archive.org/stream/Leipziger-
Menschenrechtsgruppen_1989_Blatt-9/Leipziger-Menschenrechtsgruppen-
1989_Blatt-9_1999_Aufl3-99_22S_djvu.txt.
[Zugriff 10.9.2015]

LiteraturPort (2015): Zeitgenössische Autoren. Natascha Wodin.
http://www.literaturport.de/Natascha.Wodin/
[Zugriff: 9.3.2015].

Martin-Luther-Universität Halle-Wittenberg: http://edoc.bibliothek.uni-halle.de/
servlets/MCRFileNodeServlet/HALCoRe_derivate_ 00001642/Schr59_
t.pdf?hosts
[Zugriff: 7.3.2014].

Martin-Luther-Universität Halle-Wittenberg (2012): Seminar für Indologie. Institutsgeschichte. Heinz Mode. http://www.indologie.uni-halle.de/institutsgeschichte
/heinz_mode/
[Zugriff: 4.3.2014].

Martin-Luther-Universität Halle-Wittenberg (2012): Seminar für Orientalische Archäologie und Kunstgeschichte. Verstorbene ehemalige Mitarbeiter des Instituts

für Orientalische Archäologie und Kunst Dr. habil. Herbert Plaeschke (1928-2002). http://www.orientarch.uni-halle.de/hist/verst_pl.htm.
[Zugriff: 4.3.2014].

Martin-Luther-Universität Halle-Wittenberg (2012): Seminar für Orientalische Archäologie und Kunstgeschichte. Verstorbene ehemalige Mitarbeiter des Instituts für Orientalische Archäologie und Kunst. Prof. Dr. Heinrich Nickel (1927-2004). http://www.orientarch.uni-halle.de/hist/verst_ni.htm.
[Zugriff: 5.3.2014].

MDR (9.03.2011): Geschichte. Darß. Prerow - das „Mallorca der Ostsee". http://www.mdr.de/damals/artikel108486.html
[Zugriff: 5.3.2014].

MDR (4.11.2014): Chronik des KWL-Finanzskandals Was bisher geschah. mdr.de/sachsen/leipzig/chronik-KWL-leipzig100.html
[Zugriff: 11.3.2015].

MDR (9.12.2010): Kirchen in der DDR. Hat die Kirche einen politischen Auftrag? http://www.mdr.de/damals/archiv/artikel90210.html
[Zugriff am 10.9.2015]

Meyers Großes Konversations-Lexikon (2000-2014): Goralen. http://de.academic.ru/dic.nsf/meyers/52304/Goralen
[Zugriff: 7.3.2014].

Munziger (2015): Biographien. Munziger Personen: Jürgen Spanuth. http://www.munzinger.de/search/portrait/J%C3%BCrgen+Spanuth/0/6781.html
[Zugriff: 5.3.2015].

National Maritime Museum in Gdansk (2015). Das Krantor. http://www.de.nmm.pl/ das-krantor/das-krantor-einst-und-heute
[Zugriff: 5.3.2015].

Neinstedter Anstalten (2014): Die Neinstedter Anstalten - Ein Rückblick. http://www.neinstedter-anstalten.de/
[Zugriff: 4.3.2014].

Ostpreussen.net (2014): Der Industriegigant Schichau und weitere Unternehmen in Elbing. http://www.ostpreussen.net/ostpreussen/orte.php?bericht=920&gl920=8#gl920
[Zugriff: 4.3.2014].

Photoscala: (2012): Die Marke Orwo und ihre Geschichte. http://www.photoscala.de/Artikel/Die-Marke-ORWO-und-ihre-Geschichte
[Zugriff: 9.3.2015].

Portal Kunstgeschichte (2012): Neues Herausgebergremium für das Allgemeine Künstlerlexikon. http://www.portalkunstgeschichte.de/meldung/Neues-Herausgebergremium-fuer-das-Allgemeine-Kuenstlerlexikon-5030.html
[Zugriff: 7.3. 2014].

Preußische Allgemeine Zeitung (14.Juli 2007): Der Geheimbefehl »Besinnung«.http://archiv.preussische-allgemeine.de/2007/paz2807.pdf
[Zugriff: 12.3.2014].

Professorenkatalog der Universität Leipzig (2014): Catalogus Professorum Lipsiensium, Herausgegeben vom Lehrstuhl für Neuere und Neueste Geschichte, Historisches Seminar der Universität Leipzig. Georg Johannes Jahn. http://www.uni-

leipzig.de/unigeschichte/professorenkatalog/leipzig/Jahn_476
[Zugriff 5.3.2014].

Robert Bosch Stiftung (2014): Karl-Dedecius-Preis. http://www.bosch-stiftung.de/content/language1/html/1096.asp
[Zugriff: 1.4.2014].

Sächsisch-Polnische-Gesellschaft Leipzig (2014): Wir über uns. www.snpl.de
[Zugriff: 25.4.2014].

Sayn (2014): Die Sayner Fürsten heute. http://www.sayn.de/fuerstenhaus/familie-aktuell
[Zugriff: 12.3.2014].

Schott: (2014). Komponisten und Autoren. Krzysztof Penderecki. http://www.schott-musik.de/shop/persons/featured/14696/
[Zugriff: 1.4.2014].

Thieme/Becker/Vollmer (2014): Allgemeines Lexikon der Bildenden Künste. http://www.thieme-becker-vollmer.info/
[Zugriff: 5.3.2014].

Universität Rostock (2014): Eintrag von „Heinz Böning" im Catalogus Professorum Rostochiensium. http://cpr.uni-rostock.de/metadata/cpr_person_00003168
[Zugriff: 28.4.2014].

Walther, Karl Klaus: Lektüre- und Leserkontrolle in der DDR. BFP, Vol. 35, pp. 197-202, Juli 2011. http://www.degruyter.com/view/j/bfup.2011.35.issue-2/bfup.2011.026/bfup.2011.026.pdf
[Zugriff: 25.4.2014].

Wikipedia (2013): http://de.wikipedia.org/wiki/Kazimierz_Michalowski
[Zugriff: 7.3.2014].

www.familienkunde. at: Der polnische Adel – szlachta. http://www.familienkunde.at/Adel_polnisch.htm
[Zugriff: 28.3.2014].

6. Anhang

Abbildung 1: Kopie der Stasi-Akte „Renate Böning“

Bezirksverwaltung für
Staatssicherheit
Abteilung II/8

Leipzig, 13. 06. 1985
kr-wa

KOPIE
aus Akte (p3 AIM 9071/87

BStU
000028

Ergänzung und Präzisierung zum Einleitungsbericht zur OPK "Kröte" vom 30.05.85

Durch die HA II/10 wurde bekannt, daß am 07.11.84 in der Botschaft der DDR in Warszawa ein anonymer Brief in polnischer Sprache mit Poststempel Warszawa einging.

Aus dem Inhalt des Briefes geht hervor, daß sich nach genannte DDR-Bürgerin mit der Absicht trägt, einen polnischen Emigranten zu heiraten. Um einen solchen kennenzulernen, nutzt sie in der DDR Kontakte zu arbeitenden Polen aus. Das Ziel ist es, durch diese Heirat eine ÜS nach der BRD zu erreichen.

Bei der im anonymen Schreiben genannten Person handelt es sich um die DDR-Bürgerin:

Name, Vorname:	Böning, Renate
PKZ:	060935 5 1531 6 in Dessau
wohnhaft:	7030 Leipzig, [illegible]
Beruf:	Dr. der Philosophie
Tätigkeit:	Redakteur
Betrieb:	VEB E. A. Seemann - Verlag Leipzig
Familienstand:	ledig
soz. Herkunft:	Intelligenz
Parteizugehörigkeit:	ohne
Vorstrafen:	keine
Erfassungsverhältnis:	1. Archiv für Abt. X 2. Leipzig II/8 - SV XIII 1232/74

Bisherige Überprüfungen erbrachten keine Hinweise auf einen durch die B. gestellten Antrag zur Eheschließung mit einem Ausländer.

Sie beherrscht mehrere Fremdsprachen (polnisch, russisch, serbokratisch) in Wort und Schrift. Gegenwärtig nimmt sie an einem Konversationszirkel im PIKZ teil.

Im Zusammenhang mit ihrer Funktion als stellvertretende Chefredakteurin des Seemann-Verlages und der durchgeführten Übersetzung des Buches "[illegible]" ins Deutsche führte sie in der Vergangenheit Reisen nach der VR Polen als Verhandlungspartnerin sowie als Dolmetscherin durch. Reiseziel war der polnische Arkady-Verlag in Warszawa. Die letzte Reise erfolgte im Oktober/Novmber 1984 und diente der Absprache zu Übersetzungsarbeiten in dem Arkady-Verlag.

In diesem Zeitraum erfolgte das anonyme Schreiben an die DDR-Botschaf t in Warszawa.

Nach Einschätzung des Verlagsleiters des Seemann-Verlages soll der Arkady-Verlag in der Vergangenheit mit Solidarnosc-Anhängern

KOPIE BStU

Quelle: Privat – Renate Böning

Abbildung 2: Kopie der Stasi-Akte „Renate Böning"

durchsetzt gewesen sein. Zu einigen dieser Personen unterhielt die B. Kontakt, und es ist nicht auszuschließen, daß sie der Solidarnosc-Politik Sympathie entgegen bringt.

Durch inoffizielle Quellen und aus Ermittlungsergebnissen ist bekannt, daß die B. auch in ihrer Wohnung mit ausländischen Bürgern verkehrt. Bekannt sind polnische Bürger, Bürger aus dem arabischen Raum und Kontaktpartner aus der BRD.

In fachlicher Hinsicht wird sie im Betrieb als versierte Kraft eingeschätzt, die auch bei den Mitarbeitern beliebt ist, jedoch legt sie sich öfter mit leitenden Funktionären an. Daraus resultiert auch ihr Schreiben an den Chefredakteur des _Seemann-Verlag(?)_ vom September 1984, in dem sie ihre Unzufriedenheit über ihre Stellung im Verlag zum Ausdruck bringt und eine Veränderung anstrebt.

Im Jahre 1981 wurde die B. als Kontaktperson zu dem Verdächtigen im OV "Edelweiß" der KD Freiberg bekannt. Die im OV bearbeitete Person wurde wegen Verdacht der politischen Untergrundtätigkeit und der staatsfeindlichen Hetze operativ bearbeitet. Ein Verdacht zur B. wurde nicht erarbeitet. Der OV wurde archiviert.

Operative Kontrollmaßnahmen der Abt. XX zum ÜE Trier, D., ▉▉▉▉▉▉▉▉▉▉▉▉▉, ergaben, daß die B. zu dem T. Kontakt unterhält und diesem durch Vermittlung von Schreibarbeiten illegale Verdienstmöglichkeiten verschafft.

Die B. unterhält operativ interessante postalische und persönliche Kontakte zu überwiegend weiblichen Personen in der BRD, nach Köln, München, Hamburg, Tübingen und Aachen.

Bedeutsam davon ist die Verbindung zu einer vermutlichen freischaffenden Mitarbeiterin für Wirtschaftsforschung in München, mit der sich die B. bereits in der CSSR getroffen hat.

Von der Verbindung aus der BRD - Tübingen - erhält sie quartalsweise Pakete übersandt.

Die Verbindung nach Hamburg/BRD trägt verwandtschaftlichen Charakter.

Die B. besitzt in der Nähe von Großsteinberg eine Datsche, wo sie sich mit Bekannten trifft.

Aus dem letzten Brief der Bekannten aus München vom 30. 5. 1985 geht hervor, daß die B. in Leipzig mit einer anderen Person enger liiert ist. Im Text heißt es: "Herzlichen Gruß an Euch beide".

Maßnahmen

Zu 1.a) Klärung mit Abteilung XX, Gen. Pfau, über Möglichkeit des mittelbaren Einsatzes des IM "Hannes _____ "
Termin: 22. 6. 1985

Quelle: Privat – Renate Böning

Abbildung 3: Kopie der Stasi-Akte „Renate Böning"

Zu 2.
- Bei Abt. Inneres/Stadtbezirk Süd und der Diensteinheit BKG
ist zu klären, ob ein Antrag der B. auf Eheschließung mit Ausländer oder ein Übersiedlungsantrag vorliegt.
Termin: 31. 7. 1985

- Einsichtnahme in den archivierten OV "Edelweiß" der KD Freiberg.
Termin: 15. 8. 1985

- Feststellung der Lage der Datsche von "Kröte" und Prüfung, wer
die Anlieger sind.
Termin: 20. 8. 1985

- Feststellung, ob die B. einen festen Partner hat.
Termin: 10. 7. 1985

- Überprüfung der bekannten BRD-Verbindungen in den Speichern
Messeprojekt und HA VI
Termin: 20. 6. 1985

- Einleitung einer Kontrollmaßnahme in Abteilung III
Termin: 25. 7. 1985

- Um das Verhältnis zur B. richtig einschätzen zu können, ist
es notwendig, eine Einschätzung über den Verlagsleiter und den
Chefredakteur des Verlages zu erarbeiten.
Termin: 20. 9. 1985

Zu 3.
Einspeicherung entsprechend des Befehls 13/83 des Leiters der
BV, Punkt 4.1 in den operativen Vorbeugungskomplex.
Termin: 30. 8. 1985

Kreisel
Major

Quelle: Privat – Renate Böning